KB043394

상처 주는 학교

일러두기

저자의 주석은 미주 형식으로 책의 뒷부분에 실었고, 역자의 주석은 독자의 이해를 돕기 위해
본문 하단에 *각주 형식으로 편집했다.

인명, 지명 등의 외래어 표기는 '외래어 표기법'에 따랐다.

저서 표기 시, 한국에 출판된 저서의 경우 한국 제목을 쓰고, 한국에 출판되지 않은 저서의 경우
원서의 제목을 풀어 썼다.

**Wounded by School: Recapturing the Joy in Learning and Standing Up to Old
School Culture**

in the 2009 edition by Kirsten Olson
First published by Teachers College Press, Teachers College, Columbia University, New York, USA. All Rights
Reserved.
Korean Translation copyright © 2012 Hanulim Kids Publishing co., Seoul.
The Korean edition published by arrangement with Teachers College Press through Literary Agency Greenbook.

상처 주는 학교

배움의 기쁨을 되찾고 낡은 학교문화를 새롭게 바꾸는 방법

커스틴 올슨 지음

노승영 옮김

한울림

"학교가 좋았던 사람이든 싫었던 사람이든, 그동안 학교 탓을 했던 사람이든 제 탓을 했던 사람이든, 커스틴 올슨의 흥미진진한 이야기를 읽고 나면 학교에 대한 생각이 달라질 것이다. 올슨의 학교가 주는 상처 이야기는 무척 쓰라리지만 그 속에는 희망이 담겨 있다."

— 하워드 가드너(《다중 지능》, 《미래 마인드》 저자)

"커스틴 올슨은 지적으로 흥미진진하면서도 유용한 자료와 실천 방안으로 가득한 훌륭한 책을 써냈다. 이 탁월한 책을 읽고 토론하고 가슴에 새기고 실천에 옮기기 바란다."

— 파커 J. 파머(《가르칠 수 있는 용기》 저자)

"놀랍고도 치밀한 이 책은 감동적이고 쓰라리고 강렬한 사연으로 가득하다. 이 사연들은 연약하면서도 단단하고, 괴로우면서도 질기다. 올슨의 이야기를 읽으면서 우리는 학교에서 잃어버린 웃음과 기회를 생각하며 탄식하고, 학교에 어른거리는 슬픔의 그림자를 애도하고, 어리석음을 비웃고, 불운과 그로 인한 영감의 순간에 미소 짓는다."

— 세라 로런스라이트풋(하버드 교육대학원)

"커스틴 올슨은 예언자적 교육 비평가 존 홀트 이후로 그 누구보다 생생하고 설득력 있게 현대 학교 교육의 현실을 그려냈다. 교육비평가, 홈스쿨링 운동가, 대안교육 운동가의 간절한 호소를 외면했던 정책 입안자, 교육행정가, 부모는 이 책을 꼭 읽어야 한다. 이번에는 그들이 변화를 이룰 테니까."

— 론 밀러(《교육 혁명》 편집장, 《학교는 왜 필요한가?》, 《민주사회를 위한 교육의 자유》 저자)

"교수법 책은 거의가 쓰레기이지만 커스틴 올슨의 책은 정말 다르다. 학교 문제를 논하는 글은 으레 참신한 생각 대신 진부한 이야기로 가득 차 있지만, 이 책에서는 상투적 글을 전혀 찾아볼 수 없다. 전문 용어를 남발하며 잘난 체하지도 않는다. 올슨은 복잡한 분석과 인용을 아름답고 명쾌한 문장으로 제시한다. 다들 두 번씩 읽어야 할 책이다."

- 존 테일러 개토(《교실의 고백》 저자)

"교육자, 부모, 정책 입안자는 학생들의 목소리에 좀처럼 귀 기울이지 않는다. 학생들의 목소리야말로 우리 교육 체제에서 가장 중요한 목소리인데 말이다. 커스틴 올슨은 이 설득력 있는 책에서 상처 입은 학생들의 이야기를 아름답게 풀어내며 학생들에게 고통을 가하는 망가진 체제의 대안을 제시한다. 올슨은 우리가 서로 배려하는 학교 공동체를 만들 수 있으며, 더 의미 있고 즐겁고 다니고 싶은 학교를 만드는 데 필요한 변화를 교사, 부모, 학생 스스로가 추진할 수 있으며 추진해야 한다고 주장한다."

- 데니즈 포프, (스탠퍼드 대학교 교육대학원 교수, 《학교 다니기》 저자)

"《상처 주는 학교》는 중요하지만 곧잘 외면을 받는 진실에 밝은 빛을 비춘다. 학교제도가 모든 구성원의 행복에 심각한 상처를 입힌다는 사실 말이다. 공교육과 관계가 있는 사람이라면 - 우리 모두가 그럴 테지만 - 누구나 이 책을 읽고, 모든 학생이 치유뿐 아니라 성공을 이룰 수 있도록 도와주는 학교를 만들기 위해 힘을 합치기를 권한다."

- 테리 채드시(용기와 재활 센터 공동 소장)

"명쾌하기 그지없는 이 책을 읽어야 하는 이유는 무엇일까? 학교에 신물이 난 학생이라면 자신이 왜 신물이 났는지 이유를 알게 될 것이다. 체제 때문에 좌절한 교사라면 자신의 일을 새로운 관점에서 생각하는 동료를 발견할 것이다. 부모라면 자녀가 학교에서 지적으로나 정신적으로나 안전하게 지낼 수 있도록 지켜내는 법을 배울 것이다. 학생들을 모조리 평범한 존재로 찍어내고 표준화된 시험을 대비하도록 가르치는 것보다는 배움과 창의력, 학생의 차이를 알아차리는 즐거움이 훨씬 중요하지 않겠는가? 《상처 주는 학교》를 읽은 사람은 누구나 우리의 교육 체제를 뜯어고쳐야 한다는 데 동의할 것이다."

- 제니퍼 와그너(Examiner.com)

"커스틴은 상처와 치유의 이야기를 생생하게 풀어내면서 이 책에 엄청난 정서적 힘과 절박함을 불어넣었을 뿐 아니라 중요한 제안을 이해하고 실행할 수 있는 틀을 제시했다. 그 덕에 이 책은 단순히 우리의 망가진 학교를 수리할 설명서가 아니라 학교의 목적과 정신과 희망을 되살릴 지침서가 되었다."

- 데이비드 H. 로즈(응용기술센터 공동 창립자 겸 최고교육 담당자)

"올슨의 책은 학교에서 상처를 경험한 사람들의 사연으로 가득하다. 고통과 굴욕, 회의, 노골적인 트라우마에서 아직 벗어나지 못한 사람이 있는가 하면 상처를 이겨낸 사람도 있다. 올슨은 현행 학교체제가 재능을 소모하는 것에서부터 평균적 학생을 무시하고 문제 학생을 소외시키고 배제하는 것에 이르기까지 모든 사람에게 해를 입히고 있다고 말하는 데 주저함이 없다. 이 상처를 계속 외면하면 아이들은 세상에 나갈 채비를 하지 못할 것이며 수많은 학생들이 자신의 잠재력을 실현하지 못하고 중도에 포기할 것이다."

- 미셸(블로거)

"《상처 주는 학교》는 학생의 목표 미달성, 중도 포기, 규율, 무관심한 부모, 교육의 질 등 학교에서 마주치는 문제들이 실은 문제가 아니라는 증거를 내놓는다. 이것들은 더 깊은 문제의 결과다. 이 책은 우리가 서로 맺는 관계야말로 근본적인 문제라고 말한다."

- 디애나 버니(LEAP 아카데미 대학 차터스쿨 교육감)

"올슨은 우리 모두가 나서서 힘을 합쳐 사회정서적이고 윤리적이고 시민적이고 학문적인 배움을 장려하는 더 적절하고 배려하는 학교체제를 만들어내는 것이 시급하다고 지적한다. 그래야 21세기에 필요한 능력과 소양을 길러낼 수 있다."

- 데버러 도나휴-키건(웰즐리 대학 교환 교수)

"탁월하고 독창적이고 중요한 책이다. 《상처 주는 학교》는 학교를 전면적으로 개혁해야 하는 이유를 감동적으로 들려준다."

- 토니 와그너(《세계 성취도 격차》 저자)

"상처를 치유하는 학교 환경을 조성하려면 공감, 인내, 헌신이 필요하다. 이런 학교에서는 학생들이 존중받고 배움의 기쁨을 발견할 수 있다. 학생들이 집에서, 거리에서, 동네에서 어떤 난관에 부딪히든 학교는 이들에게 미래에 대한 희망을 불어넣어야 한다. 올슨은 우리의 가장 소중한 자원인 아이들에게 해를 입히는 제도적 관행에 도전하라고 모두에게 촉구한다."

- 신디 맥마흔(하버메일 고등학교 교감)

추천사

커스틴 올슨이 하버드 교육대학원 박사 과정을 시작한 지 얼마 안 돼서 우리가 함께 나눴던 첫 대화를 나는 똑똑히 기억한다. 그것은 놀라운 경험이었다. 우리는 그 뒤로도 몇 년 동안 대화를 이어갔다. 올슨의 목소리에 담긴 열정, 말 한마디 한마디에서 드러나던 희망과 의지, 교육과 학교체제에 대한 견해를 설명하던 목소리가 아직도 귓가에 생생하다. 올슨은 배움이야말로 교육의 중심이라고 말한다. 지당한 소리다. 하지만 나를 사로잡은 것은 사랑과 배움의 상관관계에 대한 그녀의 생각이었다.

올슨은 '배움에 대한 사랑', '사랑으로서의 배움'을 이야기했다. 열정과 기쁨, 소망, 신비, 활력과 몰입, 흥분과 희열이 배움의 일부가 되어야 한다는 것이다. 사랑과 배움은 지성과 감성, 영혼에 호소하는 심장과 마음의, 육체와 정신의 표현이었다. 사랑과 배움은 학생의 깊은 호기심에서 시작되어야 한다. 어수룩하고 놀랍고 엉뚱한 질문을 던지면서 시작되어야 한다. 학생을 존중하고 학생에게 관심을 갖는 교사만이 사랑과 배움을 가르칠 수 있다. 이 교사들의 교육철학은 진실을 말하는 수많은 방식에 귀를 기울여 깊이 이해하는 데서 시작된다. 학교는 돌봄과 공감의 장소가 되어야 한다. 학생이 사랑과 신뢰의 관계 속에서 편안함을 느끼고, 두려움 없이 도전하고, 실패와 관용과 용서를 통해 자신의 재능과 능력을 발견할 수 있는 곳이어야 한다.

나는 올슨의 이야기를 들으면서 깊은 감명을 받았다. 사랑과 배움을 하나로 엮는 방법을 찾으려는 올슨의 갈망이 내 가슴을 울렸다. 몇 년 뒤에 올슨은 억누를 수 없는 의문을 조심스럽고 치밀하게 파고들기 시작했다. 처음에는 저명한 건축가와 대학교수, 유명 작가, 마케팅 담당 임원 등 이미 학교를 떠난 지 오래된 어른들과 심층 면담을 나누기 시작했다. 이들은 호기심과 물음, 배움의 열망을 삶의 원동력으로 삼는 사람들이었다.

현실 연구에 첫발을 내디딘 올슨은 이들과의 대화에서 즐겁고 생산적인 배움의 이야기, 진지함과 모험, 기쁨, 일과 놀이, 욕구와 헌신 등이 뒤섞인 멋진 이야기를 기대했을 것이다. 하지만 이들이 생생하게 묘사하는 학창시절의 기억에서 올슨이 발견한 것은 고통, 실망, 심지어 냉소의 그림자였다. 올슨은 빛을 기대했지만 실제로 맞닥뜨린 것은 어둠이었다. 이 사람들은 이미 오래전에 치유되어 아문 상처를 이야기하는 것이 아니었다. 깊숙이 새겨진 쓰라린 상처는 여전히 한 인간으로서, 전문가로서의 자아상을 좀먹고 왜곡했다.

첫 면담에서 얻은 실망스러운 결과에 놀란 올슨은, 처음에는 이것이 거짓이고 직관에 반하는 응답이라고 생각했다. 그래서 10년에 걸쳐 미국 전역을 돌며 수많은 사람들을 만나 학교 이야기를 들었다. 그들의 나이, 인종, 민족, 사회·경제적 배경은 다 달랐다. 공립학교, 사립

학교, 종교학교를 나온 사람들, 도심, 교외, 시골에서 자란 사람들, (학교생활과 삶에서) 성취와 성공의 피라미드에서 꼭대기, 중간, 바닥에 있는 사람들이 각자 자신의 사연을 들려주었다. 할 이야기가 있는 사람들이 자신의 드라마와 꿈을 표현하고 목소리를 낼 수 있게 멍석을 깔았다. 대화의 물꼬를 트는 일은 어렵지 않았다. 올슨은 분노를 가라앉히고 그들의 말에 귀를 기울였다. 사람들은 날것 그대로의 이야기를 쏟아냈다. 면담은 달콤하고도 쓰디쓴 작업이었다. 올슨은 뛰어난 감수성과 공감 능력, 절제력을 발휘하여 사람들의 가슴속 이야기를 끄집어냈다.

이 책은 올슨이 사람들의 육성으로 빚어낸, 감동적이고 쓰라리고 강렬한 사연들로 가득하다. 사람들의 상처 이야기 밑바닥에는 세찬 물살이 흐른다. 나는 상처가 이토록 오래가는 것에 놀랐다. 오랜 세월이 지나도 사람들의 마음속에는 상처가 남아 있었다. 교사의 욕설, 비아냥거림, 보상 거부, 기회 차단처럼 처음에는 사소해 보이는 상처도 있고, '평균 성적의 학생'에 대한 지속된 무관심과 외면, 학습장애 아동에 대한 만성적인 방치와 그릇된 판단처럼 오래되고 심각한 상처도 있다. 하지만 크든 작든 이 상처들은 깊고 쓰라린 통증을 일으키며 오랫동안, 때로는 영원히 남는다.

또한 올슨은 학교에서 벌어지는 불평등을 바라보는 우리의 시각을 바로잡았다. 학교 교육을 둘러싼 대중 담론이 접근성, 성취, 기회 등 수치로 나타낼 수 있는 성과에 치중하고, 교육자와 정책 입안자가 '성취도 격차', '결과 연계 시험'* 등의 통계적 평가와 성적에 집착하는 지금, 올슨은 더 무차별적으로 퍼져 있는 문제점을 고발한다. 올슨이 말하는 학교가 주는 상처는 인종, 계급, 성별, 장애, 재능, 겉으로 보이는 것 따위로 쉽게 분류되지 않는다. 올슨은 빈곤, 인종주의, 성차별, 동성애 혐오, 외국인 혐오 등 소외된 사람들의 삶을 왜곡하고 망가뜨리는 악조건을 분명히 인식하고 있다. 하지만 올슨은 완벽주의자, 능력 이상의 성적을 올리는 학생, 우등 졸업생, 촉망받는 운동선수처럼 잘 나가고 승승장구하는 사람들도 나름의 고통에 시달리고 있을지 모른다고 말한다. 호기심을 무디게 하고 창의력과 상상력을 억눌러 무기력과 우울을 낳는 고통 말이다.

올슨은 잘난 사람이든 못난 사람이든 인종, 계급, 성별, 세대를 막론하고 많은 사람들이 상처를 입었다는 사실을 지적한다. 또, 우리 사회에서 학교의 목적이 과연 무엇인가, 우리의 교육환경이 어떤 문화와 구조와 조직으로 이루어졌는가, 지성은 어떻게 정의되는가, 우리의

---

* high‑stakes testing 시험 성적을 교육청·행정부에 통지하여 각종 혜택에 반영하는 것

교육과정은 어떤 형태이고 얼마나 심오한가, 교사는 학생과 어떤 관계를 맺고 유지해야 하는가라는 근본적인 물음을 제기한다.

올슨은 100년도 더 전에 확고히 자리 잡은 학교의 구조와 규범, 의식儀式, 일과가 시대에 뒤떨어졌고 구성원을 소외시킨다며 그 타당성을 문제 삼는다. 그러면서 배움과 사랑을 불러일으키는 친밀하고 포용적인 학교문화를 고민하라고 말한다.

학교가 주는 상처를 주제로 삼았으니 이 책이 지나치게 우울할 것이라고, 슬픔과 비정상적인 이야기들로 가득해서 가슴으로 받아들이기에는 너무 고통스러울 것이라고 생각하는 독자도 있겠지만, 나는 올슨의 글에서 뜻밖의 희망을 보았다.

희망의 첫 번째 징조는 이 책 곳곳에서 사람들이 자신의 깊숙한 감정을, 꽁꽁 숨겨두었던 이야기를 생전 처음으로 꺼냈다는 것이다. 이들은 자신의 이야기 속에서 화자이자 주인공이 되어 상황을 주체적으로 파악하고 통제하기 시작했다. 자신의 목소리를 듣고 자신이 믿는 것, 확실히 아는 것이 무엇인지 알아차렸다. 이야기를 하면서 해방감과 통찰력, 구원의 수단을 찾았다. 치유가 시작된 것이다.

희망의 두 번째 징조는, 올슨이 강조하듯, 고의든 아니든 학생이 당한 위험한 학대와 피해를 폭로하는 것이야말로 학교를 배움에 알맞은 장소로 바꿔내는 첫걸음이라는 것이다. 고통의 호소가 정리되고 기록되면, 사람들은 자신의 기억과 회상이 현실이고 정당하다는 것을 개인적으로, 또한 집단적으로 체험할 수 있다. 또한 조직적 불의를 바로 잡으려면 어떤 조치를 취해야 하는지 실마리를 얻을 수 있다.

희망의 세 번째 징조는, 올슨이 상처만 말하는 것이 아니라 치유와 회복을 이야기하고, 용기와 회복력과 책임감이라는 교훈을 전한다는 것이다. 단호하면서도 다정하고 현실적인 이 책은 공감과 치유의 길을 열어주어 고통을 이겨내는 법을 가르친다. 상처를 직시하면 온전함에 이르는 길을 발견할 수 있다. 그러면 올슨의 바람대로 배움에서 사랑을, 사랑에서 배움을 볼 수 있으리라.

세라 로런스라이트풋

학교가 상처를 입힐 수 있다는 말에 이의를 제기할 독자는 별로 없을 것이다. 이것은 부끄러운 현실이다. 내가 아는 성인들은 대부분 학교에서 상처를 받은 경험이 있다. 사고를 당하거나 운동장에서 다투거나 졸업 무도회에서 창피를 당한 경험을 말하는 것이 아니다. 컬럼바인 고등학교 총기 난사 사건 같은 비극적 사건으로 인한 직·간접적 상처를 말하는 것도 아니다.

내가 말하는 상처는 학습을 구성하고 평가하는 방식에 내재된 구조적인 폭력으로 인한 은밀하고도 오래된 상처다. 즉, "나는 창의력이 전혀 없어.", "나는 운동에 소질이 없어.", "자신감이 바닥났어!", "나는 바보야.", "낙오자 대열로 밀려나 지금껏 제자리야."라고 자책하는 상처다. 이에 못지않게 슬프고 역설적이며 가장 널리 퍼진 상처는, 누구나 배움에 대한 열정을 타고나지만 학교에 다니면서 이 열정이 사그라지고 심지어 사라진다는 사실이다.

학생만 상처받는 것이 아니다. 교사도 걸핏하면 상처를 입는다. 교사가 교직을 선택한 이유는 아이들의 성장을 방해하기 위해서가 아니라 도우려는 소망 때문 아니던가? 학생의 성장을 위해 아무리 열심히 일해도 체제가 학생을 짓누르는 현실을 매일같이 목격하며 깊은 상처를 입고 낙담하는 교사가 한둘이 아니다. 상처 입은 자녀에게서 "제발 학교에 보내지 마세요. 다시는 가고 싶지 않아요!"라는 SOS 신호를 받고도 무력할 수밖에 없는 부모의 상처도 있다.

물론 아이들에게 상처를 주는 교사와 부모도 있다. 아이의 감정에 공감하지 못하는 무감각한 어른, 학대 때문에 자신의 인생을 망치고도 자녀가 똑같은 학대를 겪도록 방치하는 어른이 있는 것은 사실이다. 하지만 양심적이고 헌신적인 어른이 더 많다. 아이가 상처를 치유해서 당당하고 자신감 넘치는 온전한 사람으로 성장하여 삶의 전 영역에서 제 역할을 다할 수 있는 사람으로 길러내고 싶어 하는 어른들이 있다.

이 책은 학교와 교사, 부모와 아이들이 치유의 길을 찾도록, 아니애초에 상처 주지 않는 교육을 실천하는 길을 찾도록 해줄 것이다. 커스틴 올슨은 엄밀하고 신중하게 자료를 수집하고 뛰어난 통찰력으로 분석하여 흥미롭고 유용한 자료와 실천 방안으로 가득한 훌륭한 책을 써냈다. 올슨은 상처받은 사람들과 치유된 사람들의 생생한 이야기를 통해 문제와 해결책을 제시한다. 또한 새로운 삶과 진정한 배움을 아이에게, 부모에게, 교사에게, 그리고 이것을 절실히 필요로 하는 세상에 가져다줄 방법을 알려준다.

이 탁월한 책을 읽고 토론하고 가슴에 새기고 실천에 옮기는 '상처받은 치유자' wounded healer들이 많아지기 바란다.

파커 J. 파머

차례

프롤로그

상처

1장 / 학교는 어떻게 상처를 주는가

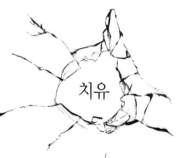

치유

자신의 이야기를 용기 있게 들려준

모든 학생에게 이 책을 바칩니다.

학생 권리장전

모든 학생은 무언가를 배울 때 자신이 그것을 왜 배우는지,
그것이 왜 중요한지 알 권리가 있다.

모든 학생은 이러한 '중요성'에 의문을 제기하거나
검증할 권리가 있다.

모든 학생은 이해하지 못할 권리가 있으며,
이해가 안 된다는 사실을 떳떳하고 솔직하게 말할 권리가 있다.

모든 학생은 개념, 사상, 사실 등을 이해할 때
다양한 방법을 동원할 권리가 있다.

모든 학생은 자신의 마음, 두뇌 유형, 지적 성향을
최대한 온전하게 알 권리가 있다.

모든 학생은 학습을 평가하는 수단에
의문을 제기하고 검증할 권리가 있다.

모든 학생은 자신의 상상과 생각을 비밀에 부칠 권리가 있다.

모든 학생은 자신의 상상과 생각을 진지하게 펼칠 권리가 있다.

커스틴 올슨

프롤로그

상처를 입히는 것이 자신이듯 치유하는 것도 자신이다.

- 카를 구스타프 융, 《기억, 꿈, 사상》

하버드 교육대학원의 첫 세미나 시간, 우리는 탁자 주위에 둘러 앉아 각자 대학원에 들어온 이유를 이야기했다. 모두들 자신의 성장 배경을 소개하면서 넌지시 자신의 총명함을 과시하려 들었다. 우리 세미나를 담당한 조교수는 희끗희끗한 머리와 안경에서 연륜이 묻어나는 분이었다. 여러 학교를 설립하고 30년간 교육자로 살아온 그는 이렇게 말했다. "학교가 우리 아이들에게 너무 많은 상처를 주지 않았으면 하는 바람뿐입니다."

나는 그 순간을 결코 잊을 수 없다.

크게 바뀐 교육환경

내가 교육대학원에 들어갔을 무렵 미국의 교육정책은 급격한 변화를 겪고 있었다. 1990년대 미국에서는 교육의 성과를 어떻게 평가

할 것인지, '세계 수준'은 과연 무엇인지에 대한 견해가 과거와 달라지고 있었다. 여기에는 학생들의 '학력평가시험'standardized test(표준화 시험) 성적에 따라 학교에 보상을 주거나 제재를 가하는 '책무성 정책' accountability policy이 큰 영향을 미쳤다. '학생과 교사는 생존경쟁이 치열하게 벌어지는 대기업의 한 부서에서 유독 실적이 형편없는 사원'이라는 인식이 퍼지고 있었다. 놀랍게도 대학원 동료 중에서 여기에 반대하는 사람은 별로 없었다. 학생을 가르치는 일은 결코 단순한 업무가 아닌데도, 이를 무시하고 짓밟는 문화적 패러다임은 이러한 인식을 당연하게 여겨 이의를 제기하지 않았다. 심지어 상당수의 동료들은 "교육자가 기업인의 사고방식을 닮으면 얼마나 좋을까?"라며 한숨을 내쉬곤 했다.

대학원에 들어갔을 때 나는 교육이란 사람을 변화시키는 일이라고 생각했다. 대학원 강의에서 들었던 "교육은 영혼을 빚는 일"이라는 코넬 웨스트 교수의 말이 아직도 귓가에 생생하다. 그렇기에 대학원 동료들의 반응은 당혹스럽고 불편했다. 교수법, 교육제도, 교육이념은 바꾸지 않은 채, 학생이 정신 차리고 농땡이 안 부리고 해마다 성적을 끌어올리기만 기대하는 담론에서 과연 누가 학생의 편에 서겠는가? 모든 과목을 잘해야 하고, 절대 낮은 점수를 받으면 안 되고, 좋은 대학에 가기 위해 모든 시험을 잘 봐야 하는 학생들, 이들의 고충을 과연 누가 헤아릴까? 초등학교 3학년 때부터 몇 날 며칠 동안 주州 단위 시험을 준비해야 하고, 창의적 글쓰기가 아니라 주어진 주제를 놓고 억지로 글을 짜내는 의무적 글짓기를 해야 하고, 객관식 문제를 푸는 방법이나 배워야 하는 아이들이 심리적·정서적으로 어떤 경험을 하는지 관심 있게 지켜보는 사람이 있을까?

학부형이 된다는 것

그럭저럭 하는 동안 우리 아이들이 학교에 들어갔다. 학교를 통해 처음 세상을 접하는 아이들을 보며 나의 학창시절을 돌아보니 마음이 영 언짢았다. 아이들이 학교생활을 하다가 활력과 열정, 명랑한 성품과 넘치는 생명력을 잃어버리지나 않을까? 아이들이 시험 성적으로 남에게 평가받거나 스스로를 평가하지 않게 지켜주려면 어떻게 해야 할까? 글씨를 못 쓴다고 창피당하지 않게 하려면 어떻게 해야 할까? 책임을 다하고 자기 공부는 스스로 알아서 하라는(하지만 속뜻은 어른들이 바라는 대로 하라는) 요구에 시달리면서도 자신이 좋아하고 배우고 싶은 일에 흥미를 잃지 않게 하려면 어떻게 해야 할까? 아이들이 초등학교 졸업 때까지 몇백 시간의 시험을 치르면서 이것이 '진짜 교육'이라고 착각하거나 중학교 때부터 대학입시 걱정에 시달리게 되는 것만은 막고 싶었다.

나 역시 여느 부모처럼 우리 아이들이 학교에 잘 적응하기를, 그에 못지않게 정서적으로나 심리적으로 행복하기를 바랐다. 학교가 아이들을 챙겨주리라는 기대는 전혀 없었다. 우리 아이들은 백인 중산층 가정에 부모가 둘 다 있으며 학습장애도 없지만, '바람직한 학습'이 무엇이고 '훌륭한 학생'이 어떤 학생인가에 대해 엉뚱한 대답을 내놓는 지금의 교육체제에서는 무슨 꼴을 당할지 모를 일이었다. 내가 가장 중요하게 생각했던 것은 아이들에게 자기 주도적이고 열정적인 배움의 희열을 심어주는 것이었는지도 모르겠다. 내 평생에 가장 큰 기쁨을 안겨준 것이 그러한 배움이었으니까. 틀에 박힌 글짓기, 객관식 시험, 해도 해도 끝이 없는 교과서 요약에 짓눌려 배움의 열정이 사그라지는 것은 원치 않았다.[1]

진짜 문제를 발견하다

내가 대학원에서 교육학을 전공한 것은 조금 색다른 이유에서였다. 바깥세상은 하루가 다르게 급변하는데 학교만 고집스럽게 변화를 거부하는 이유를 알고 싶었다. 그때가 1990년대 말, 인터넷이 교수·학습에 영향을 미칠 수 있음을 학교들이 막 알아차리기 시작할 때였다. 물론 내가 대학원에서 배운 것은 "학교가 하는 일은 무엇인가?"라는 물음에 대한 대답이 얼마나 복잡할 수 있는가였다. 학계에 몸담다 보면 어떤 물음에도 간단하게 대답할 수 없으며, 누가 묻느냐에 따라 대답이 달라진다는 사실을 깨닫게 된다.

대부분 실제 교육과는 상관없었지만, 나는 수많은 과목을 수강하고 교육학 연구 방법을 배웠다. 그중에는 학교 교육의 역사도 있었다. 이 과목을 수강하면서 나는 교육의 안정성과 회복력에, 또한 학교 교육에 대한 사람들의 애정에 감탄했으며, 학교에 대한 우리의 생각과 태도를 서둘러 뜯어고쳐야겠다고 생각했다.

한 해 두 해 지나면서 내 관심 분야도 윤곽을 갖춰갔다. 나는 남다른 사람들의 정서적·심리적 학습경험을 조사하기 시작했다.[2] 고도로 몰입하는 열정적인 학습자의 개인 경험을 다룬 논문(이 분야의 논문은 가물에 콩 나듯 한다.)을 읽으며, 의욕과 끈기가 넘치는 학습자들이 어떻게 열정과 자신감을 얻게 되었는지, 정서적 관점에서 바람직한 학습이란 어떤 것인지 이해하고 싶었다. 미리 준비된 질문지를 가지고 상황에 따라 융통성을 발휘해 면접하는 방법으로 오랜 기간 그들의 초창기 학습 이력, 학교에 대한 첫 기억, 학생으로서의 자화상, 학습자이자 사색가로서의 자신을 있게 한 학창시절의 초기 경험을 조사했다.

그런데 면담을 시작하자마자 학교에서 상처받은 사연들이 쏟아져 나왔다. 일류 대학의 교수, 손꼽히는 마케팅 담당 임원, 벤처캐피털 투자가, 많은 작품을 쓴 재능 있는 작가, 명성이 자자한 건축가 등, 배움을 삶의 중심에 놓고 남다른 성공을 거둔 사람들을 연구 대상으로 삼았다. 하지만 이들의 배움 과정을 들여다보니 다들 학교에서 받은 상처에 시달리고 있었으며, 자신이 배움의 길을 걷게 된 것은 학교와 무관하다고 생각하고 있었다. 이들은 꽁꽁 숨겨온 상처를 드러냈다. 글을 읽지 못해 여러 해 동안 고통을 겪다 초등학교 4학년이 되어서야 누이의 도움으로 글을 깨친, 아이비리그 대학의 저명 교수는 당시에 앉았던 의자의 감촉을 아직까지 기억하고 있었다. 한 건축가는 초등학교 때 별명을 하나도 잊지 않았다. 그는 예술적 재능이 뛰어나다는 이유로 '호모 자식'이었고, 글을 더듬더듬 읽는다는 이유로 '멍청이'였다. 훌륭한 작품을 여러 편 써낸 어느 작가는 고등학교 때 영어 교사가 내뱉은 "너는 낙오자야. 평생 낙오자로 살 거다."라는 말을, 60대에 들어선 지금도 떨쳐버리지 못한다.

물론 창의성이 아주 뛰어난 학생들은 학교생활에 좌우되거나 영향을 받지 않는다고 주장하는 사람도 있다. 미하이 칙센트미하이는 창조와 몰입을 주제로 한 책3)에서 "신기하게도 학교는, 심지어 고등학교조차도 창조적인 사람의 삶에 별 영향을 미치지 않는 듯하다."고 말한다. 하지만 내가 만난 사람들은 학교가 자신에게 우호적이거나 중립적이기는커녕 자신을 만신창이로 만들었다고 생각했다.

교육제도는 이들의 창의성, 인간성, 상상력을 북돋워주지 않았으며, 심지어 노골적으로 훼방하기도 했다. 그런 탓에 어른이 된 후에 이들의 삶은 학교에서 잃어버린 것을 되찾는 여정이었다. 그것은 전문인으로서, 또한 자연인으로서의 삶에서 자기 자신을 더 온전하게 표현하려면 반드시 거쳐야 할 길이었다. 낯선 곳에 발을 내디디려면 용기가 필요한 법이다.

나는 연구 범위를 넓혔다. 학습장애 같은 문제가 있었던 사람뿐만 아니라 정상적으로 학교를 다닌 사람을 비롯한 온갖 사람들을 만나서 학교에서 배운 경험이 어땠는지 물었다. 공립학교, 엘리트 기숙학교, 차터스쿨*에 다니는 학생들과도 이야기를 나누었다. 내가 다니는 대학의 학생들과 면담하기도 했다. 중년의 전문직 종사자인 학부모와 70대의 할머니도 만났다. 교사와 교장, 교감과 함께 작업하면서 학교 업무의 애로사항에 대해서도 이야기를 들었다. 이 이야기들을 모아 놓으면 몇 가지 유형이 보인다. 일상적인 교육 관행이 아이들의 마음을 찢어 만신창이를 만드는 이 유형은 아직까지 마땅히 표현할 말이 없으며, 교육계에서는 지금껏 이런 현실을 부인하려고만 한다.

---

* charter school 주 또는 지방 당국의 규제 없이 주로 학부모, 교사, 지역단체 등이 공동으로 위원회를 구성해 운영하는 학교로, 정부의 재정 지원을 받기 때문에 등록금이 면제된다.

물론 모두가 자신이 상처를 입었다고 생각하는 것은 아니지만, 상처를 입은 사람들은 자신의 상처가 부끄러워 아무에게도 말하지 못했다고 털어놓았다. 이 사람들은 상처를 입게 된 것이 자기 탓이라고 여겼으며, 교육제도가 제 역할을 못 했고 시대에 뒤떨어졌기 때문이라고는 생각지 못했다. 학교에서 상처받은 경험을 서술한 문헌을 조사했더니, 학교가 우리에게 꼭 필요하면서도 한편으로는 크나큰 상처를 줄 수도 있음을 개인의 학습경험을 토대로 주장한 책은 하나도 없었다. 내게 자신의 이야기를 들려준 사람들은 학교 교육이 자신에게 아주 중요한 경험이었다고 말했지만, 그에 못지않게 파괴적이고 위험하고 때로는 불필요한 고통과 어려움을 당하게 했다고 덧붙였다.

어릴 적에 읽기를 못해 애를 먹었으나 이제는 훌륭한 건축가가 된 마커스는 이렇게 말했다. "그때의 기억을 한순간도 떨쳐버릴 수 없습니다. 편하게 털어놓을 수 있기만 해도 좋겠습니다. 학교에서 느낀 부끄러움이 제 마음속 깊숙이 자리 잡고 있습니다." 학교 설립자인 재럴은 학교가 자신의 가슴을 후벼 팠다고 거듭 말했다. "유치원에 들어갈 때만 해도 저는 행복한 아이였습니다. 상상력이 넘치고 배우려는 열정이 가득했죠. 그런데 기존 교육체제에 속해 있다 보니 행복과 상상력, 열정이 온데간데없어지더군요. 모두 사라졌습니다. 어린 제게 '지능'이라는 바깥세상의 꼬리표가 붙어버린 겁니다. 학교가 주로 하는 일은 이른바 '타고난 능력'에 따라 학생을 분류하고 꼬리표를 붙이는 것이었습니다. 성적이 좋고 시험을 잘 치르고 학교에 잘 적응하면 똑똑한 학생으로 인정받지만, 제대로 적응하지 못하면 멍청이가 되는 거죠. 제 자존감과 자아상은 크나큰 상처를 입었습니다."

학교가 중요하지 않다고 말하는 사람은 아무도 없었지만(누구도 학교를 무시하거나 교육이 필요 없다고 말하지 않았다.) 다들 학교가 지긋지긋했다고 털어놓았다.

대학원을 졸업하고 교육 현장에 뛰어든 뒤로, 나는 아동과 청년, 교육자를 막론하고 점점 더 많은 사람들이 교육제도의 수렁에 빠져들고 있다는 생각이 들었다. 시험 성적을 책무성과 교육 성과의 판단 기준으로 삼다 보니 우리가 평가하고자 하는 것이 얼마나 복잡한지를 간과하게 된 탓이다. 배움은 기쁨이어야 하며, 가르치는 사람과 배우는 사람의 진심 어린 교감을 필요로 한다. 하지만 요즘의 교육개혁 논의에서는 이에 대한 고려를 찾아볼 수 없다. 오히려 훈육과 처벌로 실적을 끌어올리려는 사고방식에 사로잡혀 모두들 시험 성적에만 목매고 있는 형편이다. 오죽하면 초등학교 3학년밖에 안 된 어린아이가 "낙제할까 봐 너무 걱정돼요. 대학 못 가면 어떡하죠?"라고 말할 정도이다.

물론 시험 정책이나 책무성 조치가 모두 잘못됐다는 말은 아니다. 교육체제에 속한 모든 구성원의 성과를 좀 더 면밀히 측정하는 것은 많은 장점이 있고 성과도 좋다. 하지만 문제는 학생들이 배움의 과정에서 기쁨, 선택권, 자기 주도성을 박탈당하기 십상이라는 것이다. 수업을 참관하다 보면 몇몇 교사들이 "뭔가 문제가 있어요. 제가 이 일을 왜 하고 있는 거죠?" 하고 물을 때가 있다. 이들은 학창시절의 경험이나 교육 관행을 성찰할 기회가 없었기 때문에 교육체제가 어떻게 해서 학생들의 학습 의욕을 꺾는지 이해하지 못했다.

내가 이 책을 쓰게 된 계기는, 나 자신이 열정적인 배움의 경험을 가지고 있는데다가(안타깝게도 학교에서는 한 번도 그런 적이 없지만) 창의성과 몰입에 대한 연구 성과에 자극을 받았기 때문이다. 배움이 행복한 삶의 열쇠라면(나는 그렇게 믿는다), 그런데 학교가 사람들에게서 이러한 기쁨과 가능성을 빼앗아간다면, 나는 사람들에게 상처를 주고 배움의 의욕을 꺾는 교육 관행을 폭로하고 공론에 부쳐야 한다고 생각했다. 그래야 학교를 변화시킬 수 있을 테니까.

무엇보다도, 상처 입은 학생들은 대부분 평범한 아이들이었다. 정규분포 곡선의 가운데에 있는 이 대다수[4] 중간층은 말썽을 일으키거나 성적이 바닥을 기지는 않지만 교사의 관심을 받지 못하고 공부에 흥미를 느끼지도 않으며 학교에서 보내는 하루하루가 지루하기만 한 아이들이다. 이 책을 쓰던 중에 만났던 한 아이는 이렇게 말했다. "학교에서는 저의 열정을 받아주지 않았어요. 일곱 살인가 여덟 살 때부터 제가 정말 좋아한 건 전투 모형을 만드는 거였어요. 푹 빠져 있었죠. 집 앞에서 흙으로 노르망디 상륙 작전을 완벽하게 재현하기도 했어요. 하지만 그건 학교 공부와는 아무 상관이 없었어요. 제가 그걸 만들었다는 걸 아는 선생님은 아무도 없을 거예요."

누구에게 이 책이 필요한가

학교에서 상처받은 적이 있거나, 그래서 공부할 의욕을 잃었거나, 이런 문제를 폭넓게 이해하고 싶은 사람이라면 이 책을 꼭 읽기 바란다. 이 책에서 여러분 같은 사람이 또 있는지, 그들이 어떤 식으로 문제를 해결했는지 실마리를 얻을 수 있다. 교육 현장이 통 바뀌지 않거나 너무 많이 바뀌어서 골머리를 썩이고 있거나, 생각을 나눌 사람이 없어서 외롭거나, 교육을 바라보는 새로운 관점을 접하고 동지를 찾고 싶은 교사에게도 이 책을 권한다. 자녀가 학교에서 안전하고 건강하게 자라려면 어떻게 해야 하는지 알고 싶은 부모에게도 이 책이 유익할 것이다.

많은 사람들이 나에게 고통스러웠던 상처에 대해 말해주었고, 어른이 된 지금도 그 상처에 시달린다고 털어놓았다. 자신의 경험을 털어놓으며 무척 힘들어 하기도 했다. 오랜 기간 자신의 기억과 감정을 오로지 혼자서 짊어져야 했기에 더더욱 힘들었을 것이다.

내가 이 책을 쓴 목적은, 독자들 자신이 학교에서 받았던 상처를 공감과 이해의 눈길로 성찰하고, 학교를 바꾸려고 노력하도록 하려는 데 있다. 이 책을 읽고 왜 학교가 상처를 주는지, 어떻게 대처해야 하는지 알게 되면, 더 이상 이 상처 때문에 괴롭지 않을 것이다. 더 나아가 우리 자신과 아이들에게 창의성과 즐거움의 불꽃을 일으켜 더욱 생기 있고 풍요롭게 살아가도록 할 수 있다.

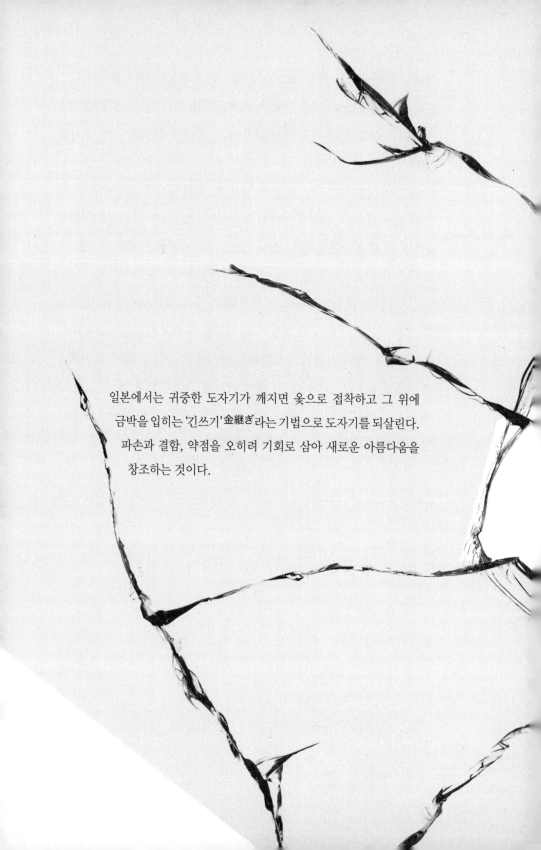

일본에서는 귀중한 도자기가 깨지면 옻으로 접착하고 그 위에
금박을 입히는 '긴쓰기'金継ぎ라는 기법으로 도자기를 되살린다.
파손과 결함, 약점을 오히려 기회로 삼아 새로운 아름다움을
창조하는 것이다.

상처

1장 학교는 어떻게 상처를 주는가

새가 노래하는 깃은 답을 알고 있어서가 아니라
부를 노래가 있기 때문이라네.

- 중국 속담

"학교가 지긋지긋했어요!"

탁자 건너편에 앉은 샬럿의 앳된 얼굴에 햇살이 비쳤다. 샬럿은 어릴 적 학교생활에 대해, 그 시기가 지금껏 자신이 살아오는 데 어떤 영향을 미쳤는지에 대해 이야기했다. 샬럿을 만난 것은 어느 고등학교에서 '학교가 주는 상처를 치유하는 방법'에 대해 강연한 뒤였다. 대학 입학을 앞둔 샬럿은 자기 이야기가 책에 실리면 다른 사람들에게 도움이 될 것 같다면서 나를 찾아왔다.

샬럿은 부유한 동네에서 학교를 다닌다. 유럽에서 여름휴가를 보내는 것이 대수롭지 않고, 열여섯 살 생일선물로 자동차를 사주는 것이 별스럽지 않으며, 힘든 과목이 있으면 과외 선생을 붙여주는 것이 예사인 동네다. 미술가이자 그래픽 디자이너인 샬럿의 부모는 딸을 남부럽지 않게 뒷바라지하느라 애쓰고 있다. 샬럿은 잠시 머뭇거리더니 두서없이 학창시절의 단편들을 회상했다.

"초등학교 2학년 때부터 4학년 때까지 밤마다 울었어요. 저는 원래부터 불안한 성격이었던 것 같아요." 그러면서 잦은 공황발작을 겪으며 불안 치료제를 복용하고 학습에 어려움을 겪었던 이야기를 꺼냈다. "2학년 때 성적표는 온통 B와 D였어요." 그때 샬럿의 부모는 딸아이가 읽기에 서툴다는 것을 눈치 챘다고 한다. 2학년 때 학교에서는 샬럿에게 난독증 판정을 내렸다.

"학습지원 센터에 불려갔어요. 그때부터 꼬리표가 붙은 거예요. 학습지원 센터에 가면 맨 먼저 창문도 없는 작은 방에서 시험을 보는데, 그때 겁에 질렸던 것이 생각나요. 창피해서 쥐구멍에라도 숨고 싶었어요." 학습지원 센터는 특수교육 교사들이 학습에 어려움을 겪는 학생에게 도움을 주려고 만든 곳이지만, 샬럿에게는 수치심만 안겨주는 장소였다.

샬럿의 부모는 외동딸이 걱정되어 무엇이 문제인지 알아내려고 사방팔방으로 뛰어다녔다. 학교 성적에 목매는 중상류층 동네에 살고 있었던 터라 부모의 당혹감은 더욱 컸다. 샬럿의 아버지는 직접 딸을 가르치기로 작정하고 관련 서적을 읽기 시작했다. 아버지의 노력들 중에서 샬럿이 잊지 못하는 것이 한 가지 있다. "어느 날 아빠가 진흙을 가지고 놀면서 철자법을 익히는 책을 읽었다며 커다란 진흙 덩어리를 가져오셨어요. 진흙 색깔이 빨갛더라고요. 아빠는 제게 진흙으로 글자를 만들라고 하셨어요. 만들었죠. 그런데 손이 온통 뻘겋게 물들었더라고요. '글자 모르는 아이'라는 문구를 제 몸에 도배해놓은 것 같았어요. 손이 시뻘게진 채로 학교에 갔을 때 얼마나 창피했는지 몰라요."

샬럿은 학습지원 센터에 배정된 뒤로 자신이 여느 학생과 다른 취급을 받았다고 느꼈다. 그래서 몹시 괴로웠고 배우려는 의욕마저 잃어버렸다고 한다. 정규 수업의 일부가 학습지원 센터의 교육으로 대체되었기 때문에, 초등학교 때 가장 좋아하던 창의적 글쓰기 수업을 받다가도 중간에 교실을 빠져나와야 했다. 샬럿은 학습지원 센터에 정식으로 등록된 뒤로는 글쓰기를 그만두었다고 말했다. 샬럿의 불안감은 더욱 커졌으며 학교에서 늘 풀이 죽은 채 스트레스에 시달렸다.

"이곳에서는 학력이 성공의 유일한 열쇠예요. 공부를 못하면 사람 취급을 못 받아요." 이러한 학벌 지상주의가 샬럿에게 어떤 영향을 미쳤을까? "도저히 적응할 수 없었어요. 아이들이 못되게 굴고 사사건건 괴롭혔어요." 공부를 못한다고 낙인찍힌 탓에, 나중에 좋은 성과를 얻고 자신의 상태를 이해한 뒤에도 샬럿은 여전히 비관적인 생각에서 벗어나지 못했다.

샬럿은 학습지원 센터에서 효과를 본 아이들이 있다는 것을 인정하면서도, "덫에 걸린 심정이었어요. 절망스러웠어요. 아무리 해도 빠져나갈 수 없었어요. 학교가 지긋지긋했어요."라고 말했다. 학습지원 센터는 샬럿의 학습능력 향상에는 별 도움을 주지 못했으며, 샬럿이 따돌림을 당하고 차별받는 데만 일조했다.

중학교 때 만난 한 교사는 샬럿을 이해하고 남달리 용기를 심어주었다고 한다. "정말 멋진 선생님이셨어요. 엄격하시긴 했지만, 저만 문제가 있는 게 아니라는 것을 알게 해주셨어요. 어느 날 '이 반에서 unbelievable의 철자를 모르는 학생이 있니?'라고 물어보셨는데, 15명 정도 아이들이 손을 들었어요. 그걸 보고서 저는 '다들 문제가 있구나!' 하고 생각하게 되었지요."

하지만 고등학교 1학년 때부터 다시 문제가 생겼다. "제정신이 아니었어요. 학교생활에 흥미를 잃었고, 성적도 안중에 없었어요. 집에 가면 하루 종일 드러누워 엄마 아빠와 한마디도 하지 않았어요. 아빠가 집을 나가신 것도 그때였어요. 1년 만에 그 모든 일이 일어난 거예요." 몇 년이 지났는데도 그때 일을 떠올리기는 힘든 모양이었다.

고등학교 2학년이 되면서 샬럿은 어느 정도 안정을 찾았지만, 학교생활이 힘든 것은 여전했다. "역사 선생님은 수업 때마다 깨알 같은 글씨가 가득한 유인물을 나눠주셨어요. 우리는 둘러앉아서 한 사람씩 돌아가며 유인물을 읽었어요. 제 차례가 돌아오자, 어찌나 긴장했던지 입이 떨어지지 않았어요. 선생님이 애들 앞에서 '너, 읽을 줄 모르니?'라고 물으셨어요. 그때부터 1년 내내, 유인물을 읽을 때면 제 차례를 건너뛰셨어요. 그냥 없는 사람 취급하신 거죠."

샬럿은 원활한 의사소통을 통해 자신의 학습에 필요한 것을 분명히 밝히고 교사와 대화를 나눔으로써 학교에서 살아남는 법을 배웠다고 한다. "학교생활을 제대로 하지 못하면 조심성 없고 게으르다는 소리를 들어요. 제가 어떻게 해서 이 어려움을 이겨냈는지는 잘 모르겠지만, 제 상황에 대해 항상 선생님과 대화를 나눠야 한다는 걸 깨달았어요."

교육에 대해, 또한 자신의 학습장애에 대해 훨씬 잘 알게 된 샬럿은 차분한 어조로 말했다. "지금도 저는 글을 잘 읽지 못해요. 저 자신에 대해 아는 것은 제가 관찰력이 뛰어나다는 거예요. 부모님은 학교생활을 잘하는 것이 제 인생에서 가장 중요한 것은 아니라는 사실을 일깨워주셨죠. 모두가 자기 길을 찾아야 한다고 생각해요. 그런데 아무리 그렇더라도 학교에서 모든 학생이 동시에 읽기를 배울 거라고 기대하고 그렇게 하지 못하는 학생을 실패자라 부르는 건 잘못이에요."

"저를 공격한다고 생각했어요"

델마는 가난한 동네에 있는 피닉스 차터 아카데미에 다닌다. 피닉스 차터 아카데미는 학업을 매우 중시하는 고등학교로, 학습능력이 뛰어나지만 기존 학교에 적응하지 못한 학생들을 가르친다. 이곳 학생들은 대개 고등학교를 두세 곳 이상 전전했고, 결석을 밥 먹듯 하고 수업 태도가 불량해서 다른 학교에서는 방치되고 무시당했다. 어느 학교에서도 받아주지 않는 학생들이 마지막으로 이곳을 찾는다.

3년간 학교를 떠나 있던 델마가 열아홉 살에 제 발로 이 학교에 되돌아온 것은 고등학교 졸업장을 받고 가족 중에 누구도 해본 적 없는 대학 진학을 위해서다. "제가 학교에 돌아가겠다고 하니까 사람들이 깜짝 놀라더라고요. 학교는 제가 적응하기에 녹록치 않은 곳이었어요. 학교가 중요하다는 건 알지만, 여러 가지 사정이 있어서 학교를 멀리하게 되었죠. 하지만 변화가 필요했고, 마음을 다잡고 싶었어요. 지금도 교문을 들어설 때마다 전쟁을 치르는 심정이에요."

델마는 학업 성적이 뛰어났지만 일반 고등학교에서는 늘 좌절했으며 부정적 평가를 받았다. "잘하는 과목도 몇 개 있었지만, 문제는 집중을 오래 못 한다는 거였어요." 학교에서는 델마의 인생이 어떻게 흘러가는지 관심을 기울이지 않았다. 델마는 주유소에서 밤새도록 일하다가 지각했다는 이유로 곧잘 정학 처벌을 받았다. "제 앞가림을 스스로 해야 했어요. 안 그러면 먹고살 도리가 없었으니까요. 하지만 어쩔 수 없이 지각했는데도 게으르다며 정학을 당하면 화가 나서 말썽을 부리게 돼요."

델마는 10대 시절의 대부분을 길거리에서 보내며 여러 차례 범법 행위를 저질렀다. 한 번은 고등학교 정문 앞에서 경찰에 체포되기도 했는데, 그 뒤로 자신의 인생에 변화가 필요하다는 것을 깨달았다고 고백했다. "저는 조금도 발전이 없었죠. 변하지 않으면 죽을 것만 같았어요." 델마는 학교에 복학하기로 결심했지만 장애물이 놓여 있었다. "몇 가지 어려움을 겪었어요. 제 과거 때문에, 나쁜 친구들과의 관계 때문에 누군가 제게 뭐라고 하면, 선생님이라도 그 말을 나쁜 방향으로 받아들여 저를 공격한다고 생각했어요."

델마는 피닉스 차터 아카데미에 들어온 처음 며칠 동안 말썽을 부렸지만, 피닉스의 교사들은 델마가 안정을 찾도록 도와주었다. "이 학교는 아주 작아서 선생님들이 매일 제가 어떻게 지내는지 들여다보세요. 학교를 **빼먹으면** 전화를 하거나 집으로 찾아오시죠. 제가 본분을 다하길 바라세요. 제가 성공할 거라고 말씀하시죠. 그래서 제가 말썽을 피우면 불같이 화를 내세요." 예전 고등학교의 교사들은 완전히 다른 반응을 보였다고 했다. "저더러 나가라고 했어요. 저만 학교에 안 나오면 모두들 편해질 거라고요. 저는 골칫거리 취급을 받았어요. 학교는 제게 과분한 곳이었죠.”

학생으로서의 현재 모습을 묘사해보라고 했더니 델마는 이렇게
말했다. “저는 나아지고 있어요. 자제력이 더 커졌죠. 저는 자신감이
넘치고 정이 많지만, 성미가 고약한 게 단점이에요. 이 문제를 해결하
는 법을 배워야 해요. 아직까지는 잘하고 있어요. 이건 두 번째로 찾아
온 기회예요.”

우리가 마지막으로 만났을 때 델마는 이듬해 말에 졸업할 계획
을 세워두고 있었다. 하지만 학교에서 실패를 겪은 기억이 언제나 자기
뒤에서 어른거린다고 한다. “언제든 저를 덮치려고 웅크리고 있는 것
같아요.”

“저는 중간이에요”

고등학교 1학년인 루크는 수업 시간에 연신 시계를 본다고 말했
다. “학교는 정말 따분해요. 같은 걸 하고 또 하고, 만날 똑같은 걸 되
풀이해요. 웬만하면 말썽을 일으키지 않으려고 애쓰지만, 너무 지루해
요. 수업 시간이 재미있었던 적은 한 번도 없어요. 처음부터 그랬어요.
초등학교 1학년 땐가 2학년 때부터일 거예요. 그래도 학력평가시험을
치면 언제나 딱 중간이에요. 두각을 나타낸 적은 없어요. 성적이 아주
나쁘지도 않았고요.”

내가 루크를 상담한 이유는 얌전하고 무난하고 느긋한 그의 태도
에서 ‘정규분포 곡선의 가운데에 놓여 있는 아이’의 전형적인 모습을
보았기 때문이다. 학교에서 두각을 드러내지도 않고 심각한 문제를 일

으키지도 않는 학생 말이다. 어느 날 학교에서 만난 루크의 어머니는 내게 이렇게 말했다. "우리 애는 있는 듯 없는 듯 하는 학생이에요. 어떤 선생님도 관심을 주지 않아요. 루크 같은 애는 쌔고 쌨으니까요."

　뉴욕 주 변두리의 한 중학교 교장은 이렇게 말한다. "무작위로 30명을 모아 한 반에 편성하면, 통계적으로 그중에서 25명 정도는 평균 수준의 학생들이에요. 물론 이런 학생들 중에도 일부는 나름의 강점과 약점이 있겠죠. 하지만 이 아이들은 몽땅 '평균'이라는 무의미한 꼬리표로 묶이게 돼요. 다행히 이 아이들은 대부분 자기 자리에 잘 들어맞아요. 하지만 삐걱거리는 바퀴가 금세 주목을 끄는 것과는 달리, 두드러지지 않은 이 아이들은 있는 듯 없는 듯 하기 때문에 좀처럼 배려받지 못하죠."[1] 학교에서 특별한 지도나 관심을 받지 못하는 평범한 아이들은 어쩌면 현행 학교체제에서 가장 눈에 덜 띄는 상처를 받고 있는지도 모른다.

　나는 루크와 반 아이들의 수학 성적과 학력 데이터를 살펴보았다. 그런데 루크 같은 아이들이 평균 수준이라는 말은 전혀 사실이 아니었다. 개념을 익히고 문제를 푸는 실력이 뒤떨어지는 아이도 있었지만, 지금보다 훨씬 잘할 수 있는데도 흥미를 못 느껴서 뒤처진 아이도 있었다. 나의 이런 평가에 대해 한 장학관은 이렇게 말했다. "이런 아이들의 상당수는 읽기, 쓰기, 수학 등의 기초 능력 중 하나 이상이 위태로운 수준입니다. 나는 이 아이들을 '경계선상'에 있다고 표현합니다. 최저 학력 기준을 간신히 넘기기는 하지만 숙달 수준에는 턱없이 못 미치는 성적으로 간신히 낙제를 면하는 아이들이기 때문이죠. 하지만 경계선상에 있는 아이들은 의무 보충수업을 받아야 할 기준을 넘겼기 때문에 따로 관심을 받거나 개인에게 필요한 특별수업을 제공받는 경우는 거의 없습니다. 이 아이들은 한 해 한 해 그저 학년만 올라갈 뿐이죠."[2] 아이들은 기꺼이 도전을 받아들일 준비가 되어 있지만, 학교는 아이들에게 도전을 권하지 않는다. 그래서 루크와 같은 아이들은 학교의 관심 밖에 놓이기 십상이다.

루크는 자신이 기억하는 학교의 모습과 그곳에서 버티기 위한 자신의 방편에 대해 설명했다. "학교가 좋은 점은 친구들을 만나 방과 후에 함께 쏘다니고 스케이트보드를 탈 수 있다는 거예요. 중학교 때 사진 수업이 아주 재미있었는데, 학교에서 좋았던 건 그것뿐이에요. 공부는 무척 따분해요. 숙제도 해야 되니까 억지로 해요. 이걸 왜 하나 싶어요. 수학은 3년째 같은 걸 배우고 있어요. 고등학교에 들어가면 달라지려나 했는데, 선생님은 아이들 수준을 맞춘다며 개념 복습을 해야 한다고 하시더군요. 같은 걸 너무 오랫동안 배우고 있다는 생각이 들어요." 지루할 때는 무엇을 하느냐고 물었더니 소심하게 대답했다. "대개 멍하니 딴생각을 해요. 소란을 피우고 말썽을 일으키는 애들도 있지만, 저는 안 그래요. 아주 조용한 학생이죠. 그래서 선생님들 눈에 잘 안 띄는 것 같아요."

루크가 특별히 말썽을 피우지는 않지만 공부에 별 흥미를 보이지 않아서 어머니는 학부모 상담에 참석해서 루크 같은 학생을 위한 특별수업이 있는지 물어보았다고 한다. "루크를 눈여겨보거나 학교에 흥미를 붙여주려고 하는 사람은 아무도 없는 것 같아요. 루크는 재능이 있어요. 정말 재미있는 동영상을 찍어서 유튜브에 올린 적도 있어요. 우쿨렐레를 연주하며 노래도 불러요. 하지만 학교에선 이런 것에 관심도 없어요. 어림도 없죠. 선생님들은 루크에게 눈길을 안 줘요. 며칠 전에 루크가 인터넷에서 무언가를 읽고 있더라고요. '지루한 수업에서 버티는 법'이었어요. 소름이 끼쳤어요. 문제아가 아닌 것은 다행이지만, 어떻게 하면 루크가 자신을 특별한 사람으로 여기게 할 수 있을까요?"

나는 루크에게 지루한 수업에서 버티는 법이 무엇이었는지 물었

✦ 학교가 주는 상처란 무엇인가

+ 일상에서 배움의 기쁨을 잃어버린다.

+ 자신이 똑똑하지 않고 배움에 소질이 없다고 생각한다.

+ 자신의 능력이 정해져 있으며, 노력과 조언, 자기 이해를 통해 개선할 수 있다고 생각하지 않는다.

+ 자신이 그저 그런 보통 아이라고 생각하여 낙담한다.

+ 학교에서 창피스러웠던 기억이 아프게 남아서 매사에 불안을 느끼고 마음의 문을 닫는다.

+ 과거에 학교에서 부당한 대우를 받았거나 관심을 못 받아서 교사에게 만성적이고 습관적으로 분노를 느낀다.

+ 학교에서의 경험 때문에 자신이 지적으로나 인지적으로 남들보다 못하다고 생각한다.

+ 도전을 꺼리고 주어진 과제만 간신히 끝내고 싶어 한다.

+ 정답에 집착한다.

+ '똑똑하다/멍청하다', '재능이 있다/없다'와 같은 이분법적 범주로 자신과 남들을 나누려 한다.

+ 어른이 되어서도 자녀나 학생을 대할 때 교육과 학습에 대해 극단적인 감정에 사로잡힌다.

다. "학교에서 하루를 보내는 방법을 인터넷에서 찾아봤어요. 한 가지 방법은 수업 시간에 시계를 너무 자주 보지 않는 거예요. 시계를 자주 보면 수업이 더 길게 느껴지거든요. 그래서 이제는 시계를 아예 안 보려고 노력해요."

상처 입은 부모 "아들을 구할 방법이 없는 것 같습니다"

배런은 아내와 두 아들과 함께 워싱턴 외곽에 산다. 지금의 아내를 만난 것은 두 사람이 아이비리그 대학을 다닐 때였다. 둘 다 흑인 노동자 집안의 출신이었지만 학교 성적이 월등하게 뛰어났던 덕택에 대학에 입학할 수 있었다. 배런은 프리랜서 언론인으로 집에서 일하면서, 신학대학에 다니는 아내를 뒷바라지했다. 그런 탓에 두 아들이 어릴 때부터 아이들의 학교생활에 관심이 많았다. 작은아들은 지역의 영재 프로그램에서 두각을 나타내고 있지만, 큰아들 에이드리언의 학교생활은 '도저히 못 봐줄 지경'이다.

배런이 풀죽은 목소리로 말했다. "교육체제가 우리 아들에게 한 짓을 보고 어찌나 화가 나고 상처를 받았는지 모릅니다. 수학을 잘 못하고 몇몇 과목이 약하다는 이유로, 아들은 어릴 적에 가졌던 자신감과 호기심, 배움에 대한 열정을 대부분 잃어버렸습니다. 학교는 아들 녀석이 하는 대로 내버려두기만 하고, 녀석은 중요한 걸 배우리라는 기대도 안 합니다. 학교에서는 아들 녀석이 강점을 발휘할 여지가 하나도 없습니다. 영어와 몇 과목은 성적이 잘 나오지만, 시험으로는 아들의 창의성과 적응력, 지도력, 유머, 인내력, 말하자면 세상을 살아가는 데 필요한 자질을 측정하지 못합니다. 지식을 습득하는 것은 중요합니다. 하지만 그게 전부는 아닙니다. 그건 교육이 아닙니다."

배런은 교육 관련 잡지에서 학교가 주는 상처를 주제로 내가 쓴 글을 읽고, 자기 이야기를 들려주겠다며 연락을 해왔다. 아들에 대한 사랑과 자신에 대한 무력감은 배런이 처음 보낸 이메일에도 그대로 묻어났다. "우리 아들이 받은 상처를 치유할 수 있는 환경을 찾고 싶습니다. 아이한테 '성적표에 뭐라고 적혀 있든 너는 정말 똑똑하단다!'라고 말했는데, 아들 녀석이 눈물이 그렁그렁한 채 저를 쳐다보며 '그래요, 아빠니까 그렇게 말씀하실 수밖에 없겠죠!'라고 대답한다고 생각해보십시오. 선생님께 자녀가 있는지는 모르겠지만, 세상에 이보다 가슴 아픈 일은 없을 겁니다. 그런데 녀석은 정말로 똑똑하단 말입니다. 어떻게 하면 아들의 상처를 치유할 수 있을까요? 과연 가능할까요?"

에이드리언은 열다섯 살이다. 배런은 에이드리언이 중학교에서 고등학교로 진학했을 때의 이야기를 들려주었다. "이 지역에서는 가고 싶은 고등학교를 여러 곳 중에서 선택할 수 있습니다. 저희는 학교 명단을 모두 모았습니다. 에이드리언에게 도움이 될 만한 프로그램이 있나 찾아봤습니다. 하지만 그럴 가망은 없어 보였습니다."

배런은 아들을 '창의적이고 상상력이 풍부하고 기타와 사진을 독학할 정도로 끈기가 있으며, 사교적이고 책임감이 있고 남들이 좋아하는 아이'로 묘사했다. 에이드리언은 아주 어릴 적부터 감수성이 매우 풍부하고 생각의 폭이 넓어서 두각을 나타냈다고 한다. "아들은 몇 시간이고 책을 읽고 그림을 감상하고 질문을 하고 세상사에 대해 놀랄 만큼 지혜로운 말을 하는 아이였습니다. 하지만 읽기를 배우는 데 애를 먹었고 수학은 영 젬병이었죠."

9·11 테러가 일어난 뒤 에이드리언의 '추락'이 시작되었다. 에이드리언이 사는 곳 근처에서 국방부가 공격당했으며, 에이드리언의 어머니는 사랑하는 사람을 잃은 가족들을 돕는 선교봉사 활동을 벌이고 있었다. 당시에 초등학생이었던 에이드리언은 그때부터 이상 행동을 보이기 시작했다. "수업 시간에 소리를 지르거나 바닥에 드러눕기가 예사였습니다. 사소한 일에 화를 내고 불면증에 시달리기 시작했죠. 초등학생에게는 너무 버거운 현실을 접했으니까요. 아들은 어찌할 바를 몰랐습니다. 엄마가 다치면 어떡하나 걱정이 이만저만이 아니었습니다. 테러가 또 일어날까 봐, 매일 밤 자기 전에 조그만 비상용품 세트를 챙기더군요. 가족이 모두 안전하기를 바란 겁니다."

심리 치료사는 에이드리언이 비상용품 세트를 챙기는 것이 바람직하고 긍정적인 자기 보호 행동이라고 말했다. 시간이 지나자 에이드리언은 안정을 되찾고 다시 학교생활에 적응했다. 하지만 완전히 적응하지는 못했다. 고등학교 1학년이 된 에이드리언은 만성적인 학업 부진에 시달리고 있다.

배런은 에이드리언에게 제대로 된 진단검사를 받게 했다. 에이드리언은 주의력 결핍 장애ADD가 있지만 고차원적 메타인지 능력이 뛰어나다는 결과가 나왔다. 에이드리언은 '신화 벗기기'* 과정을 거쳤지만, 여전히 학교생활을 힘들어 한다. 고등학교 1학년이 되어 주의력과

---

* **demystification** 소아과 의사 멜 레빈이 만들어낸 용어로, 학생이 자신의 뇌 회로와 강점과 약점을 이해한 상태를 일컫는다.

단기작용 기억력을 십분 발휘해야 하는 상황에 처하자 에이드리언은 더더욱 헤매기 시작했다. "아들은 지금 수학에서 낙제점을 받고 있습니다. 다른 과목도 실망스럽긴 마찬가지일 겁니다. 지난해에 학교에서 에이드리언을 수학 특수반에 넣으려고 했는데, 그 반 학생들은 대부분 영어를 모르는 애들이었습니다. 아무 소용이 없었죠. 녀석은 개별교육을 받아야 할 만큼 성적이 낮지는 않지만, 잘하지 못하는 것만은 분명합니다. 학교는 왜 녀석에게 고통을 안겨주는 겁니까? 왜 못하는 것에만 집착합니까? 녀석이 잘하는 것은 왜 보지 못합니까?"

에이드리언은 ADD 치료제를 먹었을 때의 느낌이 싫어서 복용을 거부하고 있다. 부모는 이 때문에 울화통이 터질 지경이다. "그건 그 아이가 짊어져야 할 몫입니다. 자기 의무라고요." 에이드리언의 집은 저녁때마다 숙제 좀 하라는 실랑이와 약 먹으라는 잔소리로 시끄럽다. "아들한테 '숙제했니?'라고 스무 번을 묻습니다. 그러면 스무 번 다 '예.' 아니면 '하고 있어요.'라는 대답이 돌아옵니다. 하지만 실제로는 뭉그적거리고만 있습니다. 큰소리가 나는 건 다 이 때문입니다. 아들의 태도에 너무 화가 납니다." 에이드리언은 부모의 간섭을 받지 않고 독립적으로 행동하고 싶어 하는 반면 부모는 에이드리언을 통제하고 싶어 하기 때문에, 이 집에서는 밤마다 한바탕 소란이 일어난다.

학교의 어떤 점이 바뀌었으면 좋겠느냐고 물었더니, 배런은 학교가 학생들의 학습 습관을 바로잡으려 애쓰기보다 학교 규율을 지키게 하는 데 더 치중하는 것이 불만이었다. 이를테면 몇 주 전에 에이드리언이 지각하자 교감이 배런을 불러들이고 에이드리언에게 근신 처분을 내렸다. 그런데 1학기 말 성적표를 받아 보니 에이드리언이 수학 숙제를 16개나 빼먹었는데도 학교에서는 그동안 한 번도 연락한 적이 없었다. "애가 학교에 12분 늦었다고 학부모를 호출하면서, 숙제를 그렇게 많이 빼먹었는데 알려주지 않다니…… 이게 뭐 하자는 겁니까? 대체 뭐가 더 중요한 거죠?"

에이드리언은 요즘 들어 자기가 직업을 구하면 어떻겠냐고 배런에게 묻는다고 한다. 배런은 아들에게 어떤 직업을 원하느냐고 물었다. "식당에서 일하는 거요. 식탁도 닦고요. 그건 할 수 있어요." 배런은 울먹이며 이 말을 전했다. "아들 녀석은 자기가 지금 가장 잘할 수 있는 일이 바닥 닦고 식탁 훔치는 거라고 생각합니다."

에이드리언에게 가장 걱정되는 것이 무엇인지 배런에게 물었다. "녀석이 열여섯 살 되었을 때 학업을 포기하고 완전히 낙오할까 봐 두렵습니다. 그러고 나면 무슨 미래가 있겠습니까? 고등학교 졸업장도 없는 흑인 젊은이에게 말입니다. 언감생심이죠! 학교는 녀석 따윈 안중에도 없습니다. 녀석의 문제를 해결할 능력도 없습니다. 말썽을 피우지 않으니 관심도 못 받습니다. 아들 녀석에게 자극이 될까 하고 며칠 전에 영화 《위대한 토론자들The Great Debaters》을 함께 봤습니다. 제가 완벽한 부모는 아닐지 모르지만 에이드리언에게 의욕을 불어넣을 방법을 찾고 싶습니다. 학교생활을 제대로 할 수 있도록 말입니다. 하지만 어떻게 해야 할지 모르겠습니다. 힘이 부칩니다."

상처 입은 어른 "저의 어린 시절 상처를 해결해야만 합니다"

마지막으로, 시카고 외곽의 부유한 동네에 사는 건축가 마커스를 면담했다. 전문인으로서의 삶을 이야기하는 그에게서는 활활 타는 듯한 열정이 느껴졌다. 하지만 학창시절의 이야기를 꺼내는 순간 그는 몸을 굳힌 채 북받치는 감정을 억누르는 듯 담담한 목소리로 말을 이 어갔다. "저에게 엄청난 영향을 미친 경험이었습니다. 수치심이 엄청났 죠. 그 부끄러움이 제 마음속 깊숙이 자리 잡고 있습니다."

마커스는 쇠락하는 공업 도시 로드아일랜드에서 자랐다. 학생들 사이에는 출신 성분에 따라 골이 깊었는데, 학교는 그 간극을 더 넓혔 다. "저는 그럭저럭 중상류층에 속하는 개신교 가정의 장남이었는데, 저희 학교는 노동자 계층의 가톨릭 신자들이 주로 다녔습니다. 개신교 신자는 이방인이었습니다. 속할 데가 없었죠." 마커스는 학교에서 느 낀 감정들이 지금의 자신을 만들었다고 말했다. "거대한 빅토리아풍 학교 건물은 마치 감옥 같았습니다. 여섯 살 때 학교를 거닐면서 음침 하고 위압적인 분위기를 느낀 기억이 납니다. 제 자신이 초라하고 무력 하게 느껴지더군요. 엄청나게 높은 천장, 거대한 계단, 위압적인 대형 창문이 떠오릅니다. 전체 모습은 연극 무대를 연상시켰습니다. 그곳에 서 9년을 보냈습니다. 뭍에 내던져진 물고기 신세였죠."

감수성이 풍부하고 수줍음이 많았던 마커스는 학교에 전혀 적응 하지 못했다. 하지만 마커스의 말마따나 재능이 많으면 기대도 큰 법이 다. "어머니는 항상 제가 똑똑하다고, 아주 똑똑하다고 말씀하셨습니 다. 제가 얼마나 재능이 많은지, 제게 얼마나 기대가 큰지 이야기하셨 죠." 학교에 적응하지 못하고 성적도 형편없었던 마커스는 어머니의 기 대에 부응하지 못해서 무척 괴로웠다고 한다. "글을 읽기가 힘들었습 니다. 눈으로 글자를 따라가는 게 서툴거든요. 저는 머리는 제법 잘 돌아갔지만 읽기만은 도무지 배울 수 없었습니다. 어른들은 읽지 못한다고 제게 창피를 주었죠. 초등학교 1학년 선생님은 우리 어머니를 불러서 얘기를 하셨습니다. 어린 마음에 '읽지 못하니까 난 멍청한 놈이야.' 하는 생각이 들었습니다."

마커스는 읽지 못한다는 수치심 때문에 주위 어른들에게 자신의 문제를 숨기려고 안간힘을 썼다. 부정적인 관심을 돌리기 위해서만이 아니라 어머니의 기대에 부응하기 위해서였다. 마커스는 읽기 장애에 대처하기 위해 교묘한 방법을 생각해냈다. "초등학교 1학년 때와 2학년 때 낭독 시간이 되면 제가 몇 번째 문장을 읽어야 하는지 헤아려서 그 문장을 미리 외웠습니다. 선생님이 차례를 건너뛰거나 순서를 바꾸면 난감한 상황이 되었죠. 끔찍했습니다. 그런 날은 온종일 신경질이 났습니다. 지금도 소리 내어 읽는 건 잘 못합니다. 실은 읽는 걸 증오합니다. 저는 이메일이 싫습니다. 글을 읽어야 하니까요. 이메일을 쓸 때면 철자를 틀릴까 봐 신경이 잔뜩 곤두섭니다."

마커스의 어릴 적 기억과 영향은 지금까지도 강렬하게 남아 있다. 모든 경험은 수치심으로 발전했고, 지금도 벗어나려고 안간힘을 쓰고 있다고 한다. 그런데 아들이 여섯 살 때 단어를 생각해내고 말하는 데 애를 먹는 것을 보고 과거의 악몽이 되살아났다고 말했다. "지독한 무력감과 모든 사람에 대한, 특히 초등학교 1학년 때 선생님에 대한 분노가 고스란히 떠올랐습니다." 그리고 아들의 초등학교 1학년 학부모 상담에 참석하면서 사건이 터졌다. "선생님이 말하길, 아들이 읽기를 배우는 데 어려움을 겪는다는 겁니다. 그 말을 들으니 꼭지가 돌더군요. 뚜껑이 열리는 것 같았습니다. 선생님에게 '때가 되면 읽지 말래도 읽을 테니 우리 아들을 그냥 내버려두라고요!'라고 마구 소리를 질러댔습니다. 아들 녀석이 저처럼 되는 건 있을 수 없는 일입니다. 저는 신경이 잔뜩 곤두서고 방어 본능에 사로잡혔습니다. 선생님이 우리 아이에게 상처를 주다니, 결코 그렇게 놔두지 않겠다고 다짐했습니다."

마커스의 아내는 남편의 이런 반응에 화를 내고 두려워했다. 물론 마커스도 자신의 감정과 기억을 다스릴 방법을 찾아야 한다는 것을 알고 있다. 하지만 아직 지우지 못한 어린 시절의 기억과 씨름하고 있었다. "저의 어린 시절 상처를 해결해야만 합니다. 아들 녀석을 위해서 말이죠."

어디에서나 흔한 이야기

샬럿, 델마, 루크, 에이드리언, 마커스는 학교가 주는 상처의 증인들이다. 이들의 토로는 학교에서 늘 겪는 상실과 상처가 학생에게 일생 동안 영향을 미친다는 사실을 잘 보여준다.

지난 10년간 나는 사람들이 학교에서 어떤 경험을 했는지에 대한 이야기를 들었다. 난독증이나 학습장애(이러한 분류법은 아이들의 다양한 학습방식과 소질을 인정하지 않는다.)가 있는 사람뿐 아니라 시골, 교외, 도시를 막론하고 공립학교나 사립학교, 종교학교에 다니고 있거나 오래전에 학업을 그만둔, 다양한 나이와 인종, 직업의 사람들을 만났다. 나는 교육상담가이자 대학교수, 연구자로서 인간 능력의 상실, 극심한 슬픔, 지독한 수치심, 자아 분열의 이야기를 들었다. 이렇게밖에 표현할 수 없는 것은 학습 거부와 학교가 주는 상처를 파악하고 설명할 용어와 문화적 틀이 없기 때문이다.

하지만 초기 조건의 사소한 변화가 생명체나 생태계 전체에 장기적이고도 막대한 영향을 미칠 수 있음을 일컫는 나비 효과처럼, 학교에서 학생들이 경험하는 단절과 몰이해, 무관심은 학생 자신뿐만 아니라 학교체제 전체에 엄청난 영향을 미칠 수 있다. 눈에 띄지 않는 이 상처들은 학습태도와 인생관을 좌우하여 수많은 사람들에게 커다란 자국을 남긴다. 학교에서는 이러한 상처가 학생들의 학력 저하와 학교 이탈*의 주요 원인임을 깨달아야 한다. 사람들은 이러한 상처를 이해하고 드러내고 의미를 부여하고, 가능하다면 치유해야 한다.

내가 이 연구를 시작한 것은 즐겁고 자발적이고 자기 주도적인 학습의 경험이 정서적으로 어떤 영향을 미치는지 알아보고 싶어서였지만, 실제로는 즐거운 학습이나 기쁨, 몰입과는 정반대의 현상에 직면했다. 내가 면담했던 사람들은 상처를 입거나 배움을 꺼리게 된 경험, 자신의 지적 능력을 자각하고 쉽게 낙담한 경험, 학교가 준 상처 때문에 배움의 기쁨에서 스스로를 소외시킨 경험을 들려주었다. 벨 훅스가 배움을 가리켜 "생각으로 인해 변화되는 것은 순수한 기쁨"이라고 말했듯, 배우고자 하는 열망은 삶의 근본이자 기초다. 하지만 샬럿과 델마, 루크, 에이드리언은 학교에서 제대로 이해받지 못하고 교실에서 상처를 입었다. 물론 학교는 선의에서 그랬겠지만······.

샬럿, 루크, 에이드리언의 교사들은 본분에 충실했으며 개인적

---

* 자퇴나 퇴학 같은 중도 탈락, 결석, 조퇴, 수업에 집중하지 않는 것 등 학교생활을 제대로 하지 않는 다양한 현상을 일컫는다.

인 문제도 없었다. 이를테면 샬럿이 다닌 학교는 남동부 지역에서 손꼽히는 명문 학교로, 교육 연구와 개혁, 진취적 사고의 중심지에 자리 잡고 있다. 델마가 전에 다니던 고등학교의 교사들은 그의 성공을 방해할 의도가 없었다. 교사들이 델마를 골칫거리로 취급한 것은 델마가 반항적으로 행동하고 학교 내 행동 규범을 어겼기 때문이었다. 교사들은 델마의 삶 이면을 들여다보거나 델마에 대해 자세히 알아갈 여유가 없었다. 루크의 교사들은 그가 중간 성적에서 헤어나지 못하는 것이 달갑지 않았지만 매일 수많은 문제와 씨름하느라 사소한 문제에 시간을 할애할 수 없었다. 내가 면담한 어떤 학생은 학업 성취도는 뛰어났지만 자신의 지적 능력을 온전히 발휘하지 못하고 있었으며 모험을 감수하려 하지 않았다. 에이드리언은 진단검사를 받고 부모의 사랑과 관

학교가 주는 상처는 학생에게 어떤 영향을 미치는가

+ 자신이 똑똑하지 않다고 생각한다.

+ 학교생활을 잘하는 데 필요한, 따라서 삶을 잘 살아가는 데 필요한 능력이 자신에게 없다고 생각한다.

+ 자신의 생각이 가치가 없거나 타당하지 않다고 생각한다.

+ 자신이 아무리 열심히 노력해도 평균을 밑돌 것이라고 생각한다.

+ 자신이 결함 있는 사람이라고 생각한다.

+ 노력하는 것을 부끄럽게 여기고 '학습된 무기력'에 빠진다.

+ 배움에 대한 기쁨과 용기를 잃는다.

+ 자신에 대한 기대를 접고, 자제력을 잃고, 어려움을 이겨낼 끈기를 발휘하지 못한다.

심을 받으며 자랐는데도 고등학교를 채 끝내지 못할 위기에 처해 있다. 에이드리언의 아버지가 아들의 장래를 예견한다. "에이드리언은 작가로서의 재능을 발휘하지 못할 겁니다. 자신이 학문적으로 실패했다고 생각하니까요."

학교가 예전보다는 나아졌다고?

> 학교가 예전보다는 나아졌다고 생각지 않느냐는 질문을 곧잘 받는다. 과거의 음침한 학교 건물 사진을 보고 회초리를 든 교장 이야기를 읽으면, 예전보다 나아진 학교가 많아진 것 같다는 생각이 든다. 그렇다면 지금의 학교가 학생에게 훨씬 큰 피해를 입힌다고 내가 주장하는 이유는 무엇일까? 그 이유는 간단하다. 예전에는 누구도 학교 성적이 학생을 규정한다고 생각하지 않았다. 학교생활을 잘 못하는 것은 말 그대로 '학교생활을 잘 못하는 것'이었다. 그러니까 책읽기에 서툴거나 학자 타입이 아니라는 뜻이었다. 하지만 당시에는 삶이 지금보다 개방적이었으며, 아이들은 학교 밖에서도 어른의 삶을 접하고 자신의 진짜 능력을 보여줄 기회가 많았다.
>
> - 존 홀트, 《월요일에 무얼 하지?》[3]

요즘 들어 비판의 칼날이 가해지고는 있지만, 아직도 우리는 편협하게 정의된 교육 성과와 성취도에 매달리는 시대에 살고 있다. 유치원 의무교육, 매년 치르는 낙오학생방지시험, 고등학교 졸업시험, 대학원 입학시험GRE, 법학대학원 입학시험LSAT 등만 보더라도 학교 교육은 과거보다 훨씬 강도가 높아지고 범위가 넓어졌다. 지난 25년간 교육 담론에서 맨 앞자리를 차지한 것은 교육 성취도와 책무성이었다. 학교는 모든 학생의 성적을 끌어올릴 책임이 있고, 부모는 매일 자녀의 학습 상태를 검사하고 숙제와 공부 습관을 평가할 책임이 있으며, 부모와 교사, 학교, 교육부는 학생의 학력과 성취도를 검사할 법적 책임이 있다.

학교는 학생의 성과를 측정 가능한 방식으로 향상시켜야 한다는 전례 없는 압박에 시달리고 있으며, 평균 성적을 높이고 수학능력평가시험SAT 점수를 끌어올리고 학습 기법을 개선한다는 명목으로 사교육 시장이 수십억 달러 규모로 성장했다. 심지어 초등학생까지 사교육 열풍에 휩싸이고 있다. 고등학교 졸업률이 중요하다는 얘기, 대학 졸업장이 없으면 중산층으로 살아가기도 힘들다는 얘기가 매일같이 들린다. 교육은 선거 운동에서 가장 중요한 쟁점으로 떠오르기도 한다.[4]

중산층으로 올라서거나 그 자리를 보전하려면 예전보다 더 오래 학교를 다녀야 하며, 이 때문에 수십 년 동안 빚에 허덕이기가 예사다. 많은 사람들이 나이를 먹고 성인이 되도록 공교육에서 벗어나지 못하고 있다. 이를테면 졸업을 앞둔 대학생들은 대학 졸업장이 그저 자격증에 지나지 않음을 절감한다. 대학원은 거의 필수가 되었다. 많은 학생들은 대학원 졸업 뒤에도 직업 재교육을 받고자 한다. 학위를 받자마자 재교육에 돌입하기도 한다. 급진적 교육비평가 이반 일리치는 학생들이 학교에 염증을 느끼는 '학교 멀미'school sick 현상을 고발했지만, 학벌과 소득에 관한 통계 자료는 학생들의 선택이 합리적임을 입증한다. 학교를 오래 다니고 높은 학위를 취득할수록 소득이 높아지고 직업 선택의 폭이 넓어지니 말이다.

하지만 인류 역사상 수많은 철학자들이 설파했듯이, 배우는 능력과 배우려는 열망, 배움의 기쁨과 노력은 학력평가시험으로 측정하거나 고도로 규범화된 교과과정에 묶어둘 수 없다. 파커 J. 파머가 말하듯, 숲에서 사슴을 찾으려면 덤불을 헤집으며 소란을 피워서는 안 된다. 학습은 신비로운 경험이며, 최고 수준에 도달하기 위해서는 개인의 학습과 공동체적 학습, 도전과 기쁨이 모두 필요하다. 충만하고 행복한 삶을 사는 데 꼭 필요한 인간의 탐구 능력에는 인지적 요소와 정서적 요소가 포함되지만, 지금의 학교 개선 논의에서는 이러한 요소가 고려되지 않으며 그 여지도 없다. 학교체제가 기본적인 책무를 다해야 하며 학력 수준이 낮은 학생에게 집중적이고도 체계적인 개입을 해야 한다는 데는 이론의 여지가 없다. 하지만 면담했던 사람들이 말하듯, 학생을 옭아매고 걸러내고 마비시키고 혹사시키고 시험의 노예로 만들어서는 배움에 대한 심오한 애정이나 탐구의 열망, 지속적이고 창의적인 분석 능력을 이끌어낼 수 없다.

오히려 학생들은 점차 학교와 배움에 염증을 느끼고 있다. 많은 사람들은 오랫동안 학교에서 받은 영향 때문에 틀에 박힌 생각을 하고 위험을 회피하며 권위에 굴복하고 자신을 과소평가하게 되었다. 또 어떤 사람들은 자신의 행동과 능력에 대한 부정적인 평가 탓에 오히려 반항심이 커져 일부러 엇나가고 알 수 없는 분노와 상처를 표출하게 되었다.

그리고 또 어떤 사람들은 생기와 활력을 잃었으며 세상과 그 가능성에 대한 기대를 접고 미래와 앞으로의 삶에 대해 무력감에 휩싸였다. 엘리트 기숙학교에서 뛰어난 성적을 거두고 이제 졸업을 앞둔 열여덟 살 학생이 말한다. "그게 무슨 상관이죠? 좋은 대학에 가서 좋은 일자리를 얻고 부유한 동네에 살면서 자식을 치열한 경쟁에 내몰라고요? 다 제 살 깎아 먹기예요. 왜 그런 짓을 해요?" 이 사람들은 학교에서 상처를 입었으며, 배움의 기쁨과 경이로움을 전혀 경험하지 못했다. 학교가 어떻게 해서 상처를 주는지, 찢기고 베인 상처를 어떻게 치유해야 하는지 밝혀내는 것이 이 책의 핵심이다.

이 책에서 나는 학교가 주는 상처로 인해 일어나는 예상치 못한 정신적·정서적 결과를 살펴보고자 한다. 나는 학교가 주는 상처를 다년간 연구한 끝에 그 상처가 얼마나 개인적인지, 얼마나 깊숙이 내면화되어 숨겨져 있는지, 이것이 학습 거부와 얼마나 밀접하게 연관되어 있는지 알게 되었다. 우리는 배움이 어떻게 기쁨과 자신감을 낳는지, 교육에 대한 현재의 사고방식이 이런 이상과 얼마나 동떨어져 있는지 살펴볼 것이다.

2장 학교가 주는 상처는 무엇인가

사람들은 끊임없이 교육을 이야기하면서도 교양인이 되는 것이
얼마나 즐거운 일인지, 이로 인해 삶이 얼마나 풍요로워지는지
는 말하지 않는다. 학문의 세계에 빠져들 수 있는 것, 이것이야
말로 교육의 진정한 의미다.

- 이디스 해밀턴, 《브린마 학교 회보》

배움의 기쁨을 잃어가고 있다

배움을 기쁨으로 표현하는 학생은 거의 없다. 플로리다 주의 초
등학교 1학년생들은 읽기 시험으로 유창성 평가를 받는다. 4학년생들
은 종합평가시험을 보기에 앞서 읽기발달 평가와 독서능력 평가를 받
아야 한다. 중학교에서는 다섯 단락으로 작성하는 글쓰기를 배운다.
대학 과정을 미리 배우기 위해 선이수 프로그램에 참가하는 고등학생
들은 주관식 서술형 문제에서 좋은 성적을 얻기 위해 온라인 과외를

받는다. 이러한 예는 수도 없이 많다.

학기말 시험을 앞둔 6월 어느 날, 나는 우리 아이들이 거실 바닥에 늘어놓은 과제물과 문제지, 필기 노트 들을 살펴보았다. 다각형 외각의 합, 유럽의 절대 왕정, '사인', '기압골', '정상파'의 정의, 인용문 두 개로 율리우스 카이사르의 특징 잡아내기, 교황 우르바누스 2세가 1095년 클레르몽 공의회에서 한 연설, 에스파냐어에서 지시 형용사의 올바른 용법들을 적어놓은 복습지가 산더미처럼 쌓여 있었다. 폭풍우가 지나간 뒤 해안에 밀려든 해초처럼 말라비틀어진 종이들은 기말고사가 끝나면 전부 버려질 운명이었다. 아이들의 머릿속에 그 지식들이 어떻게 저장되어 있을지 궁금했다.

작가이자 교육비평가인 조지 데니슨은 배움에 대해 이렇게 말했다. "배운다는 것은 전체를 체험하는 것이다. 아이들은 자신의 능력이 하나로 집중되고 다른 아이들과 서로 연결되었다는 느낌을 받는다. 아이의 마음속에서 부모와 친구, 교사, 미래의 자기 자신이 하나의 세계를 이룬다. 아이는 자신이 세상에서 힘을 발휘할 수 있다고 느낀다. 이 모든 것을 아이들이 온전히 느끼지 못한다면 진정한 배움이라고 할 수 없다."[1]

또 로버트 프라이드는 배움에서 자기 주도성과 열정, 기쁨의 중요성을 옹호하며 이렇게 말한다. "총체적 언어 교수법을 지지할 수도, 발음 중심 교수법을 지지할 수도 있다. 아니면 둘 다 지지할 수도 있다. 학교 개혁, 성교육, 영재 특별교육, 봉사활동 의무화, 성적별 차등 졸업장, 졸업시험 등을 찬성할 수도 있고 반대할 수도 있다. 하지만 아이의 내면에 있는, 발견하고 숙달하는 능력을 일깨워주지 않고서 아이가 잘 배우도록 '만들' 수 있다고 생각하는 것은 아이가 배움에 실패하게 만드는 지름길이다."[2]

나 자신이 경험하기도 했지만, 배움의 기쁨은 행복의 중요한 요소다. 적극적이고 활기찬 삶을 살 수 있게 하기 때문이다. 이 책을 쓰기 시작할 때만 해도, 내 목표는 탁월한 학습자로 배움에 남다른 열정을 보인 탐구의 대가들이 어떤 경험을 했는지 알아내는 것이었다. 시간의 흐름을 완전히 망각한 채 배움 그 자체로 깊고 강렬한 희열을 맛보게 되는 순간을 찾고 싶었다.[3] 하지만 학교가 준 상처들로 고통을 겪은 사람들의 절절한 호소를 듣다 보니 어느새 연구 방향이 달라져 있었다.[4] 내가 면담했던 사람들은 배움에 일가견이 있지만, 다들 공교육을 받으면서 자신감을 잃고 소외된 경험을 가지고 있었다. 이들은 학교에서 벗어난 후에야 배움을 시작할 수 있었다. 배움은 학교의 영역을 벗어난 것이었기 때문이다.

이디스 해밀턴과 데니슨, 프라이드도 말했듯이, 집중적이고 몰입된 배움과 기쁨은 떼려야 뗄 수 없는 관계다. 또 배움의 기쁨에는 여러 '얼굴'이 있고, 결코 단순하거나 쉽게 얻어지지 않는다. 하지만 많은 사람들이 일과 사랑과 삶을 즐기는 근본적인 비결은 배움의 기쁨이다. 진정한[5] 배움을 위해서는 불확실성, 인내, 도전을 감수해야 하지만, 다른 한편으로 진정한 배움은 초월적인 즐거움을 불러일으킨다. 60대의 한 저술가는 말한다. "아침마다 책상 앞에 앉아 있노라면 새로운 생각이 떠오르고, 무언가를 더 잘 이해할 수 있는 표현을 찾게 되며, 그 의미가 생생하게 다가옵니다. 그 순간, 순수한 즐거움을 체험합니다. 몇 시간이 몇 분처럼 훌쩍 지나가버리지요." 고등학교를 우수한 성적으로 졸업한 학생도 졸업식 답사에서 "많이 배우고 기쁘게 지내는 것보다 좋은 일은 없습니다."라고 말했다.

배움과 기쁨의 관계는 근본적이고 보편적이며 새로운 경험의 토대다. 일레인 스캐리의 말처럼, 우리가 교육에 '동의'하는 것은 바로 이 때문이다. "아름다움을 찾아가는 여정에서 자신의 위치를 끊임없이 돌아보게 하는 것이야말로 교육의 밑바탕에 깔린 역할이다. 아이는 하늘 언저리를 가로지르는 혜성과도 같은 배움의 순간을 놓치지 않으려고 선생님의 말에 귀를 쫑긋 세운다."[6]

하지만 우리는 교육 개선을 논의하면서 기쁨과 영감, 일체감, 데니슨의 말을 빌자면 '전체에 대한 체험'이 중요하다는 사실을 까맣게 잊어버렸다. 그래서 나는 내가 면담했던 사람들이 학교에서 받았던 상처의 경험들을 이 책의 주제로 삼았다. 학습과정에서 겪는 어려움을 이겨낼 중요한 원동력인 배움의 기쁨을 빼앗는 짓이 오히려 교육 개선으로 둔갑하는 역설적 상황을 고발하고 싶었다.

1960년대 교육철학자이자 급진적 교육비평가인 존 홀트는 일찍이 제도화된 교육이 배움의 기쁨을 앗아갈 것이라고 예견한 바 있다. 당시는 지금보다 덜 엄격하고 시험에 모든 것을 쏟아붓는 시대가 아니었는데도 말이다. "충분히 입증된 원칙이 하나 있다. 자신의 기쁨을 위해 무언가를 하는 사람에게 외적인 보상을 주어 그 보상을 위해 일하는 데 익숙하게 만들어보라. 보상이 사라지면 그 일을 하지 않을 것이다. 그림 그리기를 좋아하는 어린아이가 그림을 그리고 싶지 않게 하려면 몇 달 동안 칭찬 스티커나 상품을 주다가 어느 순간 주지 않으면 된다. 우리 사회는 학생이 외적인 보상만을 바라고 공부하도록 몰아붙이는 것을 학교의 임무라고 여긴다. 내적인 동기를 가진 사람은 통제하기 힘들기 때문이다. 물론 아침에 일어나서 '오늘 학교에 가면 애들의 내적 동기를 모조리 없애버려야지!' 하고 생각하는 교사는 없을 것이다. 하지만 실제로는 이런 일이 비일비재하다."[7]

"배움, 정말 즐거워요!"

배움의 즐거움은 우리에게 생기와 활력을 선사한다. 초창기에 면담을 했던 50대 후반의 연구원 폴은 비판적 학습의 경험과 배움의 즐거움에 대한 경험을 자세하고 폭넓게 들려주었다.

이 책에 등장하는 많은 사람들처럼 폴도 읽기가 서툴렀다. 폴은 자신이 소심하고 말더듬이라서 어릴 적에 학교에서 상처를 받았다고 말했다. "당시에는 전반적으로 지식 수준이 너무 낮아서 읽기를 처음 배우는 학생에게 학습장애가 있는지 없는지 알 수 없었죠. 그래서 초등학교 3학년인가 4학년 때 과목마다 보충학습을 받아야 했습니다." 폴은 누나가 자신을 '구원'했다고 회상했다. "의자에 함께 앉아 누나가 읽기를 가르쳐주었던 것이 생각납니다. 제가 읽을 수 있다는 사실을 그때 깨달았습니다."

하지만 예민한 아이였던 폴이 어린 시절 경험한 배움의 즐거움은 남들에게 드러내면 안 되는 것이었다. 폴이 자란 동네에서는 사내아이가 공부하는 것을 탐탁해하지 않았기 때문이다. "남자애들은 공부 따윈 하지 않았어요. 호기심이 많고 생각을 많이 하면 별 볼 일 없는 애로 취급받았죠." 6학년이 되면서 폴은 독서에 푹 빠졌다. "도서관은 제게 신비로 가득 찬 매혹적인 장소였습니다. 어떤 책이든 그 안에는 달콤한 무언가가 있었죠. 서가에 꽂힌 책을 마음껏 골라 읽을 수 있는 도서관은 제게 미지의 세계였습니다." 하지만 집에서는 누구와도 책 얘기를 하지 않았고, 가족들은 좀처럼 책을 읽지 않았다. 폴의 '강렬한 독서 경험'은 그가 혼자일 때만 누릴 수 있었다.

고등학교에 들어간 폴은 성실하고 똑똑한 노력파 학생이 되었다. 하지만 소심하고 예민했던 폴은 부모와 친구들에게 '외골수'라는 소리를 들으면서 혼자만의 지식 세계에 빠져 지냈다. 이런 폴에게 배움의 강렬한 지적 경험을 일깨워준 사람은 대학에 들어가서 만난 교수였다. "제게 강인한 정신력이 있고, 이걸로 무언가를 해낼 수 있다는 걸 그제야 깨달았습니다."

하지만 폴이 진정으로 자발적이고 자기 주도적이며 즐거움을 느낄 수 있는 배움을 경험한 것은 50대 후반에 들어서였다. "배움은 제 삶에서 가장 중요한 경험입니다. 저는 대기만성형인가 봅니다. 이제야 제 관심사와 능력을 이해하고 믿기 시작했으니까요." 폴은 안식년을 맞아 파리로 가서 미술을 배우기로 했다. "제 전공과 무관한 분야를 배우기로 했습니다. 20세기 초 현대 미술을 주제로 정했죠. 실패로 끝나면 어떡하나 걱정도 했습니다. 하지만 그것은 기우에 불과했습니다. 저는 미술에 대한 강렬한 욕망에 사로잡혔습니다. 네 시간, 그러다 여섯 시간, 급기야 여덟 시간 내내 회화와 조각과 교감하고, 자투리 시간에는 미술 비평, 미술사, 사회사 서적을 읽었습니다. 당대인의 삶과 예술의 교집합을 발견하는 강렬한 흥분, 배움의 즐거움, 아직도 내가 지적으로 발전할 수 있다는 느낌에 완전히 사로잡혔습니다."

폴이 배움의 과정에서 경험한 몰입의 순간은 굉장히 강렬했다. 한번 겪으면 결코 잊을 수 없는, 기운을 불어넣고 자신을 변화시키는 경험이었다. 머리를 어지럽히던 고민은 멀찍이 달아난다. 배움에 대한 만족감이 어찌나 큰지, 남이 지켜보거나 점수를 매기거나 칭찬하지 않아도 배움을 즐긴다.

20세기 프랑스의 작가이자 신비주의자인 시몬 베유는 기쁨과 학습 동기의 관계를 이렇게 표현했다. "지성을 이끄는 것은 오로지 욕망이다. 욕망을 품으려면 기쁨과 즐거움을 느껴야 한다. 지성은 즐거움이 있어야만 자라고 열매 맺을 수 있다. 달리려면 숨을 쉬어야 하듯, 공부하려면 배움의 즐거움을 느껴야 한다. 배움의 즐거움이 없는 사람은 진정한 학생이 아니라 서툴게 도제 흉내를 내는 자에 불과하다. 도제

생활이 끝나도 자신의 일을 맡을 수 있을 리 만무하다."[9]

　　배우려면 끈기가 있어야 하는데, 배움의 기쁨은 끈기의 필수 요소다. 무엇인가를 배우는 과정에서 기쁨을 빼앗기면 우리는 상처를 입는다.

"하지만 배움이 쉬워야 한다고는 말하지 마십시오!"

　　이 책의 초고를 멜 레빈에게 보냈다. 소아과 의사인 레빈은 베스트셀러 작가로, 학습 능력의 '개인차'라는 개념을 대중화한 인물이다. 초고를 읽은 레빈은 배움이 쉬워야 한다거나 좌절과 회의가 없어야 한다고는 말하지 말라고 당부했다. "상처를 받기는 하지만 영구적으로 깊은 상처를 남기지 않는 최적의 수준이 있을 겁니다." 배움에는 어려움이 따르며 노력과 끈기가 필요하다는 훌륭한 조언이었다.

　　하지만 교육 현실은, 특히 낙오학생방지 제도가 시행되면서 학습 동기를 부여한다는 개념이 지나치게 단순화되고 평이해졌다. 가끔 학생들에게 동기를 부여한다는 명목으로 어처구니없는 희극이 연출되기도 한다. 어느 고등학교에서는 학생들이 종합평가시험을 열심히 준비하겠다고 약속하면 교장이 아이스크림을 사줬다. 꽤 많은 면담자들이 학교에 다니면서부터 배움을 자신과는 아무 상관 없는, 그저 '해야만 하는 것'으로 인식하기 시작했다고 말한다. 선택과 자기 주도성을 박탈당한 학생들은 새로운 것을 배울 때마다 실수를 부끄러워하거나 두려워했으며, 무엇이 배움을 중요하고 의미 있게 만드는지 좀처럼 이해하지 못했다. 그리하여 자기도 모르게 배움의 기쁨을 잃어버리고, 배움

의 필수 요소인 자신감과 인내심도 덩달아 없어졌다.[10]

학교가 주는 상처를 주제로 강연할 때, 나는 상처들을 곧잘 몇 가지 유형으로 정리해 제시한다. 사람들이 받는 상처는 저마다 다르지만, 이렇게 유형을 나누면 자신이 어떤 부분에서 소외되었는지, 무엇을 상실했는지 생각해볼 수 있기 때문이다.

창의성을 잃어버린 상처

> 학교는 언제나 일종의 기계 같았다. 꼭 들어맞지도, 완전히 이해할 수도 없는 틀. 글쓰기는 나만의 탈출구였다. 서둘러 일기장 한 면을 나의 글로 가득 채우고 나면 책상 맨 아래 서랍을 열어 상자를 꺼낸다. 여기저기에서 오려낸 종이로 가득한 상자 속에 나는 나의 가장 은밀하고 개인적인 생각을 담는다. 그리고 이 타임캡슐을 안전하게 지키려고 뚜껑에 '열어보지 말 것!'이라고 써서 꽉 막았다.
>
> - 어느 대학생의 글

대학교 2학년인 클레어는 씁쓸한 표정으로 자신이 학교에서 처음 받았던 상처의 경험을 이야기했다. "또렷이 기억나요. 초등학교 3학년 때였는데, 글쓰기 과제에 보란 듯이 점수가 매겨져 있는 거예요. 그 순간 글쓰기의 즐거움이 몽땅 달아나버렸어요. 평가를 받기 위해 글을 쓴 꼴이 되었지요. 저 자신을 위해서가 아니라 점수를 받기 위해서요. 그 뒤로는 자유롭게 글을 쓸 수 없었어요. 몇 년 뒤에야 이 사실을 깨달았죠. 이제 글쓰기의 즐거움을 되찾고 싶어요. 그럴 수 있을까요?"

창의성을 잃어버린 데서 오는 상처는 마음속 깊숙이 파고들어 내적인 활력의 원천을 앗아간다. 창의성을 잃으면 용기와 자신감도 없어진다. 전통적인 학교 교육을 받은 사람이라면 누구나 공감하겠지만, 학교는 관습적이고 틀에 박힌, 예측 가능한 반응에 대해 보상하는 경향이 있다. 교사가 제시하는 과제를 지정된 형식으로 요약하는 능력과 과제의 요구 조건에 충족되는 결과물을 내놓는 능력이 높은 평가를 받는다. 최근 들어 학생들의 시험 성적을 기준으로 학교에 대한 지원에 차등을 두는 책무성 체제 때문에 이러한 경향은 더욱 심해졌다.

창의성에 대한 정의는 60가지가 넘지만, 대다수의 창의성 연구자들은 새로운 것을 만들어내는 능력과 독특한 가치나 관점을 덧붙이는 능력을 창의성의 기본 조건이라고 생각한다.[11] 기존의 학력평가시험과 교사 중심의 교과과정이 관습적이고 틀에 박힌, 예상되는 반응을 학생들에게 주입하고 보상하는 것과는 대조적이다.

지능 연구 분야의 저명한 학자인 로버트 스턴버그는, "학력평가시험에서 창의성을 발휘하려다가는 성적이 발표되자마자 좌절을 맛볼 것"이라고 말한다. 지식과 평가를 정답 맞히기와 동일시하는 교육과정은 상투적이고 진부한 생각을 부추긴다. 내가 가르치는 대학생들은 이 사실을 재미있게 표현했다. 지금껏 치른 학력평가시험을 전부 나열하고(대개는 눈이 휘둥그레질 만큼 많다.) 시험이 어땠는지 묘사해보라고 했더니, 앨리자라는 학생이 이렇게 말했다. "학력평가시험 성적이 가장 좋았던 때는 제가 가장 멍청했을 때였어요. 가장 단순하고 상투적으로 생각할 때요. 너무 창의적이거나 기발하게 생각하지만 않으면 시험을 잘 보는 건 식은 죽 먹기였어요. 학력평가시험은 재미라고는 눈곱만큼도 없었어요. 시험을 치르다가 웃음이 나오면 뭔가 잘못되었다는 뜻이에요."

스턴버그는 창의성이 '습관'이라고 말한다. 작업실에서 음악을 들으며 커다란 캔버스에 그림을 그리는 것뿐만 아니라 '참신한 방법으로 문제에 접근하는 습관'도 창의적 사고와 표현이라는 것이다. 스턴버그는 누구나 창의적으로 생각하는 법을 배울 수 있으며, 창의성이 창의성을 낳는다고 생각한다. 물론 마찬가지로 창의적으로 생각하지 '않는' 법도 배울 수 있다. 스턴버그는 대다수의 학교가 창의성을 나쁜 습관으로 치부하며, 단순한 객관식 답안을 고수하고 있다고 말한다.[12] 대니얼 핑크는 《새로운 미래가 온다》[13]에서 이미 창의성이 업무 능력의 중심이 되는 새로운 시대에 접어들었다고 밝힌다. 또한 아름다움과 일관성, 의미에 공감하고 이를 창조해내는 능력이 좌뇌 시대 이후의 새로운 세상에서 가장 중요한 덕목이 될 것이라고도 주장한다.

고등학교 2학년이 되어서야 ADD 진단을 받았다는 학생은 면담 중 자신이 학교에서 어떤 상처를 받았는지, 대학에 들어와서 창의성을 어떻게 되찾았는지 이야기해주었다. "학습장애 진단을 처음 받았을 때, 난 절대 아니라고 소리치고 싶었어요. 너무 창피했거든요. 천방지축으로 말썽만 피우는 꼬맹이도 아닌데 학습장애라니, 받아들이기 힘들었죠. 이런저런 생각으로 머리가 온통 뒤죽박죽이었어요. 학교생활을 잘 해낼 자신도 없었어요. 제가 못났다는 생각을 너무 오래 해서인지 글쓰기 말고는 다른 무언가를 할 엄두가 나지 않았어요. 글쓰기에 대한 열정으로 글은 계속 썼지만, 남들에게 보여주지 않았죠. 다른 사람들에게 손가락질 받고 싶지 않았거든요. 그저 혼자서 '나는 좋은 작가야!'라고 자부할 수 있으면 그만이었어요. 남들이 못 봐도 상관없었어요. 제 글을 읽어보신 선생님들이 글쓰기에 대한 저의 열정을 알아주고 노력을 칭찬하기도 하셨지만, 평가할 때는 여전히 저의 약점을 잣대로 삼으셨어요."

이 학생은 창의성이 ADD나 ADHD(주의력 결핍 과잉행동 장애)와 연관 있다는 연구 결과를 접하고서야 자신의 남다른 집중력과 인식능력을 제대로 바라볼 수 있었고, 자신의 글쓰기가 중요하고도 창의적인 활동임을 깨달았다고 한다. "연구 결과를 보면서 제 과거를 깊이 파고들게 되었어요. 그러다가 제 마음속에 얼어붙어 있던 순간들을 만났죠. 글쓰기는 학습장애에 대처하는 저 나름의 방법이에요. 열정을 쏟

창의성을 잃어버린 상처

+ 남다른 생각과 능력에 대해 가치가 없거나 별나거나 괴상하다고 생각한다.

+ 자신이 하는 모든 일이 '유용하거나 설명할 수 있는 것'이어야 한다고 여긴다.

+ "네가 뭔데 감히 그런 걸 시도하니." "넌 소질 없어." "성공하지 못해."라는 식으로 자체 검열을 한다.

+ "너는 그 일이 가치나 의미가 있을 만큼 열심히 하지 않았어."라는 식으로 자기비판을 한다.

+ 자신이 하고 싶거나 좋아하는 일이 아닌 사회가 관습적으로 기대하는 일을 하려 한다.

+ 가치 있는 것이 무엇인지, 자신의 소명이 무엇인지, 세상에 어떤 기여를 해야 하는지 알려주는 가슴속 나침반을 부정한다.

을 대상이자 도피처인 셈이죠. 기말 보고서의 주제를 ADD와 창의성으로 잡은 건 이걸 깨달았기 때문이에요. 생각이 제 마음속에 들어왔고, 저는 이 생각을 내쫓고 싶지 않았어요. 생각을 받아들였죠. 마침내 도달할 곳이 어디인지는 확실치 않지만, 마음속 깊숙이 들어가면서 저의 또 다른 숨겨진 모습을 찾을 수 있으리라는 걸 알았어요. 지금은 글을 쓰려고 컴퓨터 앞에 앉으면 글이 술술 흘러나와 손가락이 자판 위를 날아다녀요."

또한 자신이 경험한 몰입 상태를 이렇게 표현했다. "딱히 뭐라고 말로 설명하기 힘들어요. 제가 유리 상자 안에 들어가 있는 느낌. 겉은 딱딱하지만 속은 늘어나는 상자. 아니, 유리 거품이 더 적절하겠네요. 생각이 자유롭게 공간을 채우고 확장되었다가 제가 원하면 사라져요. 유리 거품 안에 있으면 그 무엇도 저를 건드리거나 방해할 수 없어요. 저는 마음 내키는 대로 얼마든지 그 속에 머물 수 있어요. 한 시간 넘게 있을 때도 있어요. 이런 상태가 언제 일어나는지는 예측할 수 없어요. 한창 수업을 받고 있는데 문득 시의 첫 구절이 떠오르기도 해요. 정신을 차렸을 때는 이미 수업은 끝나고 내 책상 위에는 시 한 편이 놓여 있죠. 마음이 어딘가로 가고 싶어 하면 저는 막을 방법이 없어요. 상상력은 마치 용수철 같아서 내리누르면 누를수록 더 튕겨 오르려 해서 억누르기 힘들거든요. 하지만 상상력을 풀어놓아 버리면 긴장이 풀리면서 그제야 제대로 숨을 쉴 수 있어요. 저는 이렇게 창의성을 쏟아내죠."

순응을 강요당한 상처

> 학교의 정치적 구조를 이해하려면, 학교가 권위 원칙에 따라
> 조직되었으며, 그 권위가 끊임없이 위협받고 있음을 알아야
> 한다.
>
> - 윌러드 월러, 《교육의 사회학》

애리조나 주에 사는 어떤 학생은 학교에서 착한 여학생이 되어야
하는 것에 대해, 학교 교육의 토대인 순응과 왜곡된 정의 때문에 상처
받은 경험에 대해 이야기했다. "학교에 들어갔을 때, 선생님이 시키는
대로 해야 한다는 걸 배웠어요. 사람을 대하는 법에 대해서도 쓰라린
교훈을 얻었죠. 어느 날 남자애들이 운동장에서 저를 쫓아다니며 강
제로 남자 화장실로 끌고 가려고 해서 겁에 질려 선생님께 달려가 도
움을 청했어요. 선생님이 저를 도와주실 줄 알았는데, 오히려 고자질
하지 말라며 저를 혼내셨어요. 저는 두려웠어요. 부모님께 말씀드렸죠.
부모님은 운동장에서 저를 괴롭히는 아이들에게서 제 자신을 지키
는 법을 가르쳐주셨어요. 하지만 남자애들과 맞서 싸우다가 선생님한
테 벌을 받았어요. 저는 못된 애들을 두려워하게 되었어요. 부모님께
두렵다고 말하는 걸 두려워하게 되었어요. 모순된 규칙 때문에 혼란
에 빠져 어찌할 바를 몰랐어요. 선생님들이 제 자립심을 키워주려 하
신 건지도 몰라요. 제가 귀찮았거나 제게 관심이 없었는지도 모르죠.
어쨌든 그런 일을 계속 당하다 보니 선생님들께 도움을 청하는 게 두
려워졌어요. 교실에서도 비슷한 상황이 벌어졌어요. 해가 갈수록 더욱

혼란스러워졌죠."[14]

학생에게 요구되는 순응 수준은 사회적 계급과 문화적 상황에 따라 다르지만, 교사의 말에 따르고 교사에게 공손하게 말하기 따위를 배우는 것은 제도 교육의 주요한 사회화 목표. 하지만 순응을 지나치게 강조하면 정치적으로 허약하고 대인관계를 기피하는 사람을 양산할 우려가 있다. 교육비평가인 리사 델핏은 말한다. "분명한 사실은, 실력은 뛰어나지만 비판적 사고를 하지 못하는 사람들은 그저 지배 사회의 맨 아래 톱니바퀴 신세가 된다는 것이다. 이들은 자신을 억압하는 제도가 매끄럽게 돌아가도록 윤활유 노릇을 한다."[15] 한 사회에서 어울려 살아가려면 순응하는 법을 배워야 하지만, 지나친 순응은 창의성과 고차원적 사고의 발전을 저해한다. 내가 면담한 사람 중에는 이 때문에 상처받은 이들이 많았다. 내가 가르치는 학생 한 명은 학력평가시험 때문에 '지나친 순응'을 경험했던 이야기를 들려주었다.

"제가 초등학교 4학년 때 일이에요. 당시에 매사추세츠 주 교육부는 학교를 평가하는 새로운 시스템인 매사추세츠 종합평가시험 시스템MCAS을 시범 운영하기로 했어요. 그해에 주州 전역의 4학년 학생들은 MCAS 시험을 치렀지요. 선생님들은 성적에 직접적인 영향을 미치지 않는다고 하면서도 이 시험이 얼마나 중요한지를 몇 달 전부터 강조하셨어요. 교장 선생님 이하 모든 선생님들은 주州에서 우리 실력을 알아야 하니 시험에 최선을 다하라고 말씀하셨어요. '시험'이라는 단어와 '주'라는 단어가 한 문장에 같이 나오면 어떤 아이라도 겁에 질릴 거예요. 시험의 중요성을 알리는 가정통신문을 가져가 부모님께 보여드린 기억이 나요. 가정통신문에는 학생들이 잠을 푹 자고, 아침을 든

든히 먹고, 스트레스와 압박감을 받지 않도록 가정에서 주의를 기울여 달라고 써 있었어요. 시험이 한참 남았을 때부터 이 모든 소동이 시작되었어요. 얼마나 부담이 되었는지 저는 그만 시험 전날에 울음을 터뜨리고 말았어요. 점수가 형편없을까 봐 두려웠어요. 시험을 잘못 보면 어떻게 될지 걱정스러웠어요. 다들 그저 최선을 다하라고 말했지만 자꾸만 이런 생각이 들었어요. '내 최선이 충분하지 않으면 어떡하지?'

마침내 시험을 치렀고, 시험은 무척 어려웠어요. 처음 실시한 시험이라 난이도를 조절하지 못한 탓에 대부분의 4학년에게는 너무 어려운 시험이 되어버렸죠. 머리를 싸매고 고민하다 결국 포기해버린 문제가 많았어요. 선생님이 시험지를 나눠주실 때면 교실 여기저기에서 아이들의 신음소리가 흘러나왔지요. 거의 2주 동안 매일같이 그랬어요. 저희는 이 시험을 농담 삼아 '풍선'이라고 불렀어요. 풍선처럼 생긴 빈칸 수백 개를 채워야 했으니까요. 매일같이 뾰족하게 깎은 2B 연필을 든 채 '풍선 왔다!'라고 소리치면서 고달픈 하루하루를 지냈죠."

순응을 강요당해서 생긴 상처는 대개 두려움에서 비롯한다. 아이들은 사회가 부여한 역할에서 쫓겨날까 봐 두렵고, 다르다는 취급을 받을까 봐 두렵고, 성공하지 못할까 봐 두렵고, 따돌림당할까 봐 두렵다. 60대 중반의 미술가 슬로언은 자기 삶의 대부분을 순응이라는 굴레를 쓰고 살아왔다고 말했다. 슬로언은 '전 과목 A학점의 우등생'이었던 자신이 미술가가 된 사연을 '자신의 삶에서 가장 흥미진진한 도전'으로 표현했다. "매일 예전 역할을 조금씩 벗어버리고 '항상 착하게 굴지는 않는 법'을 배웠답니다." 슬로언은 지금도 두려워하지 않는 법을 배우고 있다고 말한다.

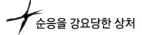 순응을 강요당한 상처

+ 학교에서 인정받고 받아들여지려면 규칙을 지키는 것이 무엇보다 중요하다고 생각한다.

+ 규칙이 불공정하거나 부당하거나 해롭더라도 지켜야만 보상을 받을 거라고 생각한다.

+ 모난 돌이 정 맞는다고, 남들보다 튄다는 이유로 처벌받게 될까 봐 두려워한다.

+ 학교와 사회의 기대에 부응하느라 자신의 참모습을 잃어버렸다고 생각한다. "학교의 규칙이 잘못되었다는 걸 알았지만 지키는 수밖에 없었어요."

+ 외적 보상이 없으면 동기가 유발되지 않는다. "이 과목을 수강 신청한 이유는 오로지 성적이 잘 나올 것 같아서예요."

반항하는 상처

배움을 거부하는 행위는 지적 도전이면서 동시에 사회적 도전이다. 때로는 아주 힘들 수도 있다. 인간 중심적으로 잘 짜인 교수법조차 능동적으로, 독창적으로, 의도적으로 거부해야 한다. 내 가르침을 거부하기로 마음먹은 학생들의 내면을 이해하기 시작한 것은 나 자신의 '배움에 대한 거부'를 들여다보면서였다. 시간이 지나면서, 나는 냉혹한 사회에 물들기를 거부하는 아이들 편에 섰다. 많은 상황에서 '배움에 대한 거부'가 긍정적이고 건강한 대응임을 깨달았다.

 - 허브 콜,《당신에게 배우지 않아》

무선통신 사업가로 성공한 라시드는 학교에서 늘 인정받지 못하고 반항적이었던 기억을 떠올렸다. "제가 지닌 재능, 그러니까 사람 사귀는 능력, 열정, 유머, 이런 것들은 학교에서 별로 인정받지 못했어요. 제게도 장점이 있다는 걸 알아본 선생님은 거의 없었어요. 중학생이 되면서부터 반항심이 생겨 말썽을 부렸어요. 규정을 어기고, 다른 애들을 꾀어 나쁜 짓을 시키고, 규칙의 한계를 사사건건 시험했지요. 부모님은 걱정하고 화내고 저에 대한 신뢰를 잃어가셨죠. 저는 의미를 찾고 싶었어요. 인정받고 싶었다고요. 하지만 학교에서는 찾을 수 없었어요. 어머니는 고등학교 졸업식에도 안 오셨죠. 그 뒤로 어찌어찌해서 전문대학을 졸업했어요. 학교를 벗어나자마자 제 삶의 2막인 성공적인 삶이 시작되었어요." 라시드는 학교에서 이른바 '반항하는 습관'을 길렀으며, 어른이 된 지금도 '착한 사람으로 살아가려는 마음'과 '벽을 무너뜨리고 싶은 마음' 사이에서 갈등한다고 했다.

교육체제는 학생을 반항하고 분노하게 만든다. 하지만 이 때문에 생긴 문제를 해결하는 것은 학생의 몫이다. 얼마 전에 한 고등학교에서 강연을 할 때였다. 졸업반 학생 하나가 최근에 학교 도서관에서 겪은 사건을 들려주었다.

"컴퓨터로 졸업 논문을 쓰고 있었어요. 전날 밤 농구 경기 결과가 궁금해서 잠깐 인터넷 검색을 했죠. 그런데 사서 선생님이 순찰을 돌다가 이걸 보고는 저더러 도서관에서 나가라는 거예요. 저는 왜 그러느냐고 따졌죠. 인터넷은 아주 잠깐 했을 뿐이라고 항변했어요. 하지만 사서 선생님은 제 말을 들으려고도 하지 않고 학생부에 제 일을 보고했어요. 저는 도서관 출입을 금지당했을 뿐만 아니라, 조사 목적으로도 컴퓨터를 쓸 수 없게 되었어요. 졸업 논문을 제때 못 낼지도 몰라요."

면담했던 사람들 중 상당수, 특히 남학생들은 자신이 어떻게 왜 학교에서 반항했는지, 어떻게 해서 스스로를 망치는 길로 들어섰는지 이야기했다. 장래성이 없는 저임금 일자리에 종사하거나 소년원에 수감 중인 아이들은 반항하는 습관 때문에 인생을 망친 경우다. 라시드가 자신의 경험을 생산적으로 성찰하고 삶의 방식을 바꾸기 시작한 것은 학교를 졸업하여 기존 교육에서 벗어난 뒤였다. 학생들의 높은 중도 탈락률과 학교 이탈 현상은 경직되고 획일적인 교육체제의 산물이다. 학교에서 학생들은 지루해하고 소외감을 느끼며 외면당한다.

반항아를 주제로 많은 글을 쓴 교육자 빌 페이지는 이런 말을 했다. "고분고분하지 않고, 숙제를 제출하지 않으며, 시험을 못 봐도 개의치 않고, 학교에서 말썽을 피우는 학생들을 교사와 학교는 골칫거리로만 생각한다. 하지만 학생들의 이런 행동은 상당 부분 자신에게 관심을 가져달라는 애원이기도 하다." 페이지는 반항적인 학생들을 30년 동안 가르치면서, 겉으로 드러난 반항 행동의 이면을 들여다보는 것이

반항하는 상처

+ 자신을 지키려면 반항할 수밖에 없다고 생각한다.

+ 학교생활에 적응하지 못하거나 인정받지 못해서 교사와 다투고 말썽을 피우고 성질을 부린다.

+ 다른 사람의 견해를 용납하지 못하고 분노와 피해 의식에 사로잡힌다.

+ 싸움이나 문제 행동을 학습한다.(이러한 행동은 고착되고 부적응을 일으키며 자신에게 해를 끼친다.)

야말로 효과적인 교육의 필수 요소임을 알았다고 말한다. "아이들의 반항 행동 밑바탕에 깔린 당혹감과 방어적인 태도를 눈치 채지 못하는 교사가 의외로 많습니다. '못된' 것이 '못난' 것보다 낫다는 식의 위장 전술을 이해하고, 아이들이 권위에 도전함으로써 또래에게 존중받으려 한다는 것을 깨닫는다면 교사는 새로운 통찰력을 얻을 수 있습니다. 교사가 문제 행동의 밑바탕에 깔린 원인을 인정하고 받아들이면, 이 학생들은 질서를 어지럽히거나 문제를 일으키기보다는 모든 학생을 돕고 교실 분위기를 화기애애하게 만드는 데 집중할 수 있습니다."[16]

반항의 이면을 들여다보는 것은 반항의 상처를 치유하는 과정의 일부다. 내가 면담했던 사람들 중 그 누구도 학교생활을 잘하는 것에 무관심하지 않았다. 이들이 반항적이고 다루기 힘든 학생으로 바뀐 것은 학교의 홀대에 대한 분노 때문이다. 반항적인 감정이 정당하다는 것을 이해하라. 그러면 치유를 향한 첫발을 내디딜 수 있다.

무감각해지는 상처

> 겉으로 드러나 보이는 보상을 추구해 오히려 학습을 저해하는 학교문화에서 그 관례를 받아들인 학생은 거짓 자아를 발전시킬 수밖에 없다. 열심히 공부하고 생각이 깊고 상상력이 풍부해서 '전 과목 A'를 받는 학생과, 교사를 불안하게 만들고 전 과목 A를 받기 위해 무슨 짓이든 마다하지 않는 학생은 하늘과 땅 차이다.
>
> — 로버트 프라이드, 《학교 게임》[17]

무감각해지는 상처는 반항하는 상처와 쌍둥이처럼 닮았다. 많은 학생들이 배움에 관심을 잃고 의욕을 느끼지 않는다. 학교생활을 잘하면 외적 보상과 긍정적 관심을 얻을 수 있지만, 그 반면에 따돌림당하고 조롱당할 수도 있다. 무기력, 소극적 태도, 우울 등을 일컫는 '무감각해지는 상처'는 알아차리기 힘들지만 아주 큰 피해를 입힌다.

얼마 전에 한 엄마는 성적은 우수하지만 공부에 흥미를 잃은 열다섯 살짜리 딸의 이야기를 들려주었다. "멜리사는 선이수 에스파냐어, 세계사, 심화 생물학 등 어떤 과목이든 시험 성적이 뛰어나고 숙제는 시계처럼 재깍재깍 해낸답니다. 하지만 그 무엇도 아이의 관심을 끌지 못하는 것 같아요. 그 애 오빠는 성적이 들쭉날쭉하고 몇 과목은 영 힘들어 했지만 생물학이라면 사족을 못 썼어요. 따로 공부 계획을 짜기도 하고 생물 선생님과도 아주 친했지요. 멜리사는 그 무엇에도 호기심을 못 느끼는 것 같아요. 이 아이는 배움에 대한 흥미가 전혀 없어요!"

학교생활에 시달리고 지친 학생들은 학교가 어떻게 해도 무감각하다. 아이들은 자신의 능력에 부치는 어떤 숙제에도, 어떤 실습에도, 어떤 과제에도 부담을 느끼지 않게 자신을 보호하는 단단한 껍질을 발달시켰다. 내가 가르치는 대학생 중에도 배움에 대한 열의가 낮은 학생들이 있다. 수업 때마다 의자에 등을 기대고 앉아 반쯤 눈을 감고 있다. 수업을 들으면서도 들키지 않을 것 같으면 딴짓을 한다. 온라인 채팅은 예사다. 학점을 유지하는 데 필요한 최소한의 성적만 받으면 그뿐, 더는 노력하지 않는다. 이 학생들은 배움에 경탄하지 않으며 스스로에게 배움의 효과를 차단했다. 흥분, 활력, 열정은 이들에게 약효가 없다.

어떤 학생들은 그 이유가 학교에 다니면서부터 견뎌야 했던 시험과 평가 때문이라고 말한다. 쾌활한 학생인 앨리자는 말한다. "스캔트론이 싫어요." 스캔트론은 컴퓨터 판독용 OMR 답안지를 개발한 회사다. "하지만 친해질 수밖에 없어요. 학교를 졸업할 때까지 늘 만나니까요." 공부에 흥미를 잃은 또 다른 학생들은 학교가 늘 똑같다고 말한다. 자신의 견해를 분석하는 과제를 내줘도 소용이 없다. 지난 학기에 한 학생이 말했다. "제 견해를 쓰고 싶지 않아요. 아무것도 생각하기 싫어요. 그냥 평가만 받을래요." 실망하여 변심한 애인처럼, 아이들은 그저 혼자 있고 싶어 했다.

학교에서 성적과 목표 달성만을 강조하면, 또한 선택의 여지가 없고 참여한다는 느낌이 없으면 우리는 무감각해진다. 이 때문에 분노가 일어나기도 한다. 고등학생 수학 과외를 하고 있는 MIT 대학생 앨릭은 회상한다. "그게 '왜' 그런지 알고 싶어 하지 않았어요. 시험에서 어떻

✦ 무감각해지는 상처

+ 배움과 연관된 감정을 잃어버린다.
  (무감각, 흥미 상실, 배움의 활력 상실)

+ 배움이라는 사건과 분리된 느낌을 받는다.
  (주어진 순서를 따라가기만 한다.)

+ 배움의 경험에 대한 흥미를 잃어버린다.

+ 배우려는 욕구를 상실한다.
  (배우는 과정에서 어려움이 닥쳤을 때 용기를 내지 못한다.)

게 해야 하는지만 알려주기를 바랐죠. 처음에는 뭘 쓰고, 그 다음에는 뭘 쓰고……. 공부를 잘하는 학생과 못하는 학생의 다른 점은 공부 잘하는 학생이 체제에 더 효과적으로 적응했다는 거예요. 잘 처신한 거죠."[18] 학교 공부가 대학 진학만을 목표로 삼는 무의미한 노동으로 전락하거나, 이미 실패라는 낙인이 찍혀버리면 우리는 배움의 기쁨에 무감각해진다. 결국은 우리 자신에 대한 흥미도 잃어버릴 것이다.

과소평가로 인한 상처

> 제임스 선생님께,
> 저는 10학년 때 선생님께 수학을 배웠어요. 이 편지를 쓰는 건 선생님의 태도와 교수법이 제게 어떤 영향을 미쳤는지 말씀드리고 싶어서예요. 선생님께서 수학 공식을 너무 빨리 읊어대시는 바람에, 선생님 말씀을 바로 못 알아듣고 곱씹다 보면 수업 흐름을 놓치고 갈피를 잡을 수 없었어요. 방정식을 좀 더 자세히 설명해주실 수 없겠느냐고 했더니 선생님께서는 저더러 순 멍청이라고 하셨죠. 제가 선생님께 배운 게 한 가지 있다면, 그건 수업 중에 도움을 청하지 말라는 거예요. 그때 친구들 앞에서 얼마나 창피했는지 몰라요.
> 어느 날 수업이 끝나고 선생님을 따라 나가서 방과 후에 상담 약속을 잡은 생각이 나요. 시간이 되어 선생님을 찾아갔지만 선생님께서는 제게 아무 관심도 없으셨어요. 저는 안중에도 없이 다음 날 수업 내용을 계속 적고 계셨죠. 가까스로 용기

를 내어 찾아갔지만 선생님에 대한 두려움과 선생님의 오만한 태도 때문에 입이 떨어지지 않았어요. 저는 학교에 들어온 뒤로 수학 실력이 전혀 나아지지 않았어요. 선생님께서 내주신 시험에도 매번 낙제했죠.

지금까지도 수학에 자신이 없어요. 대학에 들어와서도 대수학을 수강하지 못하고 일반수학으로 방향을 틀었어요. 그 때문에 공부하고 싶었지만 그러지 못한 분야가 많아요.

화학도 수강할 엄두를 못 냈어요. 선생님께서 화학도 가르치셨잖아요. 진짜 똑똑한 학생은 언제나 시험도 잘 보고 수업도 잘 따라온다던 선생님의 생각은 완전히 틀렸어요. 저는 오랫동안 저 자신을 믿지 못했어요. 하지만 대학에서 첫 수업을 들었을 때, 그제야 저는 제 재능을 깨닫고 제가 멍청하지 않다는 걸 알게 되었어요. 선생님께서 그걸 모르신 건 선생님의 편협한 사고방식과 독선 때문이에요.

옛 제자 데비 드림[19]

학교는 인습적 사고와 예측 가능성을 중시하기 때문에 우리가 스스로를 과소평가하도록 길들일 수도 있다. 30년 동안 공립학교에 몸담은 유능한 교사 존 테일러 개토는 학교가 아이들에게, 특히 유색인종 아이들에게 해롭고 무익한 기관임을 확신하게 된 일화를 들려주었다. 개토가 보조 교사로, 초등학교 3학년 읽기 특별수업을 지도할 때였다. 이 수업은 가르치기 수월하기로 정평이 나 있었다. 까다로운 학생이 없었고, 학생 혼자서 연습하는 방식이었기 때문이다. 개토는 연습 문제지를 나눠주고 자리에 앉아 신문을 펼쳐 들었다고 한다.

"갑자기 밀라그로스 말도나도라는 이름의 여자아이가 나에게 오더니 이렇게 말하는 겁니다. '저는 이거 할 필요 없어요. 읽는 법은 이미 알고 있어요.' 밀라그로스는 제 책상에 놓인 독본을 집어 들더니 '뭘 읽어볼까요? 말씀만 하세요!'라고 말했습니다. 저는 《악마와 대니얼 웹스터 *The Devil and Daniel Webster*》라는 단편 소설을 펼쳤습니다. 빅토리아 시대의 미국 산문으로 매우 어려운 글이었죠. 그런데 그 애는 눈 하나 깜박이지 않고 읽어냈습니다. 제가 말했죠. '밀라그로스, 뭔가 착오가 있었나 보구나. 교장 선생님께 말씀드리마.' 교장실에 가서 자초지종을 말씀드렸더니 교장 선생님은 '보조 교사 따위가 감히 내게 지시를 하다니!' 하며 제게 소리를 지르셨습니다. 제가 말했죠. '교장 선생님께 지시를 내리는 게 아닙니다. 그저 이 아이가 읽을 수 있다는 말씀을 드리는 겁니다.' 그러자 교장 선생님이 뭐라고 하신 줄 아세요? 이 말은 제가 죽는 순간까지 잊지 못할 겁니다. '개토 선생, 당신은 이 지진아들이 얼마나 영악한지 몰라요. 얘들은 책을 읽을 줄 아는 척하려고 전부 암기한다고요.' 제 귀를 의심했습니다. 그 어린 소녀가 어려운 단편 소설 한 편을 외웠다면 국회의원이 되고도 남았을 겁니다! 교장 선생님은 '두 눈으로 확인시켜드리죠!' 하며 방과 후에 밀라그로스를 시험했습니다. 밀라그로스는 이번에도 제대로 읽었습니다. 그제야 교장 선생님은 그 애에게 '반을 옮겨주마.'라고 말씀하시더군요. 밀라그로스가 교실에서 나가자 교장 선생님이 제게 말씀하셨습니다. '당신, 다시 이 학교에 채용되는 일은 없을 거예요!'라고 말입니다."[20]

백인이 아닌 아이들뿐 아니라 영어가 모국어가 아닌 아이들, 학습장애가 있는 아이들도 과소평가를 당해 상처받기 쉽다. 조너선 무니는 학습장애를 안고 '줄 밖에서 배우며'* 자란 경험을 기록한 자신의 책에서 초등학교 1학년 때부터 교사들이 자신을 뭐라고 불렀는지 들려준다. 특수학급 아이들은 대부분 '게으르다, 돌았다, 멍청하다' 같은 말을 들었다. 우리 대학 학생들도 같은 경험이 있었다.

내가 가르치는 학생 중에는 학습장애가 있는데도 매우 유능하고 끈기 있고 성적이 우수한 아이들이 많다. 고등학교를 무사히 졸업한 뒤에 일류 인문대학에 입학한 이 아이들은 메타인지[21] 능력이 있었으며, 놀라운 끈기와 절제력을 길러 예전 학교에서 받은 부정적 평가를 무색케 했다.

한 학생은 자신의 학교 경험을 이렇게 회상했다. "제가 고등학교만 졸업해도 다행이라고 말하는 선생님이 있었어요. 3학년 때 선생님은 제가 학습장애 때문에 졸업 전에 중도 탈락할 가능성이 크다고 부모님께 말했어요. 대학에 들어가기 전까지 어떤 선생님도 제가 스스로를 똑똑한 사람으로 생각하도록 격려하지 않았어요. 하지만 부모님 덕분에 저는 제 자신을 제대로 이해하고 제가 얼마나 똑똑한지 알게 되었어요. 부모님께서 말씀하셨어요. 제가 열심히 노력하기만 한다면 언젠가 제가 원하는 걸 모두 이룰 거라고요. 전 부모님의 가르침에서 최고의 학습태도를 배웠어요."

다음 장에서 살펴보겠지만, 학교는 지능과 학생에게 필요한 학습

---

* 조너선 무니의 책 제목에서 따왔다.

능력을 매우 편협하게 규정한다. 그 때문에 학교에서 과소평가를 당해 상처받은 아이들은 자신의 능력과 재능을 자기 힘으로 찾아내야 했고, 자신을 인정하는 법을 스스로 배워야 했다.

학습장애가 있는 또 다른 대학생 쇼니는 중학교 때 난독증 특수학교에 들어간 이야기를 글로 썼다. "그 학교가 제 삶을 송두리째 바꿨어요. 초등학교 때 저의 난독증을 가지고 뭐라 하는 사람은 아무도 없었지만 저는 제 자신이 멍청하다는 느낌을 받았어요. 제 과제물에는 점수를 매기지도 않았던 거예요. 다른 애들이 모두 시험을 볼 때 저는 교실 밖으로 나와야 했어요. 초등학교에서는 책을 읽을 때마다 칭찬 스티커를 주는데, 제 스티커가 제일 적었어요. 책을 읽는 데 시간이 너무 오래 걸렸거든요. 그런데 새 학교에 입학한 첫날, 교장 선생님께서 이렇게 말씀하셨어요. '너는 특별하고 뛰어난 사람이란다. 학교생활을 어떻게 하는지만 배우면 돼!'라고요."

학교는 배우는 방식이 남과 다른 아이들을 문제아로, 때로는 저능아로 낙인찍을 뿐 아니라 아주 이른 시기부터 학생을 등급으로 나눠 편성하고 분류한다. 수많은 연구에서 보듯, 이렇게 등급이 정해지면 학생들은 평생 자신을 그런 사람으로 여기며 살아간다. 내가 면담했던 사람들은 성적, 시험, 학습 기회가 임의적으로, 또는 계급, 인종, 성별에 따라 정해질 때가 많다고 말했다. 학교는 성적순으로 학생을 줄 세우기 때문에, 이런 꼬리표와 평가는 각 교실에서 학생들 간의 위계질서를 만들어낼 뿐 아니라 학생들의 자아상과 미래상을 결정한다는 점에서 중대한 영향을 미치고 있다.

한 학생은 이렇게 회상했다. "처음 우열반에 편성되었을 때가 생각나요. 초등학교 3학년 때 일이에요. 점심시간이 끝나고 읽기 시간이 되었어요. 원래는 읽기를 할 때에 반 학생들 전부가 돌아가면서 낭독했어요. 그런데 어느 날은 선생님께서 학생들을 몇 반으로 나눠야겠다고 하셨어요. 선생님께서 제 이름을 부르시더니 다른 교실에서 진행되는 읽기 수업에 참여하라고 하시더군요. 읽기가 느리고 말을 더듬어 '멍청한 녀석들'이라고 생각하던 애들과 제가 같은 반이 되었다는 걸 금세 알아차렸어요. 저는 선생님께 '바보 같은 애들과 같은 반에 있기 싫어요.'라고 말했다가, 다른 애들의 기분을 상하게 했다는 이유로 교실에서 불려나와 꾸중을 들었어요. 하지만 제 자존감은 아무도 신경 써주지 않았어요. 그렇게 해서 저는 가장 열등한 반에 편성됐죠. 지금까지도 열등생이라는 낙인을 마음속에서 완전히 지우지 못했어요."

열등반에 편성된 학생들은 자신을 실제로 열등생이라고 생각한다. 그뿐만 아니라 사회 계층적 차별에 따라 우열반 편성이 이루어지는 경우가 많다.

면담을 하면서 가장 흔하게 접하는 상처가 바로 과소평가로 인

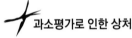

과소평가로 인한 상처

+ 계급, 인종, 민족, 문화적 배경, 성별 때문에 학교에서 자신을 몰라준다고 생각한다.
+ 학교에서 신상 정보를 토대로 자신을 판단한다고 생각한다.
+ 학습 결과도 이러한 판단을 '확증'한다.
+ 학습자에 대한 판단 때문에 학습 기회를 얻지 못한다.

한 상처였다. 계급, 인종, 성별, 이민자 신분, 학습장애 등을 이유로 수많은 학생들이 교사에게서 자신이 생각하는 것보다 낮은 평가를 받았다. 1970년대의 저명한 교육비평가 이반 일리치는 학교의 주된 역할이 "우리가 못났다는 사실을 가르치는 것"이라고 말했다.[22] 과소평가로 인한 상처를 치유하려면 상당한 힘과 노력이 필요하다.

완벽주의로 인한 상처

> 완벽주의가 몸에 밴 사람이 삶에서 어려움을 만나게 되면 어떤 일이 일어날까? 어떤 완벽주의자는 삶이 완벽하지 않음을 일깨워주는 어려움을 맞닥뜨리면 우울증에 빠진다.
>
> — 고든 플렛과 폴 휴잇, 《완벽주의: 이론, 연구, 치료》[23]

미국 사회에서는 노력하지 않고 성공하는 사람이 존경받으며, 학교는 열심히 공부하지 않고도 성적이 좋은 학생을 칭찬한다. 하지만 보상 구조와 평가 체계가 분명한 학교에서 승승장구하던 학생도 학교를 벗어나면 어려움을 겪을 수 있다. 완벽주의는, 특히 우등생의 완벽주의는 학교 바깥세상에서 오히려 장애가 될 수 있다.

어느 회사의 인사 담당 임원인 미셸은 초등학교부터 고등학교를 거쳐 대학을 졸업할 때까지 줄곧 완벽에 가까운 학생이었다. 미셸은 나와의 면담에서 자신이 학교에서 너무 '완벽'했기에 다른 아이들과 지내는 데 어려움이 많았다고 말했다. "겉으로는 수업이나 숙제를 불평하는 척했지만 실은 정말 좋았어요. 저는 뭐든 100%를 해냈고 저 자신을 어른과 동일시했어요."

대가족 안에서 반듯하게 자란 미셸은 학교에서 항상 두각을 나타냈다. 학교는 예측 가능한 결과, 명확하게 규정된 과제로 표현되는 학습, 규칙 준수, 외적 보상 구조를 중시하기 때문에 미셸의 지능과 성격에 꼭 들어맞았다. 미셸은 모범생이었으며 모든 교사들의 관심과 총애를 한 몸에 받았다. 미셸은 주립대학에서도 승승장구해 평균 4.0에 가까운 성적으로 우등 졸업했다.

"저는 아주 훌륭한 학생이었어요. 4학년 때는 쉬는 시간에 아이들의 숙제를 봐주는 일을 자청하기도 했어요. 학교에서는 언제나 자신감이 넘쳤어요. 학교에 있으면 아주 편안했고, 학교가 어떻게 돌아가는지 훤히 알고 있었어요."

하지만 대학을 졸업한 뒤의 직업 세계는 예측이 불가능했으며 두렵기까지 했다고 한다. "진짜 인생은 제게 부담스러웠어요. 학교를 떠나 일의 세상에 뛰어들기가 정말 싫었어요. 대학원에 진학해서 공부를 계속할까 생각도 했지만 연구하고 싶은 주제가 딱히 없었어요. 저는 직장생활을 할 때도 마치 선생님이 된 것처럼 할 일 목록을 점검하고 언제나 완벽을 추구했어요. 문제는, 일에는 완벽이란 게 없다는 거예요."

부모의 교육열이 높고 학교가 성적 올리기에 치중하면 학생들은 경쟁에 내몰리면서 완벽해야 한다는 압박감을 느낀다. 2006년에 하버드 대학교 2학년이었던 카비야 비스와나탄은 완벽한 학생의 표본에서 극적으로 몰락하며 언론을 장식했다. 부유하고 출세 지향적인 인도인 부부의 외동딸로 태어난 비스와나탄은 한 가지 목표를 위해 잘 짜놓은 다양한 계획들을 따라 키워졌다. 그 목표는 단 하나, 하버드 대학교에 들어가는 것이었다.

비스와나탄이 고등학교 3학년이 되자 부모는 아이비 컨설팅 회사의 대학 진학 상담가를 고용했다. 이 회사는 5만 달러를 받고 대학 진학에 필요한 모든 서류를 준비할 수 있게 도와주었다. 진학 상담가는 저작권 중개인을 겸하고 있었는데, 비스와나탄의 글이 젊은 여성 독자들에게 인기 있는 대중소설이 될 수 있겠다고 생각했다. 비스와나탄은 하버드 대학교에 입학한 지 두 달 만에 책 두 권을 계약하고 선인세로 50만 달러를 받았다.

하지만 비스와나탄의 이야기는 사실이 아니었다. 그녀의 몰락은, 하버드 대학교 교지가 그녀의 책이 다른 작가의 유명 소설 두 권을 대놓고 표절했음을 폭로하면서부터 시작되었다. 온갖 블로그와 언론에서 이 사건을 잘근잘근 씹어댔지만, 분명한 것은 그녀가 너무나도 주위 사람들을 기쁘게 하고 싶었다는 것이다. 비스와나탄은 부모와 이웃의 꿈을 실현하고 싶었다. 이카로스처럼 태양까지 날아가고 싶었다. 하지만 그녀는 꼴사납게 추락하고 말았으며 잘못의 대가를 호되게 치렀다. 출판사는 책을 회수하고 출판 계약을 취소했으며, 그녀는 하버드를 휴학했다. 비스와나탄은 감당할 수 없는 압박감을 느꼈는지도 모른다. 그녀는 완벽해야만 했다. 그녀는 출판 계약의 조건을 충족하려다가 '본의 아니게' 표절을 했다고 말했다.

극단적인 완벽주의는 더 큰 성공과 더 큰 성취(그 잣대는 성적과 대학 진학이다.)를 찬양하는 사회가 만들어낸 것이다. 그중에서도 가장 훌륭한 성취는 신비스럽게, 아무런 노력도 하지 않았는데 이루어지는

+ 학교에서 자기가 아무리 잘해도 부족하다고 생각한다.

+ 항상 다음 목표를 생각하고 언제나 최고, 최선을 이루고 싶어 한다.

+ 실패에 대해 취약하고, 실패하거나 잘못을 저지르면 큰일 난다고 생각하며,
  한 번이라도 실패하면 영영 오점이 남는다고 생각한다.

+ 남이 정해준 목표에 과도하게 집착하여 정작 자신의 배움과는 단절된다.

+ 실수를 저지를까 봐 두려워서 배움에서의 도전을 꺼린다.

+ 실패가 두려워 배움의 기쁨을 느끼지 못한다.

것들이다. 마이클 샌델은 유전자 복제의 도덕적 위험과 완벽주의에 대한 문화적 동경에 관한 글에서 이렇게 말했다. "우리는 야구선수 피트 로즈처럼 천부적인 재능은 없지만 노력과 끈기, 의지를 발휘하여 두각을 나타내는 운동선수를 인정한다. 하지만 그와 동시에 조 디마지오처럼 매력적이고 대수롭지 않게 천부적 재능을 발휘하는 선수를 숭배한다. 주어진 조건에 속박되지 않는 인간 자유의 이상은 우리를 매혹시키고 심지어 도취케 한다."[24] 어떤 면에서 완벽주의는 유한성에서 벗어나려는 소망의 발현이다.

하지만 인간은 땅에 발을 딛고 살아가는 유한한 존재다. 아이비리그 학위가 두 개나 있지만 직장에서 실패하고 20대 후반에 실직을 경험했던 30대 중반의 제이크는 이렇게 말했다. "저는 유약해서 시련을 감당할 능력이 없었습니다. 몇 년 전까지만 해도 말입니다. 저는 실패에 대처하는 법을 배워야 했습니다. 어떻게 해야 하는지를요. 솔직

히 학교 다닐 때는 좀처럼 실패를 겪은 적이 없습니다. 제가 뭘 해야하는지도 아주 분명했고요."

완벽주의로 인한 상처는 무감각해지는 상처와 마찬가지로 학교에서는 소외를, 사회에서는 역설적이게도 실패를 가져다준다. 완벽주의에 대해 강박적인 사람은, 결과가 완벽에 못 미치면 자책과 우울에 빠지며 불가능한 목표를 또다시 추구한다. 실패는 수치심과 자기혐오를 낳는다. 측정할 수 있는 결과와 눈에 보이는 점수, 명확하게 규정된 과제를 중시하는 전통적인 학교는 완벽주의자의 완벽주의 성향을 악화시켜 실패의 악순환에 빠뜨릴 수 있다. 만날 1등만 하고 모든 과목을 잘하려다 보면 완벽주의자가 될 우려가 있다. 우울과 실패를 겪기 쉬운 나약한 인간이 되는 것이다.

평범해서 받는 상처

저는 중간이에요.

- 루크(1장에 등장한 고등학교 1학년생)

얼마 전에 한 학부모가 걱정스러운 얼굴로 자신의 딸 버네사의 이야기를 들려주었다. 버네사는 초등학교 때 글을 늦게 깨친 탓에 나머지 과목도 부진했다. 버네사는 초등학교 시절을 깨끗이 잊고 고등학교에서 새 출발을 하려 했지만, 이미 버네사가 '어떤 부류의 학생'인지, 할 수 있는 게 무엇인지 판단해버린 교사들의 선입견 때문에 무척 힘들어 했다.

어느 날 어머니가 버네사에게 물었다고 한다. 공부도 못하고 수업에 집중도 안 하면서 온종일 무슨 생각을 하느냐고. 버네사는 머릿속에서 영화를 만든다고 대답했다. 그리고 실제로 버네사가 영화를 제작하게 되었을 때 친구들의 출연을 섭외하고 자신에게 진정으로 중요한 무언가를 만들어내면서 무척 행복했다고 말했다. "그때 딸애는 정말로 행복해했어요. 생기가 넘쳤죠."

오랫동안 교육자의 삶을 살아온 페기 곤더는 버네사 같은 아이가 '전국의 교실에서 만나는 수많은 학생들의 전형'이라고 말한다. "이들은 '중간에 낀 아이들'이다. 우등반과 열등반 사이 어딘가에 있지만 어디에도 해당되지 않는, '틈새로 빠져나가는 아이들'이라 부르기도 한다.

이 아이들에게 특별한 관심을 기울이기에는 시간과 인력이 부족하다. 이런 학생들은 학교에서 아무런 자극도 받지 못한다. 토론이나 과제에 참여하지 않고 수업에서 요구하는 최소한의 기준을 간신히 넘기면서 시간만 때우는 것이다. 대개는 문제가 있어도 잠자코 넘어간다. 하지만 자신의 잠재력을 실현하지 못하는 것은 개인의 불행으로 끝나지 않는다. 교육은 나라의 미래가 걸린 문제다."[25]

달리 표현하자면, 중간에 낀 대다수의 학생들을 교육하고 참여시키는 것이 나라의 장래를 좌우한다고 말할 수도 있을 것이다. 이런 평범한 아이들이 좀처럼 드러나지도, 주목받지도 않는다는 증거는 수없이 많다. 교사·학부모 회의에서 처음 발표된 이 시도 그중 하나의 예다.

평범한 아이

전 선생님들한테 문제를 일으키지 않아요.

성적은 그냥 그랬어요.

선생님 말씀을 잘 듣고요.

학교도 매일 갔어요.

부모님은 제가 평범하다고 생각하세요.

선생님도 그렇게 생각하세요.

전 안 그랬으면 좋겠어요.

하고 싶은 일이 무척 많거든요.

로켓을 제작하고 싶어요.

도면도 구했어요.

우표 수집도 해보고 싶어요.

물론 지금 시작하는 건 헛수고예요.

제가 평범하다는 걸 안 뒤로

알아차렸으니까요.

나에게서 특별한 것은

하나도 기대할 수 없다는 것을.

저는 정규분포 곡선의 가운데에 있는

대다수 아이 중 하나예요.

그렇고 그런 세상에서

눈에 띄지 않고 살아가는.

– 1979년 전국 교사·학부모 회의에서 마이클 부시미가 발표한 시

많은 연구에 따르면, 과중한 스트레스를 겪고 있는 교사와 학교는 학교의 평균 성적을 깎아내리지도 않고 별 문제를 일으키지도 않는 평범한 학생들에게 관심을 기울일 여력이 없다. 곤더는 이런 학생들의 수업 참여도가 낮고 학습 성과가 부실한 원인으로 낮은 기대치, 우열반 편성, 부적절한 시험, 수동적 학습 모형을 들지만, 이러한 문제들은 학교 개혁 논의에서 대체로 주목받지 못한다. 학교에서 관심과 배려를 받지 못하는 평범한 학생들에게서 동기와 성취욕을 불러일으키려면 부모를 비롯한 주위의 도움이 절실하다.

아동운동가인 스테이시 디위트는 자신이 평범해서 받았던 상처를 이렇게 회상했다. "나는 가끔 청소년 시절에 내가 그저 그런 아이였다는 사실을 잊고 싶을 때가 있다. C학점을 받고, 피아노 연습을 빼먹고, 쇼핑몰에 놀러 가고, 금요일 밤마다 친구들과 쏘다니던 아무런 의

✦ 평범해서 받는 상처

- ✦ 적절하지 못한 시험이나 우열반 편성 때문에, 자신이 그 정도밖에 안 되는 사람이라고 생각한다.
- ✦ 능력은 고정되어 있으며, 아무리 노력해도 능력을 향상시킬 수 없다고 생각한다.
- ✦ 자신에 대한 기대가 낮아서 꿈과 열정을 억누른다.
- ✦ 자신의 능력을 부인한다.
- ✦ 학교에서 자신을 주목하지 않고 알아주지 않는다고 생각한다.
- ✦ 자신에 대해 흥미를 느끼지 않는다.

욕이 없던 시절의 기억 말이다. 나는 사회생활을 하다가 나의 진짜 재능을 발견하고 배움에 대한 열망이 생긴 뒤에야 학문의 길에 들어섰다. 이를 계기로 법학대학원에 입학하여 예전과는 완전히 다른 학생이 되었다. 열정을 발견하고서야 나는 실력을 발휘할 수 있었다. 그 전에는 나는 기껏해야 평균 수준의 학생에 불과했다. 다행스러운 것은 어머니께서 '평균'을 받아들여주셨다는 것이다. 어머니께서는 우등생이 아닌 아들을 인정해주셨다."[26) 디위트는 고등학교 때 드러나지 않은 자신의 모습을 발견한 것이 어머니 덕택이라고 고백했다. 마찬가지로 버네사의 어머니는, 버네사가 고등학교를 졸업하기 위해 최대한 애쓰면서도 영화에 대한 열정을 잃지 않게 도와주고 있다. 버네사의 어머니가 근심 어린 표정으로 말한다. "딸애가 학교를 제대로 졸업하기만 하면 좋겠어요. 그러면 자기가 좋아하는 일을 할 수 있을 테니까요."

학교가 주는 상처들의 공통점

학교에서 받는 상처는 모두 제각각 다르지만, 내가 면담했던 사람들의 이야기에서 보듯 공통점도 있다. 학교에서 받는 상처는 학생들 각자의 인지 능력, 정서 상태, 정체성의 차이를 용납하지 않는 교육 환경 때문에 생겨난다. 이런 상황에 놓인 학생들은 남과 다르다는 이유로 학교에서 인정받지 못하고 수치심을 느낀다. 성과의 기준이 편협하고, 공부할 학생이 스스로 교육 과제를 선택할 여지가 적으면, 학생은 상처를 받기 쉽다. 학교가 학생에게 꼬리표를 붙이고 등급을 나누는 데 치중하고 다양성을 독려하고 인정하기보다는 차이를 억누르려고 하면, 학생들은 상처를 입는다. 학교가 주는 상처는 학생들을 소외시키고 배움에서 기쁨을 앗아가며, 내면적 저항을 일으키거나 제 실력을 발휘하지 못하게 만든다. 이 상처를 치유하는 데 평생이 걸리기도 한다.

인터넷 시대의 크나큰 즐거움 중 하나는 블로그를 통해 전 세계 사람들이 말하는 배움의 기쁨을 확인하는 것이다. 최근에 읽은 블로그의 글이 생각난다. 블로그 운영자인 헤더는 여덟 살짜리 아들이 정원에서 노는 모습을 묘사하면서, 배움은 기뻐야 하며 상처받지 말아야 한다는 자신의 교육철학을 기술했다. 아래의 인용문은 헤더의 블로그에 실린 '정원에서의 삶과 배움'이라는 글이다. 직접 체득한 배움의 기쁨이 으레 그렇듯이 헤더의 경험도 수수하고 겸손하며 인간의 창의성과 호기심을 잘 보여준다. 그렇기에 헤더의 이야기는 호소력이 짙다.

"나는 교육에 대해 남다른 생각을 가진 것 같다. 서로 동떨어진 잡동사니 지식(교과 과정)을 아이에게 가르치는 것이 제대로 된 교육이라고 생각지 않는다. 아이가 주기율표를 외거나 수학 시험에서 1등을 하거나 셰익스피어 소네트를 암송하면 기뻐서 어쩔 줄 모르는 부모도 있지만 나는 다른 곳에서 기쁨을 찾는다.(물론 셰익스피어도 좋아하기는 하지만.) 며칠 전에 아이가 정원에 나왔기에 "잡초 좀 뽑아줄래?" 하고 부탁했다. 아이는 풀밭을 유심히 들여다보며 잡초를 몇 포기 뽑더니, 남아 있는 조그만 싹들이 '흰명아주'이며 그대로 자라게 놔두었다가 나중에 먹자고 말했다. 다가가서 보았더니 우리 가족이 예전에 즐겨 먹던 흰명아주가 분명했다. 이렇게 어린 싹을 어떻게 알아봤느냐고 물었더니 아이는 잎에 은빛이 돌아서 쉽게 알아볼 수 있었다고 대답했

+ 학생의 인지 능력, 정서 상태, 정체성의 차이를 용납하지 않는 교육환경에서 생겨난다.

+ 남과 다르다는 이유로 인정받지 못하고 수치심을 느낀다.

+ 순응의 압박 속에서 교육환경에 적응하지 못할 때, 또는 너무 잘 적응할 때 생긴다.

+ 학습자로서의 자기 자신에게서 소외된다.

+ 배움의 기쁨을 잃어간다.

다. 여덟 살짜리가 갓 싹 튼 들풀을 알아보다니, 나는 너무나 기뻤다. 자신이 먹을 거리를 장만하거나 기르는 것보다 더 중요한 교육이 있을까? 학교마다 커다란 텃밭이 있어서 학생들이 흙을 파고 곤충과 벌레를 관찰하고 자신이 기른 작물을 맛볼 수 있다면 학교가 얼마나 달라질까! 몇몇 학교에서 텃밭 가꾸기를 시작했다는 소식을 듣고 무척 기뻤다. 바라건대 여기에 참여하는 학생들에게 텃밭에서 아무 일도 안 하고 놀 수 있는 기회를 주었으면 좋겠다. 그러면 훨씬 많은 것을 배울 수 있을 것이다."[27]

헤더의 단순한 관찰은 놀랍게도 학습에 대한 최신 인지이론과 일맥상통한다. 상처받은 학습자는 스스로 탐구하며 배움에서 연관성과 의미를 찾고 적절한 학습 과제를 수행하면서 자신의 상처를 치유할 수 있다. 헤더와 헤더의 아들이 흰명아주를 들여다보면서 알아낸 것도 바로 이것이다.

3장

학교는 왜
상처를 입히는가

대중 교육은 산업주의가 산업에 필요한 인력을 생산해내는 정교
한 기계다. 따라서 교육체제는 이 신세계의 구조를 그대로 모방
한다. 조직화, 개인성 박탈, 엄격한 자리 배치, 반 편성, 점수와
등급, 교사의 독재적 태도 등으로 대중 교육은 시대와 장소에 걸
맞은 적응 수단으로 뛰어난 효과를 발휘했다.

― 앨빈 토플러, 《미래의 충격》

시대에 뒤떨어진 제도

내가 대학원에서 듣는 교육정책 수업 첫 시간에 담당교수는 워
싱턴 어빙의 단편집 《스케치북》의 주인공인 립 밴 윙클과 관련된 인용
문을 언급했다. "립 밴 윙클은 술에 취해 잠들었다가 20년 뒤에 깨어
나지만, 만약 100년 뒤인 오늘날 다시 깨어난다면 그가 알아볼 수 있
는 기관은 교도소와 학교뿐일 것이다."[1] 이것은 교육기관에 대한 나의

시각을 바꿔놓은 전환점이 되었다. 물론 지금은 많은 사람들이 교육환경과 학교에 대해 이렇게들 생각한다.

교육에 관한 논의들을 살펴보면 학교가 왜 문제인지 설명하는 이론들로 넘쳐난다. 어떤 정책 분석가는 교사가 임무를 수행하지 못하는 이유가 훈련 부족과 지원 부족 때문이라고 말하고, 어떤 분석가는 그저 성공에 대한 판단 기준이 너무 낮아서 그런 것이라고 말한다. 또, 아이들이 첨단기술에 둘러싸여 자라면서 한 곳에 주의를 집중하지 못하고 한꺼번에 여러 일을 하는 것에 익숙해진 탓에, 마땅히 가져야 하고 예전에는 가지고 있었던 학생의 본분을 갖추지 못했다고 말하는 사람도 있다.

교육 프로그램 개발자들은 학교가 '탈선'했으며 효과적인 방법, 즉 자기네가 판매하는 해결 방법으로 바로잡을 수 있다고 말한다. 교원 노조는 임금이 인상되어야 한다고 주장한다. 경쟁을 중시하는 개혁가들은 교사에게 실적에 따른 보상을 해야 한다고 말한다. 수많은 학습 이론가들은 교사들이 자신의 본업인 교육에 전념하지 못하고 동료 교사와 협동하지 못하며 학생들의 인지적 차이를 제대로 이해하지 못한다고 주장한다. 교육의 목적을 놓고 온갖 집단, 가설, 주장이 복잡하게 얽혀 있으므로, 서로 경쟁하고 때로는 모순되는 이 이론들을 정리하기란 여간 힘든 일이 아니다.

하지만 교육정책 입안자, 교사, 부모, 학생이 대부분 동의하는 사실이 한 가지 있다. 나와 이야기를 나눴던 사람들은 한결같이 학교가 근본적으로 시대에 뒤떨어진 기관이라고 말한다. 학교 시설과 시간 관리, 학생을 통제하고 훈육하는 방식, 학교가 '생산'하는 '생산물'인 학생을 살펴보면 알 수 있듯이, 학교는 지금과는 다른 시대, 다른 사람을 대상으로 설계된 기관이다. 그런 탓에 학생이 졸업한 뒤에 발을 들여놓는 직업 세계는 학교와는 완전히 딴판이다. 신경인지 과학자인 토드 로즈는 학교를 이렇게 평가했다. "지금 세상은 모든 것이 연결된 인터넷 시대이지만 학교는 여전히 농경 시대에 머물러 있다. 더 이상 교육 목표에 부합하지 않는다."

물리적 환경이 학습에 어떤 영향을 미치는지 연구하는 건축가 제프리 래크니는 학교를 이렇게 묘사했다. "오늘날 21세기의 학교는 1950년대 건물에서 1990년대 기술을 이용하여 1960년대 교과과정을 가르친다."[2) 또 학습장애가 있는 학생에게 기술적 지원을 해주는 비영리 회사의 창립자인 데이비드 로즈는 대다수 학교의 수업과 학습 방식이 "자동차를 운전해야 하는 세상에서 마차를 모는 격"이라고 말했다.[3) 학교의 많은 것들이 예전에는 구조적으로, 문화적으로, 인지적으로 의미가 있었겠지만 이제는 그렇지 않다. 문제는 어떻게 해야 할지를 모른다는 것이다.

교육자 테드 사이저는 말한다. "대다수 사람들은 교육이 무엇이어야 하는지에 대해 소박한 견해를 갖고 있으며, 이러한 천편일률적 사고방식은 몇 세대가 지나도 변함이 없다."[4) 학생을 성적에 따라 나누고, 교과과정과 학습이 단계별로 진행되어야 한다는 생각은 학습의 목적을 생산의 관점에 둔 19세기 사고방식이다. 이런 생각들이 우리에게 적합하지 않다는 증거는 수없이 많다.

교사들은 당혹스러울 정도로 고립되어 공동체 의식도, 협동심도 없으며, 조언을 구할 사람도 없다. 교사들의 업무는 실제로 점점 더 복잡해지고 지원도 부족해지고 있다. 새로 임용된 교사의 절반이 5년 안에 교단을 떠나고, 교사들은 자신을 교직으로 이끈 열정이 점점 사그라져 한창 시기에 이미 의욕을 잃는다. 한편, 기업들은 고등학교와 대학 졸업자들이 일할 준비가 되어 있지 않다고 생각하고 있고, 대학 신입생 5명 중 3명은 대학에 들어와서 보충교육을 받아야 한다. 시험 기준이나 성취 압력은 커졌는데도 학생들의 실제 성과는 예전에 비해 점점 떨어지는 추세다.

하지만 수많은 문제점이 드러났는데도 교육을 바라보는 우리의 시각은 여전히 바뀔 줄 모른다. 한 학생은 학교가 제 역할을 못 하는 실태를 조사한 뒤 이렇게 말했다. "우리는 다른 것을 상상할 줄 모른다. 어쨌든 우리가 살아남았으니 학교가 그렇게 나쁘지는 않다고 생각하는 것이다." 바드 대학의 리언 보트스타인 총장은 교육기관 본연의 임무가 문화적·사회적 구조를 '보존'하는, 즉 과거의 지식과 지혜, 가치관을 재생산하는 것이라고 말한다. 학교는 과연 무엇을 보존하고 재생산하고 있을까?

지식에 대한 낡은 생각

교육이 전통과 관습을 내세워 통제하고 배제하고 조작하고 승인하고 포장하고 각색하고 등급을 매긴 모든 것을, 이제는 클릭 한 번이면 얼마든지 접할 수 있다. 기하급수적으로 증가하는 지식을 따라잡으려는 것은 헛수고다. 탐구 정신, 문제 파악력과 해결력, 창의성, 자신의 강점과 약점을 아는 것, 소통, 유대 관계야말로 학생이 갖추어야 할 덕목이다.

- 빈센트 호킨스 (버몬트 주 스프링필드 학군 교과과정·교수·평가 담당관)

나의 대학 동료인 토니 와그너는 교수·학습에 대한 낡은 사고방식에 머물러 있는 학교의 현실을 파헤친 책을 썼다. 이 책에서 우리는 대다수의 학교가 중시하는 교수법과 지식의 실체를 확인할 수 있다. 와그너는 이름난 상위 중산층 학교 몇 곳, 특히 각종 잡지와 언론에서 '최고'로 손꼽히는 학교들의 교육 실태를 파헤쳤다. 그 결과, 높이 평가받는 학교들조차도 학생들의 창의성, 상상력, 혁신의 능력을 키우는데 그다지 기여하지 않으며, 학생의 문제해결 능력을 길러주지도 않음을 밝혀냈다.[5]

나는 교육상담을 할 때마다, 학교가 교사 중심으로만 돌아가고 학생은 수동적인 관객 역할에만 머무는 현상을 꼭 언급한다. 인지 요구[6](가장 낮은 수준부터 가장 높은 수준까지 분류된다.)의 측면에서 보자면, 미국 학교의 80%[7]는 가장 낮은 인지 요구 수준에 해당되는 지식과 이해에 머문다. 학생들은 자료, 사실, 용어를 파악하고 기억하거나 자료를 분류하고 정리하는, 아주 수준 낮은 과제를 해야 하는 경우가 가장 많다. 과제의 양이 엄청나게 많으면 힘들거나 혹독해 보일 수도 있지만, 이것은 단순 암기하거나 공식을 적용할 것이 많아지는 것에 불과하다.

평가에서는 정보를 구분하고 기억하는 것, 자료를 정리하고 명확히 표현하는 것을 중요시한다. 나는 분석, 평가, 창조, 메타인지 같은 고차원적 인지 영역의 과제를 학생에게 부여하는 경우는 거의 보지 못했다. 교사와 학생은 고차원적 인지 과제가 무엇인지, 이것을 어떻게 설계하고 이용해야 하는지 몰라서 애를 먹는다. 우리는 현행 교수·학습 규범에 익숙해져 있기 때문에 교실 현장에서 빚어지는 문제를 체감하지 못한다. 많은 사람들은 저차원적 인지 과제를 학습의 참모습이라고 착각한다.

한때는 개별 지식을 암기하고 기억해내고 적용하는 것이 타당한 학습 모형이었지만 이젠 더 이상 그렇지 않다. 과거에 단순 암기와 저차원적 인지 작업을 그토록 강조한 이유는 바로 정보가 부족한 시대에 교육이 이루어졌기 때문이다. 도서관, 책, 심지어 인쇄물조차도 드물고 귀했으므로 사실을 암기하고 정보를 분류하는 것이야말로 교육의 핵심이었다. 하지만 지금 우리는 정보 과잉 시대, 정보 포화 시대를 살고 있다. 우리가 암기하거나 처리할 수 있는 것보다 훨씬 더 많은 사실과 개념, 자료를 하루 24시간 손가락 한 번 클릭하면 얻을 수 있다. 따라서 인터넷 세상에서 우리 아이가 미국의 지도를 암기하거나 코네티컷 주에 있는 모든 강의 이름을 외워야 할 이유를 찾기가 점점 힘들어진다.

지식의 본질에 대해 새로운 견해를 정립하려면 교수·학습, 학생과 교사의 관계를 새롭게 이해해야 한다. 이것은 근본적으로 새로운 학교를 뜻한다. 학교에 구현된 지식과 가르침에 대한 사상은 철학적으로는 18세기 계몽운동을 그 모태로 한다. 당시 지성계의 과제는 관찰과 실험을 근거로 지식의 일반 법칙을 확립하는 것이었다. 확실성을 추구하다 보니 학교에서는 일종의 지적 권위주의가 자리 잡았다. 절대불변의 지식을 생산할 수 있고 타당한 대안이 없다면, 교사가 할 일은 빈 그릇에 지식을 채우는 것뿐이니까. 이는 교사 중심의 교실과 교사 중심의 학습으로 이어졌으며, 가치와 역량, 감정, 관계보다는 이론과 지식의 전달이 중시되었다. 그리하여 많은 비판가들이 보기에 학교는 새로운 사회 통제 기구가 되었다.[8]

새로운 능력과 덕목이 필요하다

권위에 대한 복종, 지루함을 참는 능력, 복잡한 관료 조직에서 승 승장구하는 능력, 좁은 책임 영역에 치중하는 성향, 그리고 충성심, 이 것들은 예전에 직장에서 중요시하는 덕목이었다. 희곡 〈세일즈맨의 죽음〉의 주인공 윌리 로먼, 아니면 오랫동안 가전회사 조립공장에서 일 하다 일자리를 외국으로 빼앗겨버린 노동자를 생각해보라.

하지만 이제는 자신감과 끈기, 업무 효율을 높이는 창의성이야 말로 기업 경영진과 인사 담당자들이 직원에게 바라는 덕목이다. 또한 업무가 바뀜에 따라 직무능력을 발전시키는 능력, 새로운 상황에 적응 하여 변화하는 능력, 긴박한 상황에서 결정을 내리는 능력 역시 요즘 직장에서 바라는 핵심 덕목이다. 디지털파워이퀴프먼트 사의 빌 엥글 러 사장이 말한다. "모순처럼 들릴지도 모르겠지만, 신입사원이 애초 에 부여받은 임무를 넘어서 성장하지 못하면 우리 회사에서는 그다지 가치가 없습니다. 다재다능함이야말로 회사에서 주목받는 지름길입니 다. 말단 직급에 있더라도 다재다능한 모습을 보여주면, 기회가 생겼을 때 경영진이 당신을 떠올릴 것입니다."[9]

금융 회사에 시스템 통합 및 컴퓨터 기반 솔루션을 공급하는

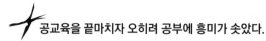

공교육을 끝마치자 오히려 공부에 흥미가 솟았다.

졸업을 9주 앞두고, 나는 더욱 열심히 공부하고 싶다는 충동에 휩싸였다. 나는 공교육을 거의 마칠 때가 되어서야 객관적인 시각으로 교육을 바라볼 수 있었다. 학교에서 가르치는 내용은 대부분 단순한 정보들로, 학생들은 그런 정보를 배우는 데 관심이 없다. 선생님들도 대부분 가르치려는 열의가 없다. 내 생각에 학교란, '내가 인생에서 원하는 일을 하기 위해 월요일부터 금요일까지 참아내야 하는 지겨운 걸림돌'이다.

되돌아보면 아쉽기 그지없다. 나는 하고 싶지 않은 일을 하면서 시간을 허비했다. 한번 가버린 시간은 결코 돌이킬 수 없다. 하지만 그때그때 하고 싶은 일만 하고 살았다면, 이를테면 인형을 가지고 놀거나 하루 종일 그림만 그렸다면 지금보다 더 나빴을 것이다. 교육을 전혀 못 받았을 테니까.

공교육 개혁에 관한 얘기는 귀에 못이 박히도록 들었지만 공교육 체제를 왜 개혁해야 하는지는 여전히 잘 모르겠다. 대학에 가지 않을 학생들은 음향 기술이든 문신이든 자기 관심사에 도움이 되는 수업을 받게 해주어야 한다. 읽고 쓰기를 좋아하는 아이들은 매일같이 책에 파묻혀 살게 해주고 문학에 대한 이해를 풍부하게 해줄 어른을 만나게 해주어야 한다.

내가 삶을 더 분명한 관점에서 볼 수 있게 된 것은 이런 현실을 목격했기 때문이다. 몇 년 새, 특히 최근 들어 졸업 이후의 삶을 생각하기 시작하면서 문학과 글쓰기를 포기하다시피 했다. 내가 정말 좋아했고 내 삶에 꾸준하면서도 견고한 영향을 미친 두 가지를 말이다.

내가 이렇듯 혼란에 빠진 건 놀랄 일이 아니다. 나는 오로지 실용적 측면에서만 미래를 고민했고 매사를 논리적이고 구조적인 관점에서 바라보았던 것이다. 지금은 유명 소설가가 되거나 저명 교수가 되거나 범죄자로 살아가거나 요절할 가능성도 얼마든지 있다고 생각한다.

이렇게 생각하면, 위대한 책이나 내가 베껴둔 인상적인 구절이 미래의 내 모습만큼이나 중요하고 의미 있다. 나는 이런 마음가짐으로 진짜 세상에 발을 내디딘다. 내가 좋아하는 것에 대해 고등학교 시절보다 훨씬 큰 확신을 품고서……

제임스 먼로 고등학교 졸업반 애디슨 헤런휠러
프레더릭스버그 시의 신문 《프리랜스 스타》에 실린 칼럼[10]

ADS 파이낸셜 서비스 솔루션스의 빌 갤러거 사장 또한 "오늘날 똑똑한 직원을 뽑는다는 것은 다재다능한 직원을 뽑는다는 의미"라고 말한다. "우리 회사의 컨설턴트들은 할당된 업무 중심으로 일하고, 1년 내내 출장을 다니며 업무가 바뀔 때마다 완전히 새로운 환경에서 새로운 회사와 관계를 맺습니다. 기술은 가르치면 되지만 자신감이나 유연성은 가르칠 수 없습니다."[11]

자신감과 유연성은 기존 교육에서는 각광받는 덕목이 아니었다. 많은 사람들이 이야기하듯, 순응 능력과 지식의 서열화, 저차원적 인지 작업의 강조, 지루함을 참는 능력 등 학교에서 중시하는 덕목으로는 기업에 필요한 학습능력을 기를 수 없다. 어떤 고등학교는 학생들이 진취성과 추진력을 잃었다고 고민을 토로했다. 한 주임 교사가 걱정스러운 표정으로 말했다. "아이들이 도전하려 들지 않습니다. 그러면서 자신의 능력은 과대평가하죠." 하지만 1, 2학년 때부터 끊임없이 치른 시험, 모든 과제가 기준을 충족해야 한다는 압박, 교사의 질문에 대답하는 것 말고는 아무 말도 해서는 안 되는 억압적 교실 분위기 등 과거의 학습환경을 생각해보면, 학생들에게 진취성이 부족한 이유를 잘 알 수 있다.

교육비평가 존 테일러 개토는 학교에서 강조하는 덕목이 우리를 몰락시킬지도 모른다고 말한다. "학습이 아닌 복종을 측정하는 시험을 토대로 삼는 엄격한 학교 교육과 학력평가시험은 상상력과 용기를 몰아내는 수단이었다. 이 수단은 예나 지금이나 훌륭하게 작동한다. 하지만 이 근사한 유토피아적 체제는 소금이 필요 없는데도 소금을 빻는 제분소처럼 학생들을 아무짝에도 쓸모없는 존재로 만들 것이다."[12]

인간 능력에 대한 낡은 생각

재럴은 학교에서 학생의 지능과 능력을 평가하는 방식 때문에 상처를 받았다. "유치원에 들어갈 때만 해도 저는 행복한 아이였습니다. 상상력이 넘치고 배우려는 열정이 가득했죠. 하지만 학교에 들어간 뒤로 행복감과 열정, 상상력이 온데간데없어지더군요. 모두 사라졌습니다. 어린 나이의 제게 '지능'이라는 바깥세상의 꼬리표가 붙어버린 겁니다. 학교가 주로 하는 일이란 '타고난 능력'에 따라 학생들을 분류하고 꼬리표를 붙이는 것이었습니다." 재럴은 학교가 자신의 지능과 능력을 매우 편협하게 평가했다고 생각한다.

"학교에서만 그런 건 아니었습니다. 부모님, 친구, 친척, 그 밖의 어른들도 성적만을 중시했습니다. 성적을 잘 받으면 부모님과 친척들은 '재럴, 잘했다! 넌 정말 똑똑해!'라고 말씀하셨죠. 하지만 성적이 좋지 않으면 부모님 말고는 누구도 저를 인정해주지 않았습니다. 저의 자존감과 자아상은 크나큰 상처를 입었습니다. 이런 사회 구조가 자존감을 짓밟고 또 짓밟아서 제겐 자신에 대한 혐오와 미움밖에 남지 않았습니다." 재럴은 인간 능력에 대한 폭넓은 시각을 토대로 대안학교를 설립했다.

지난 30년 동안 인간의 학습과 인지 능력, 발달에 대한 이해가 혁명적으로 발전했다. 하워드 가드너는 다중지능 개념을 소개한 혁신적인 책[13]에서 '지능'과 주요 학업 수행에 대한 교육자들의 견해에 반론을 제기했다. 가드너는 학교에서 가장 중시하는 언어 지능과 논리·수학 지능뿐 아니라 공간 지능, 신체운동 지능, 음악 지능, 대인관계 지능, 자연친화 지능도 중요하다고 말했다. 그 뒤로 로버트 스턴버그와 《성공의 새로운 심리학》의 저자 캐럴 드웩 등 인지수행 능력 분야의 연구자들은 인간의 능력이라는 것이 생각보다 복잡하다는 사실을 밝혀냈다. 그들은 지금껏 학생에게 필요하다고 생각한 능력보다 더 중요한 능력을 학교가 학생들에게 길러주어야 한다고 주장했다.[14]

하지만 학교에서 '총명함'을 중시하는 경향은 여전하다. 많은 학교는 암묵적으로 특정 능력, 이를테면 정보나 해답을 빨리 생각해내는 능력, 정확하게 암기하는 능력, 추상적인 개념을 다루는 능력 등을 중요하게 여긴다. 드러내놓고 밝히지는 않지만, 이러한 능력들이 여전히 중요시되고 있다는 사실은 학교에 몸담은 사람이라면 누구나 실감할 것이다. 이런 능력들은 직업 세계에서 필요한 기술의 극히 일부분에 지나지 않는데도, 이 같은 모순은 시정되지 않고 있다.[15]

학교는 여전히 20세기 초에 개발된 낡은 지능검사법에 의존하고 있다. 지능검사법은 포괄적이지도 않고 깊이도 없다는 점에서, 두개골 모양으로 성격을 판단할 수 있다고 주장하는 골상학에 견줄 만하다. 지능지수는 청소년기 후반에도 변할 수 있고 한 번의 지능검사로 학생의 능력을 판단할 수 있다는 환상은 이미 깨졌다.[16] 하지만 아직도 많은 학교에서는 1학년 때부터 지능지수 검사 결과를 가지고 아이들을 분류하며 이후의 성과를 예상하는 잣대로 삼고 있다. 초등학교 4학년 때 받은 지능지수 검사 덕에 '구원'받았다는 학생도 있지만 주로 들리는 것은 그 정반대의 이야기다. 대다수의 학생은 평균이거나 그 이하라는 판정을 받는다.

지능지수 검사 결과가 오인되거나 잘못 적용되고 있고 실제로는 참인데도 거짓으로 판정되는 통계학적 '부정 오류'를 저지를 수 있다는 사실을 모르는 채, 학생들은 단 한 번의 검사 결과를 바탕으로 평생을 살아가고 직업을 선택한다. 초등학교 4학년 때의 적성검사 결과를 아직도 기억하는 70대 남자와 면담하면서 나는 이런 사실을 뼈저리게 느꼈다. 이 남자는 따분한 직업이라 여겨 회계사가 싫었지만 철자법이 서투르다는 적성검사 결과에 따라 회계사가 되었다.

내가 가르치는 학생인 제이크는 늘 교사들에게 부정적인 평가를 받으면서도 인내심을 잃지 않았다. "제게 뭘 기대하신 선생님은 아무도 없었어요. 제가 성적을 잘 받으면 다들 놀라셨죠." 제이크가 자신의 잠재력을 발견한 것은 부모님과 자신의 운동 실력 덕분이라고 말했다. 인내심, 스스로에 대한 신뢰, 폭넓고 역동적인 재능에 대한 자신감이 성공의 열쇠였다. 학교에서 내린 판단은 그에게 도움이 되지 않았다. 기존 교육체제가 줄 세우기와 꼬리표 붙이기를 부추기기 때문에 학교에서는 학생들의 능력을 제대로 평가하지 못한다. 한 교사의 말이 가슴에 와닿는다. "단순 암기력과 주의력이 뛰어나서 공부를 잘하는 학생들이 있지만, 정작 자신에게 필요한 메타인지 능력을 발전시키지는 못하고 있습니다."

사람들은 아이를 '총명'하거나 '우둔'하거나, 둘 중 하나로 판단한다. 나는 이 이분법적 단어들을 사전에서 없애고 싶다.

교사는 뛰어난 진단 전문의사가 아니다

대부분의 교사들은 자신이 선한 동기를 가졌고 학생의 재능과 잠재력을 알아볼 만한 안목이 있다고 믿지만, 그럴 만한 근거를 찾기는 힘들다. 수많은 면담 사례를 보면, 교사는 한 번의 검사 결과에 치중해 학생들을 고정된 우열 집단에 편성하고 학생의 소질을 판단한다. 그리고 이렇게 판단한 소질을 강화하는 환경을 조성함으로써 학생들에게 무심코 상처를 입힌다. 앞의 2장에서 이미 확인했듯이, 학생들이 가장 흔히 받는 상처는 과소평가로 인한 상처였다. 시험 점수가 낮거나 의사소통이 서툴거나 학교의 행동 규범을 모르면 학교생활을 제대로 할 수 없기 때문이다. 물론 학교의 규범을 훤히 알고 외적 보상에만 치중하여 지적·정신적 위험을 감수하려 들지 않는 완벽주의도 해롭기는 마찬가지다.

교사들은 학습장애 학생을 흔히 접하지만, 그 학생들마다의 다양한 사고방식과 성향, 장애 상태를 인지하고 적절히 대처하는 훈련을 제대로 받은 교사는 드물다. 대부분의 학교는 학생 개개인의 미묘한 학습장애를 보완해줄 환경을 갖추지 못했으며, 교사들은 관찰할 수 있는 행동과 검사할 수 있는 능력을 위주로 학습 과제를 준비한다. 학생 개개인에게 맞춤형 교육을 제공할 수 있도록 교사를 훈련하고 지원하지 않으면, 학습 부진과 태만의 '잘못'이 고스란히 학생에게 전가된다. 게으르고 품행이 바르지 못하고 자신의 잠재력을 발휘하려 들지 않는 아이로 치부되는 것이다. 이런 체제에서 학생들은 극도로 취약한 상황에 놓인다. 늘 사람들의 눈총을 받고 학교에서 아무에게도 위로받지 못하며 숨을 곳도 피할 곳도 없다.

1장에서 소개했던 샬럿은 자신이 학습지원 센터라는 덫에 걸렸고 학교에서는 피난처를 찾을 수 없을 거라고 생각했다. 또 다른 면담자도 학교에서 분류당하고 평가당하면서 자아에 크나큰 상처를 입었다고 털어놓았다. 초등학교 1학년 학생들을 읽기 능력에 따라 반을 나누는 것은 지극히 합리적인 관행이지만, 이 학생은 1학년 때 자신에게 붙은 '노랑반'이라는 꼬리표가 어른이 된 후에도 떨어지지 않았다고 말했다. "초등학교 1학년 수업은 대부분 읽기를 배우는 것이었어요. 하지만 1학년 초에 제가 다른 애들보다 읽기가 좀 느리다는 걸 알았어요. 제가 이 사실을 알게 된 건 선생님이 반을 나누면서였어요. 학생들이 한 명씩 선생님께 가서 1학년 수준의 아주 쉬운 책을 읽었어요. 그러면 선생님께서 알맞은 읽기 반을 정해주셨죠. 선생님께서는 애들이 자신의 수준을 모르게 하려고 반에 색깔 이름을 붙이셨어요. 저는 노랑반이었죠. 아무도 제게 노랑반이 가장 수준 낮은 반이라는 얘기를 해주지 않았지만 인원수를 보고 애들의 읽기 실력을 보고 알았어요. 멍청한 아이로 취급받고, 수준 높은 반에 간 친구들과 함께 지낼 수 없어서 당황스러웠어요. 노랑반의 기억이 평생 지워지지 않았어요." 학생들은 반을 나누는 이유와 이것이 영구적 평가가 아니라는(영구적일 때도 있지만) 사실을 이해하지 못하기 때문에 쉽게 상처를 입는다.

아무리 심지가 굳은 부모라도 아이가 형편없는 점수를 받아오면 하늘이 무너지는 심정일 것이다. 나의 멘토인 세라 로런스라이트풋은, 2학년 때 시험을 몇 번 못 봤다는 이유로 담임교사가 부모에게 "이 아이는 대학에 갈 재목이 아닙니다."[17]라고 말했던 일을 기억하고 있었다. 충격을 받은 부모는 황망한 표정으로 집에 돌아왔다. 부모는 둘이서 이야기를 나눈 뒤에, 자신들은 선생님의 생각에 결코 동의하지 않는다고 딸에게 말했다. 로런스라이트풋은 하버드 대학교에서 흑인 여성 최초로 석좌 교수가 되었으며 지금도 학생들을 가르치고 있다. 내가 면담한 많은 사람들은, 학교가 근거도 부족하고 제대로 훈련을 받지도 않은 상태에서 섣불리 학생의 능력과 잠재력, 알맞은 학습 수준을 판단한다고 말한다. 우리는 이 시기(노랑반 시기)에 학생이 쉽게 상처받을 수 있으며 우리의 평가가 학생의 삶을 완전히 뒤바꿀 수 있음을 깨닫지 못할 때가 많다. 한 면담자가 말한다. "학교는 아이들이 자라기에 혹독한 곳이에요."

학교는 학생들을 줄 세우고 편 가른다

많은 연구자들은 학생들이 개인의 자아상을 형성하여 사회에서 주어진 자신의 위치를 받아들이게 하는 것이 학교의 목적[18]이며, 학교가 인종, 계급, 성별,[19] 장래성[20] 등의 편견을 강화하도록 암묵적으로 조직되었다고 주장한다. 다시 말해서 교육의 주된 임무는 누구는 승자가 되고 누구는 패자가 되는 자본주의 사회를 살아가도록 준비시키는 것이다. 학교는 '필연적으로' 줄 세우고 편 가를 수밖에 없다는 뜻이다. 본질적으로, 상처는 피할 수 없다. 저명한 교육비평가 존 홀트는 학교가 도축 공장처럼 학생들에게 부위별로 등급을 매겨 알맞은 시장과 소비자에게 내보낸다고 말했다.

또 다른 연구자들은, 중상류층이 '줄 세우기' 수단으로서의 학교 제도에 집착하는 이유는 자기들이 누리는 기득권을 정당화하기 위해서라고 말한다.[21] 이들은 학력주의가 계급 특권을 구체화하고 강화한다고 주장한다. 학교에서 잘나가는, 이미 많은 혜택을 받고 있는 사람들이 그 혜택을 당연한 것으로 여기도록 한다는 것이다.[22] 우리 대학의 학생들에게서 이런 태도를 쉽게 찾아볼 수 있다. 열심히 노력하고 진취성과 추진력을 발휘하기만 하면 누구나 성공할 수 있다고 배웠기 때문이다. 일류 인문대학에 들어갈 경쟁력을 쌓는 데(체육 강습, 스포츠클럽 활동, 봉사 활동, 음악 강습, 과외 수업, 선이수 프로그램 과외) 드는 비용을 그런 혜택을 못 받는 사람들과 비교해보라고 하면 학생들은 깜짝 놀란다. '필수 보충수업'에 드는 비용은 적게 잡아도 한 명당 5만 달러를 넘을 것이다. 내가 관여하는 도심 지역의 차터스쿨에 다니는 고등학생들은 꿈도 못 꿀 혜택이다. 우리 대학의 한 학생은 학부 시절에 대학 입학처에서 인턴으로 일하면서, 우리 대학이 '가산점'을 주는 항목이 생각만큼 공정하지 않다는 것을 깨닫게 되었다. 이 학생은 학력평가시험 점수, 가계 소득, 대학에 가려면 꼭 받아야 하는 과외의 관계를 조사한 뒤에 이렇게 말했다. "입학처에서 3년을 일하다 보니 모든 학생에게 같은 기준을 적용하는 것에 의문이 생겼어요. 제가 그런 식으로 대학에 들어왔다는 게 부끄러워요."

'학교는 재능을 찾아내고 발휘하게 하는 곳이며 열심히 공부하면 누구나 성공할 수 있다'는 통념이 흔들리고 있다. 우리 교육체제가 실제로 이렇게 돌아갈 수 있으리라고 믿기 힘들다. 바깥에서 보면, 멀찍이 떨어져서 보면 오히려 그 반대로 보인다. 우리 대학의 학생 하나는 고등학교 내내 우등반에 편성된 자신의 '특혜'에 대해, 고등학교의 우열반이 대학을 결정하는 것에 대해 문제의식을 느꼈다. "중고등학교 내내 우등반에 있었어요. 중학교에 입학하니까 수학, 영어, 역사, 과학 등 수업마다 시험을 쳐서 반을 배정했어요. 해마다 똑같은 수준의 반에서 똑같은 학생들과 공부하면서 중학교와 고등학교를 마쳤어요. 반마다 계급, 인종 등 공통된 특징이 있었지만, 학교가 계층별로 학생을 편 가른다는 걸 눈치 챈 아이는 없었던 것 같아요. 그것이 당연하고 원래 그런 것으로 느껴지는 이유는 모두가 그 과정에 익숙해져 있기 때문이에요. 초등학교 때 처음으로 '수준 평가'라는 걸 경험한 뒤로, 배정받은 수준에 따라 반이 편성되는 걸 당연하게 생각하는 거죠."

"고등학교 시절을 되돌아보면 줄 세우고 편 가르는 게 일상적이었다는 걸 깨닫게 돼요. 해마다 우리는 같은 '지능 수준과 능력'을 가진 한 덩어리인 것처럼 몰려다니며 수업을 받았어요. 학교가 정해준 대로요. 수준이 올라가거나 내려가는 경우는 흔치 않았어요. 그럴 때면 시간표를 몽땅 새로 짜야 했어요. 수준별 수업은 시간이 정해져 있어요. 그래서 매일 같은 애들과 같은 수업을 들으면 그렇게 시간표가 정해지는 거예요. 우등반 수업 말고 일반 수업을 듣고 싶어도 시간표를 그렇게 짤 수가 없어요. 목공부터 그래픽 디자인, 생물학, 화학까지 고등학교의 모든 수업이 수준별로 편성되었어요. 반 편성이 되지 않은 수업은 선택하는 게 불가능했어요."

교사와 학생은 학교 안에 있기 때문에 특권과 유리함의 체제가 어떻게 작동하는지 알아차리기 힘들다. 우리가 교육체제에 쏟아부은 게 많거나 교육체제가 우리를 적응시켰거나, 우리가 그 체제에서 이익을 얻기 때문이다. 경제학자 새뮤얼 볼스와 허버트 긴티스는 우리가 할 수 있다고 생각하는 것과 우리가 졸업 뒤에 (사회·경제적 지위와 인종을 비롯한 여러 요인을 바탕으로) 자신과 남에게 기대하는 것을 학교가 은연중에 결정한다는 사실을 1970년대에 경제학 데이터를 가지고 밝혀냈다.

그 후 30년 뒤인 2001년에 두 사람이 자신들의 연구를 재검토했을 때도 이들의 주장은 여전히 건재했다. 지금껏 쏟아져 나온 자료와 연구들은 두 사람이 생각한 것보다 학교의 영향을 더 훌륭하게 뒷받침했다. 재능이 학교생활에서 중요한 것은 틀림없지만, 볼스와 긴티스는 이것이 다가 아니라고 말한다. 1970년대에 두 사람은 "현대 기업의 위계적 구조에서 불평 없이 제 역할에 충실하게끔 사람들을 사회화함으로써 성인의 직무 규칙에 적합하게 만드는 것이야말로 학교가 하는 일"이라고 주장했다. 볼스와 긴티스는 학교가 이른바 '대응 원리'를 통해 사회적 상호작용과 개인적 보상을 구조화하여 직장에서의 상벌 체계를 학교에 도입했다고 말했다.[23] 다시 말해서 교육은 공정하고 모두에게 개방된 것처럼 보이지만 실제로는 사회적·경제적 지위를 매우 효과적으로 재생산하는 수단으로서 경제적 불평등을 정당화한다. 내가 면담했던 사람들과 학생들은 이것을 인식하기가 쉽지 않다고 말한다. 잘 '보이지' 않으니까.

학교가 가르치는 '숨겨진 교과'

1960년대의 급진적 교육비평가들은 학교가 자애로운 교육기관이 아니라 우리 사회에서 가장 약하고 힘없는 사람들을 식민화하고 각인시키고 틀에 끼워 맞추는 기관이라고 생각했다. 볼스와 긴티스가 주장하듯이, 또한 이 장 첫머리에 인용한 토플러의 글에서 보듯이, 학교는 우리에게 가치와 생각의 '숨겨진 교과'를 가르치며 우리를 빚어내는 규범과 가치에 의문을 품지 못하게 만든다. 어떻게 보면 학교는 숨겨진 교과, 즉 학교가 실제로 의도하고 뒷받침하는 능력, 신념, 경험을 생산하는 역할을 '매우 훌륭히' 수행하고 있는지도 모른다. 문제는 이러한 기술과 지식이 새로운 시대를 살아가는 우리에게 그다지 유용하지 않다는 것이다. 하지만 숨겨진 교과를 간파하는 것은 여전히 어려운 숙제다.

한 젊은 교사는, 성적 우수하고 교사에게 총애를 받아온 학생이었던 자신이 학교의 심리적 영향을 폭로하는 양심적 고발자로 돌아서게 된 과정을 책으로 펴냈다. 이 책은 학교가 숨겨진 교과를 주입하는 행위를 가장 정확히 보여준다. 교사 크리스턴 애클스 모리슨은 2007년에 출간한 《자유 학교에서 가르친다는 것Free School Teaching》에서 자신이 학교에 다닐 때 친구들에게 무관심하고 교과목의 의미를 생각하지 못했으며, 자신의 참 존재와 욕망, 경험으로부터 동떨어져 있었다고 말한다. 또한 자신이 학교에서 서열을 주입받았으며(우등반 학생들은 열등반 학생들과 완전히 다른 수업과 대접을 받는다.), 끊임없이 외부의 평가에 집착하여, 더 많은 것을 배우고 자극을 받으려는 열망을 억누르면서까지 외부의 인정을 받으려고 애썼다고 말한다.

마지막으로, 모리슨은 학교가 인지적·행동적 의존을 심어준 은밀한 수법을 서술한다. "외부 평가자들은 내가 순종적이라고 칭찬했다. 서커스용 고리 하나를 뛰어넘어 통과하면 다음 고리에 도전할 수 있는 입장권을 받고 졸업할 터였다. 그래서 나는 사회가 내게 제시한 논리를 받아들여 계급과 지위와 그 밖의 것들을 '소비'했다. 다시 한 번 인지적·행동적으로 의존적이 되었다. 이런 식으로 학생들은 복종이 최상의 가치이고 자신의 진짜 감정과 욕망과 관심사를 억눌러야 하며, 만일 규칙을 어기려면 몰래 어겨야 한다는 사실을 배운다."

교사가 된 뒤에, 모리슨은 자신이 숨겨진 교과를 얼마나 속속들이 배웠는지 깨달았다. 자신을 가르친 교사의 잘못을 되풀이하고 싶지는 않았지만, 원치 않았던 모습이 자신에게도 있음을 목격했다. 자신의 교수법이 학생 시절에 그토록 속속들이 배운 숨겨진 교과를 자기 학생들에게 그대로 전달하는 것이었음을 알게 된 것이다. 모리슨은 자신의 깨달음을 이렇게 설명한다. "아이들을 가르친 지 3년째 되었을 때다. 점심시간이 되면 아이들을 이끌고 식당으로 가는데, 복도에서는 가지런히 한 줄로 서서 조용히 오른쪽으로 걸어야 한다. 그러다 우리 반 여자아이 두 명이 나란히 걸으며 웃고 떠드는 것을 보았다. 떠들지 말고 한 줄로 서서 가라고 명령했더니 그대로 따랐다. 권력의 맛을 보았다."

모리슨은 대학원에 입학해 학교의 숨겨진 교과에 대해 배우기 전에는 학교의 관행에 대한 불편한 느낌을 표현할 방법을 몰랐으며, 자신의 경험을 개념화할 방법이 없었다고 말한다. "'숨겨진 교과'의 개념을 접하고 내 눈이 열렸다. 학생으로서, 또한 교사로서 겪은 경험을 반추하니 내가 숨겨진 교과를 배우는 데 뛰어난 학생이었음을 깨달았다. 교사가 된 뒤에는 숨겨진 교과를 아무 생각 없이 학생들에게 가르쳤다는 것도……. 교육 비판 서적을 읽고서야 나의 학교생활을 이해할 수 있었다. 비로소 학교 교육에 대해 불편했던 느낌을 표현하고 교육의 대안적 목적을 인식할 수 있었다. 교육을 한 가지 측면에서만 생각할 필요가 없으며 다른 관점이 존재한다는 사실을 알게 되었다."[24]

모리슨을 비롯한 급진적 교육비평가들이 설명하는 이 '깨달음'의 과정은 교육의 문화와 기본구조를 개혁하고자 하는 많은 사람들의 목표이기도 하다. 교육체제를 근본적으로 재평가하고 재검토해야 한다는 것은 누구나 인정하지만 변화를 가져오기 위해서 정확히 무엇을 해야 하는지 알아내기란 불가능에 가깝다. 다행스럽게도 교육계에서 차터스쿨 운동과 같은 혁신적인 교육 실험을 감행한 덕분에 새롭고 희망적인 형태의 학교가 실제로 존재한다.

학교에 대한 새로운 생각

교사로서 생각건대, 벽돌과 시멘트로 지은 학교 교실에서 하는 강의식 수업은 차츰 사라질 것이다. 원격 교육이 일반화되고 학생은 재능과 관심사에 따라 맞춤형 교육을 받을 것이다. 하지만 내가 아직도 생각의 틀을 벗지 못하고 미래에 대한 개념과 전망이 부족한 건 아닌지 걱정될 때가 있다. 세상은 급속히 변하고 있으며, 나는 21세기 학습자의 요구를 충족하기 위해 할 수 있는 모든 것을 하고 싶다.

- 돈 셰퍼드 포프(고등학교 교사)

학교를 바라보는 또 다른 시각이 그 모습을 드러내고 있다. 나는 몇 년 전에 빌 멀린다 게이츠 재단의 의뢰를 받아 미네소타 주에 있는 한 혁신 고등학교를 분석하여 보고서를 쓴 일이 있다. 미국은 도시에 따라서는 고등학교 중퇴율이 60%에 이르고, 공립 고등학교 학생의 절반은 학교 공부가 재미없고 피상적이며 지루하다고 생각한다. 이런 현실에서 고등학생을 위한 새로운 교육 모델을 찾고 있던 나에게 미네소타 주 뉴컨트리 스쿨MNCS은 청소년 교육에 대해 새롭게 생각하는 계기가 되었다.

미네소타 주 시골에 자리 잡은 MNCS는 오로지 과제 중심 학습만을 진행하는 학교로, 정해진 수업이나 교과과정이 전혀 없다. 학교를 운영하는 교사협의회가 교사의 역할을 정하며 교장도, 교무실도 없다. 1년 내내 학사 일정이 진행되며, 교육 자료로는 주로 인터넷을 활용한다. 수업은 엄격하게 이루어진다. 학생들은 몇 주에 한 번씩 과제보고서를 학교에 제출해야 하며, 졸업하려면 논문에 버금가는 독자적 과제를 해내야 한다. 학교의 공동 설립자가 말하는 MNCS의 가장 중요한 특징은 '고등학생들에게 다른 방식으로 말을 건넨다는 것'이다. "우리는 엄격하면서도 혁신적입니다."

학교의 외관을 살펴보면, 우선 건물 안에는 벽이 하나도 없다. 1500제곱미터의 공간이 대부분 탁 트여 있어서 마치 IT 기업의 사무실을 닮았다.[25] 여기저기에 이동 칸막이가 있고 학생과 교사가 쓰는 작업대와 탁자가 놓여 있다. 고등학교의 정규 교과나 정해진 하루 일과, 수업 시간, 자기 반 따위는 없지만 뛰어난 시험 성적과 대학 진학률을 자랑한다. 공동 설립자는 뿌듯한 표정으로 이곳 학생들이 '생각이 있는 시골 아이들'이라고 말한다. 내가 MNCS를 방문한 때는 초창기였다. 이제 이 학교는 고등학교 교육을 변화시킬 큰 틀을 보여주는 전국적 모델이 되었다.

다음 글은 MNCS의 여느 때 풍경을 묘사한 것이다.[26]

- 학교 곳곳에 전시된 학생들의 과제물을 살펴보고 신문과 교육계 잡지에 실린 기사를 읽으면 알 수 있듯이, 이 학교의 교과과정은 거의 전적으로 학생이 주도하고 시작한다. 미네소타 주의 고등학교 졸업 요건을 충족해야 하지만, 이 요건은 대략적인 틀에 지나지 않는다.

- 학생들은 미네소타 주의 교과 규정에 따라서 해마다 과제를 10개씩 수행하며(각 과제에 100시간을 할애한다.) 매일 자문 교사와 협의한다.

- 학생들은 자문 교사와 협의하여 일정을 짜며 과제의 진행 현황을 매일 보고한다. 대개 5주간에 한 과제를 진행하며, 과제를 하나 끝내면 1주일 동안 쉴 수 있다.

- 자문 교사 한 명이 15~17명의 학생으로 이루어진 소규모 집단을 맡으며, 집단의 결속력이 강하다. 각 집단에는 14~18세의 학생들이 섞여 있다. 학생들은 2~4년 동안 같은 자문 교사와 함께 공부한다.

- 아침 회의, 전교생 점심시간(11시 30분)과 읽기 시간(12시~12시 30분) 등의 하루 일정은 느슨하지만 세심하게 짜여 있다.

- 학생들의 과제는 대부분 엄밀하고 꼼꼼하며 정교하다. 각 과제는 자신의 다른 과제와, 또한 다른 학생의 과제와 주제 면에서 연결되어 있으며 일관성이 있다.

- 1년에 몇 차례씩 공개 발표가 있다. 부모와 이웃주민, 다른 학생들과 교사에게 자신의 과제 발표를 하면 비로소 과제가 완료된다.

• 학교 분위기는 조용하고 진지하다. 학생들은 자발적으로 열심히 참여하며 80~90%가 집단으로 또는 짝을 이루어, 자문 교사와 또는 혼자서 자신의 학습 목표를 추구한다. 내가 관찰하는 동안 딴짓을 하는 학생은 거의 없었으며 학생을 감시하거나 벌주는 교사도 없었다. 어떤 학생도 농땡이를 부리지 않았다. 학생들은 매우 친하게 지냈으며 끼리끼리 뭉치거나 남을 따돌리지 않았다.

• 학생, 자문 교사, (최소 인원의) 행정직원은 진심으로 행복해 보였다. 학생들은 "학교가 너무 재미있어요!" "학교 가는 게 즐거워요!"라고 말한다. MNCS의 분위기를 한마디로 표현하자면 '행복한 진지함'일 것이다.

• 최근 MNCS 졸업생 전원이 상급 학교에 진학했다. 90%가 대학입학시험ACT을 치렀으며 20%가 우등생 장학금을 받았다. MNCS 학생들의 2005년 ACT 평균 점수는 23.3으로 전국 평균인 20.9를 웃돌았다.

• 부모들은 자녀들의 학교생활에 적극적으로 참여하고 만족해하며 학교 사정을 잘 안다.

공동 설립자에게 어떤 학생이 MNCS에 가장 알맞으냐고 물었다. 그는 잠시 생각하더니 이렇게 대답했다. "무엇을 배울지에 대해 선택권을 행사하고자 하는 학생이라면 누구나 적합합니다. 아이들은 처음에는 수동적이지만 이내 훌륭하게 적응합니다. 무엇을 배울지 스스로 결정하고 싶어 하는 아이(기회만 충분히 준다면 다들 그렇게 하고 싶어 합니다!)라면 누구나 이곳에서 잘 해나갈 수 있습니다."

MNCS는 여느 학교와 다른 분위기에서 온갖 종류의 학생들을 성공적으로 가르쳤다. 공동 설립자이자 자문 교사인 디 토머스는 사람들이 재능 있는 학생들만 이 학교에 다닐 수 있다고 오해한다며 "여기 학생들은 모두 어떻게 배워야 하는지 아는 재능을 얻어 졸업합니다." 라고 말한다.

MNCS를 비롯하여 빌 멀린다 게이츠 재단 웹사이트[27]에 소개된 소규모 혁신 학교들과 비교하면, 일반 학교들은 시대에 뒤떨어진 것처럼 보인다. 면박과 비난을 통한 훈육, 교사 중심의 학습, 저차원적 평가, 감옥 같은 시설은 이제 한물갔다.

학교의 틀을 바꾸고 교육에 대한 생각을 새롭게 하고 싶어 하는 수많은 개혁가들이 말하듯, 가르치고 배우고 학생을 한 인간으로 길러내는 방식은 이미 새로운 시대를 맞고 있다. 문제는 학교가 이러한 변화를 따라잡을 수 있느냐다.

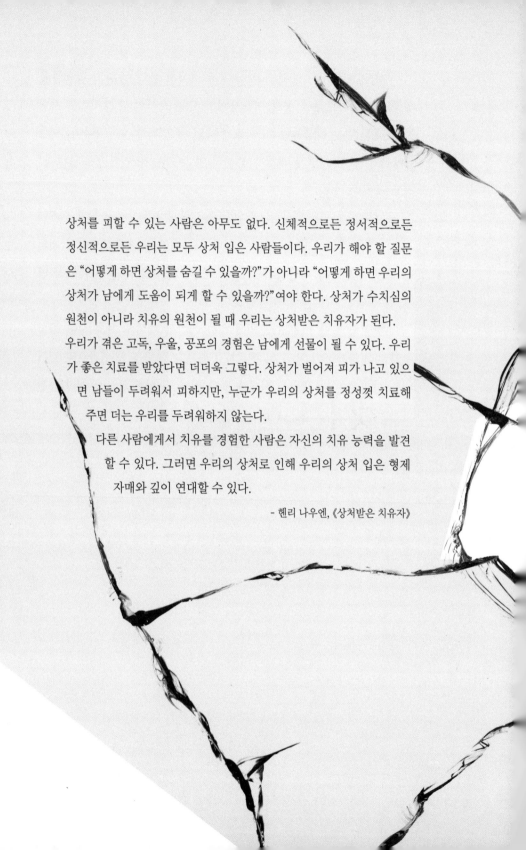

상처를 피할 수 있는 사람은 아무도 없다. 신체적으로든 정서적으로든
정신적으로든 우리는 모두 상처 입은 사람들이다. 우리가 해야 할 질문
은 "어떻게 하면 상처를 숨길 수 있을까?"가 아니라 "어떻게 하면 우리의
상처가 남에게 도움이 되게 할 수 있을까?"여야 한다. 상처가 수치심의
원천이 아니라 치유의 원천이 될 때 우리는 상처받은 치유자가 된다.
우리가 겪은 고독, 우울, 공포의 경험은 남에게 선물이 될 수 있다. 우리
가 좋은 치료를 받았다면 더더욱 그렇다. 상처가 벌어져 피가 나고 있으
면 남들이 두려워서 피하지만, 누군가 우리의 상처를 정성껏 치료해
주면 더는 우리를 두려워하지 않는다.

　　다른 사람에게서 치유를 경험한 사람은 자신의 치유 능력을 발견
할 수 있다. 그러면 우리의 상처로 인해 우리의 상처 입은 형제
자매와 깊이 연대할 수 있다.

- 헨리 나우엔, 《상처받은 치유자》

치유

4장 치유는 어떻게 이루어지는가

왜 어떤 사람들은 슬픔을 겪은 뒤에 오히려 강해지는가?

왜 어떤 사람들은 괴롭고 우울하고 불안한가?

- 니니 라이크와 매리앤 데이비드슨닐슨, 《고통의 치유》[1]

"성공의 끈이 필요했어요"

하버드 교육대학원에서 신경인지과학을 연구하는 토드 로즈는 고등학교를 중퇴하고 창고 직원으로 일하다 늦깎이로 학문의 길에 들어섰다. 토드는 젊은 모르몬교 부부의 큰아들로 태어났다. 임신 당시 그의 부모는 둘 다 10대였다. 토드의 어머니가 말했다. "토드를 가졌을 때 우리 관계가 앞으로 어떻게 될지도 몰랐어요."[2]

토드는 귀엽고 활기찬 아이였지만, 자기 말로는 '격동'의 어린 시절을 보냈다고 한다. "저는 지나치게 활동적이었고 다소 폭력적이었습니다." 토드는 저학년 때부터 과제나 숙제를 끝내고 교실 규칙을 따르고 학교생활을 잘해내는 게 힘들었다고 한다. "아이들은 자라면서 또래친구들을 닮고 싶어 합니다. 어딘가에 소속되고 남들에게 사랑받고 싶어 하죠. 저는 제가 남들과 똑같은 줄 알았습니다. 남들이 왜 저를 긍정적으로 대하지 않는지 몰랐습니다." 자신의 행동이 다른 사람의 눈에 어떻게 비치는지 알려주는 사람이 없었기 때문에, 토드는 학교에서 늘 말썽꾸러기였다. 토드는 후회스러운 표정으로 그 당시를 회상했다. "부모님께서 학교에 가시면 비참한 대접을 받으셨어요. 최선을 다하셨지만 젊고 미숙했죠. 학교에서는 저를 도우려 했지만 오히려 피해만 끼치고 말았어요." 토드의 부모는 아들이 특별하다는 사실은 알았지만 좋은 뜻의 '특별함'은 아니었다. 토드의 아버지가 말했다. "아들 녀석이 정말 영리하다는 건 진작 알았습니다. 커서 아주 영리한 범죄자가 될 거라 생각했죠."

학교가 주는 상처와 그 상처를 치유한 이야기에서 으레 볼 수 있듯이, 토드는 학교에서 좌절을 겪고 또 겪었다. 토드가 7학년 때였다. 시에 대해 배우는 수업에서 교사가 가장 멋진 시를 짓는 학생에게 특대형 스니커즈 초코바를 주겠다고 약속했다. "특대형 스니커즈는 한 번도 못 봤던 거라서 흥미가 생겼습니다. 그래서 집에 돌아가 이틀 동안이나 식탁에 앉아 시를 썼죠. 제가 1등을 할지도 모른다는 기대를 해볼 만큼 근사한 시라고 생각했습니다. 1주일 뒤에 시를 돌려받는데 얼른 점수를 확인하고 싶어서 좀이 쑤셨습니다. 그런데 1등은커녕 F를 받은 겁니다. '쳇, 그렇게 형편없는 시는 아니었는데.'라고 생각했죠. 그래서 왜 이런 점수를 받게 된 거냐고 물었더니 선생님께선 '이 시를 네가 썼을 리 없어. 그건 말도 안 돼. 이렇게 훌륭한 시를 네가?'라고 대답하셨습니다."

그 뒤로 토드는 학교에선 아무것도 열심히 하지 않겠다고 마음먹었다. '그만둘 거야. 정말 그만둘 거야!'라고 생각했다. 고등학교 3학년 때 토드는 대부분의 과목은 낙제 점수를 받았는데 유럽사만은 A를 받았다. 유럽사는 토드의 고등학교에서 어렵기로 손꼽히는 과목이었다. 하지만 사람들은 토드가 공부에 재능이 있으면서도 노력하지 않았다고 오히려 화를 냈다. 결국 토드는 고등학교 졸업장을 받지 못했다.

그 당시에 토드는 학교로 돌아갈 생각이 전혀 없었다. 자기 자신을 공부도 못하고 말썽이나 피우는 낙오자로 치부했기 때문이다. 토드는 운동에 재능이 있었지만 가는 팀마다 학업 성적이 나쁘다는 이유로 퇴짜를 맞았다. 고등학교 시절에 아르바이트라는 아르바이트는 다 해봤지만 처음엔 열심히 하다가도 싫증이 나면 내키는 대로 행동했다.

공부를 하는 데도 토드는 대책 없는 학생이었다. "어떻게 하면 시험을 망칠까 하는 궁리만 했습니다. 책을 읽어보면 우리에게 무한한 능력이 있다고 하지만, 학교에서는 그런 느낌을 전혀 못 받았습니다. 저 같은 애들이 늘 듣는 말은 '네가 열심히 안 해서 그래.'였습니다. 어떻게 보면 칭찬이기도 합니다. 잠재력이 있다는 말이니까요. 하지만 소질도 없는 일을 열심히 할 사람이 누가 있겠습니까? 아무도 없죠." 토드는 고개를 저으며 말했다. "학교생활을 잘 못하는 애들은 그때그때 순간에 아주 예민하게 반응합니다. 나쁜 일이면 더 심하게 반응하죠. 이런 순간들이 모여서 삶이 되고 자기 자신이 되는 겁니다. 선생님들이 툭 던진 한마디 한마디가 제겐 커다란 영향을 미쳤습니다. 학교는 배움을 향한 저의 열정을 꺼뜨렸습니다. 지금은 저의 가장 큰 기쁨이 배움의 기회를 얻었다는 것이니까, 참 재미있는 일이죠. 제가 과학을 좋아하는 데는 이런 이유도 있습니다."

　　다니던 고등학교를 졸업하지 못한 채 가족이 유타 주로 이사를 하면서 토드는 새 학교로 전학했다. 새로운 고등학교에서 토드는 예전 학교에서 미식축구 선수였고 인기가 많았던 한 학생을 흉내 내기로 마음먹었다. 그 친구가 썩 잘생기거나 똑똑하지는 않았으니 자신도 얼추 비슷하게 흉내 낼 수 있을 거라고 생각했다. "모방은 훌륭한 학습 방법입니다. 걔라면 어떻게 했을지 상상해서 그대로 하려고 했습니다. 그 애의 행동거지를 따라 하면 친구들이 저를 좋아할 거라고 생각했죠. 그런데 정말 효과가 있었습니다!" 토드가 학교에서 인기를 얻고 인정을 받자 몇 가지 변화가 일어났다. 이제는 집중하여 계획을 세우고 실행하면 성공을 거둘 수 있었다. 확실한 동기가 있었기 때문이다. 토드가 활짝 웃으며 말했다. "새 사람이 될 수 있었어요. 제 일대기를 새로 쓸 수도 있었죠. 그 유명한 미식축구 선수 마이크 앤더슨이라도 될 수 있을 것 같았어요!" 토드는 아무리 애써도 성적과 학교생활이 나아지지 않는 아이들에게 지리적 이동이 중요한 계기가 될 수 있다고 조언했다. 자신의 역사를 새롭게 쓰기 시작할 수 있다는 것이다. "여기서 배운 게 있습니다. 저도 할 수 있는 게 있다는 걸 배웠죠. 변화를 겪었고, 그로 인해 큰 깨달음을 얻었습니다. 그때부터 자신감이 생기기 시작했습니다."

　　토드의 치유 과정에서 또 다른 전환점이 된 것은 여자 친구의 임신이었다. 자신이 아버지가 된다는 사실을 안 것은 토드가 스무 살도

되기 전이었다. "첫애가 생겼을 때 아내와 저는 열아홉 살이었습니다. 병원에 앉아 있었던 기억이 어제 일처럼 생생하게 떠오릅니다. 아내는 분만을 한 뒤에 잠이 들었고, 의사가 제게 아들을 안아보고 싶으냐고 묻더군요. 좋다고 대답했죠. 머릿속이 텅 빈 것 같았습니다. 멍하니 앉아 있는데 갑자기 이런 생각이 들었습니다. '이제 나는 홀몸이 아니야. 변해야 해. 내게만 의지하는 아내와 자식이 있으니까.' 가슴이 벅차올랐습니다."

하지만 삶을 한순간에 바꿀 수는 없었다. 토드는 기적은 없었다고 말했다. 아들이 태어나자 토드는 정규직으로 일하면서 대입 검정고시GED에 합격했다. 토드는 이 일을 '사소한 성취'로 표현했다. "시험이 아주 쉽거든요." 몇 달 동안 대학 입학에 대해 운을 뗐더니 마침내 아내는 한 지방 대학을 찾아가 토드를 야간반에 입학시켰다. "아내는 언제나 저를 신뢰했습니다. 제가 할 수 있다고 생각했죠. 우리는 함께 자라 절친한 친구가 되었고 서로 의지하며 삶을 꾸려왔습니다. 나를 믿어주는 사람, 내가 성공할 수 있다고 믿는 사람이 있다는 것이야말로 제 인생에서 가장 중요한 부분입니다."

대학에 입학한 토드는 처음에는 심리학이나 경제학처럼 흥미가 있고 쉬운 수업만 골라 들었다. 토드의 아버지는 마음에 끌리는 과목만 들으라고 조언했다. 그래야 처음의 마음가짐이 흔들리지 않는다는 까닭에서였다. "지금껏 들어본 조언 중에 가장 도움이 됐습니다." 모두의 예상을 뒤엎고 토드는 A학점을 받기 시작했다. 또한 토드는 ADHD 약을 먹기로 결심했다. 처음 진단을 받은 것은 7학년 때였다. "그때는 딴 애들과 다르다는 게 싫어서 약을 안 먹었습니다. 대학에 들어온 뒤에 약을 먹어야겠다는 생각이 들었습니다. 덕분에 마음을 다잡을 수 있었죠." 토드가 중도에 포기하는 것을 숱하게 보아왔던 가족은 저러다 제 풀에 지쳐 나가떨어지리라 생각했지만, 이번에는 달랐다. "대학에서 능력을 발휘하니까 교수님들께서 저를 성공한 학생의 본보기로 치켜세워 주셨습니다. 실제로 가장 뛰어난 학생이기도 했고요. 처음에는 무척 어색했습니다. 언제가 한 번은 보고서를 안 냈더니 교수님께서 '토드 군, 자네답지 않군!'이라고 말씀하시더군요. 속으로 '아니요, 이게 바로 제 모습인걸요.'라고 했죠. 제가 바뀌고 있다는 것을, 사람들이 저를 다르게 본다는 것을 깨달았습니다. 사람들이 저를 성공한 사람으로 대우하는 건 엄청난 변화였습니다. 고등학교 친구가 한 명이라도 있었다면 저는 대학을 못 다녔을 겁니다. 제 과거를 아는 사람이 있었다면 당장 달아났을 거예요." 자신을 새롭게 인식하고 성공적인 사람으로서의 정체성을 얻고 남에게 인정받은 것 또한 토드의 여정에서 전환점이 되었다.

두각을 드러내며 대학 생활을 하게 되자 토드는 대학원에 진학하면 어떨까 하는 생각이 들었다. "어처구니없는 생각이었죠. 처음에는 언뜻 지나가는 생각이었습니다. 심리학과 신경과학을 좋아한 건 사실입니다. 대학에서 제 두뇌가 한계에 도달하는 지점을 찾고 싶었습니다. 그래서 아주 어렵겠다 싶은 과목을 수강했죠. 해부학을 들으면 되겠지, 통계학이라면 충분히 어렵겠지, 그러다 모든 과목에서 좋은 성적을 거두었고 조교 자리를 제안받았습니다."

토드는 졸업을 앞두고 여러 교수와 지인의 격려 속에 여러 대학원 과정에 지원했다. 하버드 대학교에 진학하는 것은 '어림없는 꿈'이라고 생각하면서도 별 기대는 하지 않은 채 지원서를 제출했다. '안 될 이유 없잖아?'라는 생각이었다. 어느 날 토드가 학교에 있을 때 하버드 교육대학원 교수가 집으로 전화를 걸었고, 아내가 전화를 받았다. 토드가 집에 돌아오자 아내는 환한 미소를 지으며 말했다. "커트 피셔 교수님이 전화하셨어. 당신 합격했대." 토드는 말문이 막혔다. 도무지 믿을 수 없어서, 처음에는 대학 입학처가 실수를 했을 거라고 생각했다. 토드는 피셔 교수에게 전화를 걸었지만 입이 떨어지지 않았다. "의자에 멍하니 앉아 있었습니다. 아무 말도 떠오르지 않더군요. 제가 그토록 존경하던 분과 전화가 연결되었는데 무슨 말을 해야 할지 몰랐습니다."

대학원 공부는 호락호락하지 않았지만 토드는 지적인 열정을 쏟아부을 대상을 발견했으며, 이는 그의 삶에 활력과 목적의식을 선사했다. "저는 과학이 좋습니다. 과학의 철학, 과학의 사고방식이 제가 자라면서 배운 것과 어찌나 다르던지, 처음 접하는 순간 마음을 빼앗겼습니다. 어릴 적에 제 주위에는 모르몬교 신자들뿐이었습니다. 모르몬교의 출발점은 '확실성'입니다. 모르몬교가 유일한 진짜 교회라는 것, 이것이 '자명한 사실'이죠. 그런데 과학은 다릅니다. 완전히 다른 토대에서 출발하죠. 우리가 아무것도 모른다고 가정하고 거기에서 시작하는 겁니다. 제 마음에 꼭 들었습니다. 결국 문제는 자신의 마음을 바꿀 의지가 있는가입니다. 마음을 바꾸려면 어떻게 해야 할까? 그게 제 관심사죠."

하버드 교육대학원에서 정신·뇌·교육 과정으로 박사 학위를 취득하고 하버드 천체물리학 연구소에 연구원으로 재직 중인 토드의 장래

꿈은 무엇일까? "저는 큰 꿈이 있습니다. 과학자가 되고 싶습니다. 과학 분야에 이바지하고 싶습니다. 학습장애가 있는 아이들에 대한 인식과 이 아이들을 대하는 태도를 근본적으로 바꾸고 싶습니다. 학교는 시대에 뒤떨어진 기관입니다. 아이들을 평가하는 방법 중에 쓸모없는 것이 많습니다. 증거는 분명합니다. 어떻게 아이들을 도울 수 있는지 알지만 학교가 요지부동입니다. 학교를 바꿀 수 있으면, 그래서 이 아이들이 제가 겪은 일들을 겪지 않게 할 수 있으면 의미 있는 일이죠." 연구하고 논문도 쓰고 있는 토드는 '학교에서의 학습' 분야에서 촉망받는 인지 관련 연구자이기도 하다.

토드에게 자신이 학교에서 받았던 대우에 뭔가 문제가 있다는 생각이 든 적이 있느냐고 물었다. 토드는 망설이지 않고 학교가 자신을 이해하고 규정한 방식이 자신에게 중요한 영향을 미쳤다고 말했다. "공립학교 시절에 저는 사람들 말에 끼어들고 건방지고 수업 시간에 쓸데없는 말을 한다고 늘 손가락질을 당했습니다. 말썽꾸러기, 악동, 멍청이, 바보라는 소리를 들었습니다." 토드는 지금의 대학원 생활을 이렇게 표현한다. "저는 예전과 똑같은 사람이고 똑같은 행동을 하지만, 이곳에서는 똑똑하고 재치 있고 생각이 깊다는 소리를 듣습니다."

자신이 남과 똑같은 사람이며, 다만 다르게 받아들여질 뿐이라는 사실을 깨닫는 순간, 토드는 미래에 대한 생각이 바뀌었고 학교를 변화시키고 싶다는 생각이 활활 타오르기 시작했다. "제게 일어났던 모든 일은 일어날 필요가 없는 일이었습니다. 그래서 슬픈 겁니다. 이런 현실을 바꾸고 싶습니다." 토드의 눈에서 눈물이 흘러내렸다.

학교가 주는 상처는 보이지 않을 때가 많다

사별로 인한 고통을 치유하는 애도 상담가들은 슬픔, 근심, 상실감 등 자신의 모순된 온갖 감정이 진짜라는 사실을 인정하는 것이야말로 상처에서 회복되는 첫 단계라고 말한다. 상처를 입었다는 엄연한 현실을 받아들이시 않으면 상실감, 근심, 치유를 이해할 수도, 활력을 되찾을 수도 없다. 하지만 학교에서 받은 상처를 인정하는 것은 매우 고통스럽고 막막한 일이다. 우리 사회는 학교가 상처를 준다는 사실을 부인하는 문화가 뿌리 깊게 자리 잡고 있다. 대다수 사람들은 우리가 받은 축복이 교육 덕분이라고 생각하고 학교에 갈 기회를 얻은 것에 감사한다. 반면, 교육에 대한 불만과 상처는 자신의 능력 부족 때문이라고 생각하도록 평생에 걸쳐 교육받았다.

우리는 대부분 학교에서의 성공과 실패를 자신의 탓으로 돌리고 이를 둘러싼 문화적 환경에는 주목하지 않는 경향이 크다. "나는 부유한 가정에서 자라서 학교생활을 잘해!"가 아니라 "나는 진짜 똑똑해. 그래서 학교생활을 잘하는 거야!"라고 생각한다. 마찬가지로 실패도 자기 탓으로 치부한다. 내가 면담했던 거의 모든 사람들은 학교생활에서 어려움을 겪은 이유가 자신이 최선을 다하지 않고 게으름을 피우고 노력하지 않아서라고 믿었다. 60대 노인이 말한다. "상처받았다고 느낄 '권리'가 제게 있다는 생각은 한 번도 못 했어요. 학교에 의문을 품는다는 건 있을 수 없는 일이었죠."

정신요법 의사이자 캘리포니아 주 뉴포트비치 가족치료센터 설립자인 데이비드 스투프는 부모의 무관심과 학대, 배우자의 불륜, 근친상간 등으로 인한 심각한 정신적 상처에서 치유되는 '길'에 대해 혁신적인 연구 성과를 내놓았다. 스투프는 상처를 부인하는 것이 치유의 심각한 걸림돌이라고 말한다. 상처를 부인하면 정신적 상처가 오히려 커지기 때문에 내적인 분노를 놓아버리고 용서하고 침착하고 단호하게 나아가지 못한다는 것이다. "우리가 상처를 입는다는 사실을 받아들여야 한다. 우리는 다른 누군가의, 또는 우리 자신의 행동 때문에 고통을 받았다. 설상가상으로 '다른 누군가'는 대개 우리와 매우 가까운 사람이다. 우리가 선택할 수 있는 길은 둘뿐이다. 진실을 받아들이거나 부인하거나. 상처를 부인하면, 억누르고 마음속에 꽁꽁 담아두면, 분노가 더 커지고 치유 과정이 중단될 뿐이다."[3]

애도와 상실을 연구하는 니니 라이크와 매리앤 데이비드슨닐슨도 이른바 '애매한 상실'이라는 고통스러운 현상에 대해 이야기한다. 이러한 상실이 '불분명한' 이유는 그 결과를 명확하게 표현하기 힘들고 주위에서 알아주지 않으며 자신에게 분명히 인식되지 않기 때문이다. "상실을 인정하지 못하면 스트레스가 생긴다. 상실을 받아들이면 슬픔의 감정을 다스려 스트레스를 건전하게 해소할 수 있다."[4]

면담자들에게 무엇보다 고통스러웠던 것은, 학교에서 무언가를, 우리 사회가 설명지도 인정하지도 않는 무언가를 '상실'했지만 이것을 표현할 언어가 없고 아무도 이러한 상실을 알아주지 않는다는 것이었다. 그래서 자꾸 자기 내면으로만 파고들거나 자신을 비난하거나 모든 감정을 부인하게 된다는 것이었다. 로스라는 학생은 학습경험을 서술한 자전적 논문에서 이렇게 썼다. "내가 학교에서 실패를 겪는 것은 최선을 다하지 않아서라고 늘 배웠다. 부모님께서 그렇게 말씀하셨고 선생님께서 그렇게 말씀하셨다." 경험을 이해할 수 있는 틀이 없으면, 학생들은 학교생활을 잘하지 못하는 것이 자기 탓이라고 생각하게 된다. 오로지 자신에게만 비난의 화살을 돌리다 보면 스스로를 부인할 수밖에 없고, 결국 우울에 빠지고 배움의 기쁨을 잃어버리는 결과에 이를 수밖에 없다고 스투프는 지적한다.

학교가 주는 상처를 부인하는 사회

학교가 주는 상처를 부인하는 것은 우리 사회의 가장 지배적인 교육 담론이다. 학교가 힘든 것은 당연하다는 관념은 낙오학생방지법에서 엿볼 수 있는 훈육과 처벌의 분위기와 밀접하게 연관되어 있다. 이는 열심히 노력하고 규칙을 따르는 사람을 인정하고, 성공하지 못한 사람을 경멸하는 데서 분명히 알 수 있다. 상당수의 교육 사상, 즉 지식은 확실하며 교육의 목적은 학생에게 이러한 확실성을 주입하는 것이라는 사상이 개신교에 뿌리를 두고 있다는 것과 따로 떼어 생각할 수 없다.

이 책에 소개된 많은 사람들은 자신이 학교에 다니는 동안 배움의 기쁨에서 소외됐음을 깨닫거나 학교에서 자신의 재능을 알아주지 않아서 분노했다. 하지만 이것이 자신의 잘못이며 개인적 실패이고 자신의 결함 때문이라고 생각하는 사람도 많았다. 학생에게 배움의 권위를 부여하지 않는 학교문화는 학생들에게 받아들이고 순응하고 노력하고 '배우는 건 힘드니까 힘들게 배워야 함'을 이해하라고 요구한다.

학생에게 상처를 부인하라고 가르치기도 한다. 학생 자신이 볼 때 학업 부진이나 학습 저항이 단순히 게으르거나 무관심해서 생겨나는 것이 아니라 더 복잡한 이유에서 비롯한다고 생각할라치면, 학생들은 자신을 옹호하거나 체제를 비판해서는 안 된다는 엄포가 떨어진다. 자신의 상처가 사소한 것이라거나 "원래 그런 거야. 네가 적응해."라는

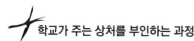

학교가 주는 상처를 부인하는 과정

1. 상처가 생겼다는 사실 자체를 부인한다.
   "괜찮아요. 학교에서 일어난 사건은 다 사소한 것들이었어요."

2. 변명한다.
   "누구나 학교를 싫어했어요! 저만 그런 게 아니에요."

3. 자신을 비난한다.
   "더 열심히 공부하고 더 똑똑하고 더 자제력을 발휘했더라면 학교에서 안 좋은 일을 겪지 않았을 거예요."

4. 학교를 다니는 목적은 세상에서 우리가 놓일 자리를 배우는 것이라고 생각한다.
   "기대를 좀 낮춰야 했어요."

5. 피상적으로 용서한다.
   "선생님께서 실수하신 게 맞아요. 누구나 그러잖아요. 선생님을 원망하지 않아요." "시험 점수가 뭐 그렇게 중요한가요?"
   우리는 피상적으로 용서하면서 자신의 진짜 감정을 부인한다.

6. 우리에게 자신의 감정을 직시하라고 말하는 사람을 비난한다.
   "꼭 희생자를 만들어야 직성이 풀리겠어요? 학교는 원래 힘든 곳이에요."

학교가 준 상처를 부인하면, 자신의 정서적 경험을 과소평가하고 상처를 남의 일로 돌리게 된다. 이러한 부인의 밑바탕에는 깊은 수치심과 후회가 깔려 있다.

식의 이야기를 듣는다. 학생 자신이 몸담은 학교체제는 약육강식의 정글이므로 참고 견디라는 것이다. 이 장 첫머리에서 소개한 토드는 학교생활을 하는 데 필요한 게 있느냐는 질문을 학교에서 한 번도 듣지 못했다. 자신에게 학습과 관련해 특별한 배려가 필요하다는 사실도, 자신이 그 자체로 가치 있는 존재라는 사실도 알지 못했다.

학교에서 받은 상처를 개인 사원에서, 즉 배움의 기쁨을 부인당하는 측면에서 규정하는 담론이 없기 때문에 상처에 대한 부인이 문화적으로 이루어진다. 그런 탓에 우리는 교육환경이 왜 이렇게 작동되는지 의문을 품지 못하게 만드는 학교체제를 폭넓고 일관된 틀에서 비판하지 못한다. 우리는 제도화된 학교 교육의 문제점을 정서적 측면에서 기술할 언어가 없다. 홈스쿨링 운동에 참여하거나 이런 주제를 다루는 비주류 저술가나 개혁가에게 열광하는 식의 개별적 대응이 고작이다.

현실적인 문제를 보자면, 교육 연구자나 정책 입안자는 학생 개개인이나 집단의 문제에 치우쳐 학교가 상처를 주게 만드는 제도적·문화적 조건에 주목하지 못하는 경향이 있다. 교육운동가 조너선 무니는 학습장애 아동과 그 부모에 대해서 이렇게 썼다. "우리는 자녀가 당면한 문제에 정신이 팔려 교육체제에 대해 꾸준히 의문을 품지 못한다. 학교 교육이나 학습에 대한 사고방식에 의문을 품고 학습장애가 어떻게 교육의 불평등이나 사회적 불평등으로 이어지는지 생각할 여유가 없다."[5]

그렇다면 사람들이 자신의 상처를 알아차리고 치유하는 과정은 어떻게 전개될까? 현 시점에서 보면 그러한 노력들은 여전히 대체로 개별적으로 이루어지며, 고통스러운 교육경험을 감내하는 지루하고도

느린 과정을 거쳐야 한다. 사람들은 자신의 상황을 제도 그 자체의 틀에서 바라본다. 하지만 이 장에서 소개하는 치유 이야기에는 여러 공통점이 있다. 심각한 학업 실패와 결점 때문에 다른 장점이 묻혀버린 사람들, 자신의 '단점'이 훌륭한 강점, 즉 재능의 그림자임을 서서히 깨달은 사람들의 이야기를 들어보자.

✦ 치유 과정의 공통점

+ "진흙에서 꽃이 핀다."라는 조녀선 무니의 좌우명.

+ 나의 단점은 뛰어난 재능의 그림자다.

+ 나는 실수로부터 배우는 데 능하다. 실수는 나 자신에 대해 무엇을 알아야 하는지 말해준다.

+ 나는 언제나 더 나아질 수 있다. 나는 높은 기대를 품고 있다.

+ 실수를 저지른다고 해서 세상이 끝장나는 것은 아니다! (화가 로버트 라우션버그의 좌우명은 "망치는 게 좋은 것이다."였다!)

+ 도전은 분명 근사한 일이지만, "넌 할 수 없어."라는 말을 듣는 것은 달갑지 않다.

+ 나를 규정하는 것은 남들이 아니라, 내가 다니는 학교가 아니라, 바로 나 자신이다.

+ 나는 자신에게 관대하다.

+ 내 마음이 어떻게 작동하는지 안다. 내 강점을 활용하고 약점을 현명하고도 전략적으로 보완한다.

"창의성은 지능의 큰 부분이다"

알바트로스

배에서 시간을 때우려 뱃사람들은

알바트로스를 붙잡는다. 거친 바다를 가로지르는

배를 무심히 따르는

커다란 새를.

갑판에 묶인, 이 창공의 군주

꼴사나운 모습이 창피한 듯

희고 커다란 날개를 가련하게도

노처럼 질질 끄는구나.

이토록 나약하고 흉할 데가! 우스꽝스럽기까지 하구나.

조금 전까지 그토록 우아하더니!

선원 하나가 부리에 파이프를 물리고

또 한 사람은 하늘을 날던,

이제는 절름발이가 된 알바트로스를 흉내 내는구나!

시인은 구름의 군주 같아라.

총알이 미치지 못하는 곳에서 폭풍을 타다가

지상에 추방되니 야유와 조롱을 받는구나.

날개가 커서 걷지 못하니.

- 샤를 보들레르, 《악의 꽃》

지난 학기에 뛰어난 재능을 가진 로런을 가르친 것은 내게 큰 기쁨이었다. 로런의 글쓰기 재능과 자기표현 능력은 남달랐다. 스무 살밖에 안 되었는데도 로런은 이미 시적인 표현을 구사하는 상당한 경지에 이른 작가다. 하지만 학교에서는 어려움을 많이 겪었고 하마터면 대학에 진학하지 못할 뻔했다. 부모님이 열성적으로 지원하고 인내심을 발휘하지 않았다면, 학생을 챙겨주는 소규모 고등학교로 전학하지 않았다면, 로런은 잠재력을 실현할 기회를 얻지 못하고 체제에서 버림받은 학생이 되었을지도 모른다.

로런의 배움에 대한 이야기는 이렇게 시작한다. "유치원 때 부모님이 학부모 상담에 참석했는데 나의 학교생활 얘기가 나왔다. 브러시 선생님은 선생님들이 모두 나를 좋아하며 내가 활기차고 익살스러워서 애들 중에서 돋보인다고 말씀하셨다. 선생님은, 하지만 걱정거리가 하나 있다며 내 어휘력이 부족하다고 지적하셨다. 이를테면 사과나 바나나, 딸기, 배 그림을 가져다놓고 이게 뭐냐고 물어보면 '과일이요!'라고 대답했다는 것이다. 이 말씀을 들은 부모님은 내가 눈을 크게 뜨고 고개를 끄덕이며 자신 있게 답을 외치는 장면을 상상하며 가슴이 철렁 내려앉았다고 하셨다. 물론 부모님은 내가 아인슈타인이 아니라는 사실을 알았고 그러기를 바라지도 않으셨다. 내 독특한 성격과 그로 인한 온갖 소동을 눈감아주셨다."[6]

초등학교 학부모 상담에서도 같은 얘기가 되풀이되었다. 정도는 더 심해졌다. "1학년 때였다. 철자 시험을 치를 때면 모리스 선생님은 나를 당신 자리에 앉히셨다. 의자가 너무 높아서 다리가 바닥에 닿지 않았다. 나는 특별한 사람이 된 것 같았다. 다른 애들은 모두 자기 자리에서 시험을 치르는데 왜 나만 선생님 책상에 앉아야 하느냐고 여쭤 보았더니, 엄마는 선생님 자리에 앉으면 집중이 잘 된다고 둘러대셨다. 이제 와 생각하니 '특별'하다는 것을 긍정적으로 생각한 것은 내게 참 다행이었다. '특별'하다는 것이 부정적인 뜻임을 알게 된 것은 한참 시간이 지난 뒤였다."

2학년이 되자 로런의 문제는 더욱 심해지기 시작했다. "수업 시간에 잡담을 한다고 자주 혼났다. 내가 부모를 잃고 진흙과 풀로 연명하는 야만인 아이라는 상상의 나래를 폈다. 학교는 좋은 점도 많았지만 내 강점은 창의력과 표현력이었다. 하지만 나이가 들면서 사회에서 용납되는 행동이 어떤 것인지 알게 되었다. 여학생다운 모습은 조용하고 차분하며 똑똑하고 열심히 공부하는 것이었다. '흉내 내기'는 해서는 안 되는 행동이 되었고, 6학년 이후로 나는 오랫동안 내게 위안을 준 나의 상상을 버렸다. 상상이 빠진 학교는 지루하고 짜증스러웠다. 공부하는 건 즐거웠지만 내가 잘하는 과목은 영어와 음악뿐이었다. 음악과 노래 부르기는 늘 좋아했다. 어릴 적부터 소질이 있었다. 내가 앞에 나가서 노래할 때, 또 교내 연극에서 처음으로 주인공을 연기했을 때, 반 아이들이 숨죽여 듣던 생각이 난다. 나의 재능이 자랑스러웠다. 얼마 지나지 않아 학교 공부와 운동만 하기에도 벅차서, 3년 동안 하던 페리윙클 퍼포먼스 연극반 활동을 접어야 했다. 학교생활로 돌아오니 과거의 문제가 그대로 되풀이되었다. 내가 왜 위층에 있는 '공부 교실' 반에 가서 페리스 선생님과 함께 수학과 읽기를 공부해야 했는지 이제는 안다. 왜 수학 시간이면 우리 반 교실을 나와서 골드먼 선생님 반에 가야 했는지 이제는 안다. 왜 학교에서 8시간을 보낸 뒤에 과외 선생님이 계신 노란 집으로 곧장 가서 수학을 배워야 했는지 이제는 안다. 과외 선생님이 뾰족하게 깎은 연필로 노란색 종이 위에 깔끔하게 필기하시던 모습이 떠오른다. 내가 수학을 이해할 수 있었던 곳은 노란 집 안, 노란 종이 위뿐이었다."

로런은 계속해서 기억을 떠올렸다. "학교가 싫어도 부모님과 친구들에게는 말하지 않았다. 시험지를 돌려받으면 재빨리 귀퉁이를 접어서 내 눈에 점수가 보이지 않게 했다. 낙제점을 받았을 때는 목에 무슨 덩어리가 걸린 느낌, 어깨를 짓누르는 실망의 무게로 등뼈가 부러질 것 같았던 느낌이 아직도 생생하다. 보충수업에 과외까지 받아놓고도 형편없는 점수를 받았다는 걸 말씀드려 엄마를 실망시키고 싶지 않았다. 과외 선생님들은 점수에 신경 쓰지 말라고 하셨지만, 나 자신을 비롯해 모든 사람의 기대를 저버렸다는 생각이 들었다. 모두에게 소리치고 싶었다. 내 잘못이 아니라고 말하고 싶었다. 하지만 마음속 깊은 곳에서는 내 잘못이라고 믿었다. 음악적 재능을 학문적 재능과 맞바꾸고 싶었던 것이 몇 번인지……. '남에게 인정도 받지 못하는 걸 잘해봐야 무슨 소용이지?'라고 생각한 기억이 난다. 초등학교 시절 내내 시험을 치렀지만 눈에 띄는 성적이 나온 적은 없었다. 고등학교 1학년 때는 수학에서 D⁻를 받는 바람에 추가 시험을 치렀다.

부엌에 서서 저녁 준비가 끝나기를 기다린 생각이 난다. 엄마가 조리대에서 눈을 들어 나를 보며 말했다. '몇 주 전에 시험 본 체스터타운에서 전화가 왔단다.' 나는 조심스럽게 물었다. '그래서요?' '시험은 정말 잘 봤는데, 네가 ADD라는구나. 리탈린을 투약하면서 경과를 보기로 했단다.' 엄마는 웃고 있었다. 여태껏 들은 것 중 최악의 소식이었는데 내가 왜 따라 웃었을까? 속상했다. 나는 즉시 방어적 태도로 돌아서서, 왜 거짓말을 하느냐고 엄마에게 화를 냈다. '난 ADD가 아니에요!'라고 고함을 질렀다. 그 순간 엄마의 얼굴에서 미소가 싹 가셨다.

나는 오랫동안 아무 말도 하지 않은 채 조리대 위의 보이지 않는 점을 뚫어져라 쳐다보았다. 어디에도 눈을 두고 싶지 않았다. 내가 ADD라니, 너무나 당황스러웠다. 이게 사실이라면 왜 그토록 오랫동안 좌절을 겪어야 했지? 왜 몇 번이고 내 머리를 탓하며 더 열심히 하라는 말을 들어야 했지? 나는 정말로 노력했다. 10년 동안 노력하고서 이제야 알았다. 내게는 '인지적 처리 부진', '시험 불안' 등을 동반하는 신경장애가 있다는 사실을. 그날 밤 내가 ADD라는 사실을 아무에게도 알리지 말라고 가족에게 선포했다.

ADD 진단을 받은 뒤로 나의 학교생활과 태도는 극적으로 바뀌었다. 내가 안절부절못한 것은 무언가를 이해할 수 있을 만큼 오랫동안 집중할 수 없었기 때문이라는 것을 알았다. 내가 두 번째 문제를 풀기도 전에 다른 아이들이 답안지를 제출해서 주의가 산만해지지 않도록 나 혼자 다른 반에서 시간 제한 없이 시험을 치렀다. 과외 선생님은 내가 조금만 잘해도 격려해주었다. 그중에서도 찬다 선생님은 내 사고방식을 완전히 바꿔놓았다. 수학을 가르쳤는데, 단순히 수학만 가르친 게 아니라 내가 정말 똑똑한 아이라고 말하고 또 말해주었다. 내가 농구 경기를 할 때도, 음악회를 할 때도 찾아왔고, 내가 스스로를 평범한 아이라고 여기게 하려고 애썼다."

로런의 이야기는 교육에 대해 잘 알고, 학생을 잘 훈육하는 학교에서 어떻게 상처를 치유하는가를 보여주는 좋은 예다. "내 지능에 대해 이해하자 교사가 되고 싶어졌다. 교실에서 애를 먹고 좌절을 겪는 게 어떤 것인지 여느 사람보다는 잘 아니까. 대학에 입학한 뒤로도 실패와 어려움을 겪기도 했지만 이제야 '똑똑하다'라는 게 뭔지 알 것 같다. 매일 새로운 것을 배우고 내가 공부하는 것에 진정한 흥미를 느낀다. 이제는 시험을 볼 때마다 나의 무지를 절감하게 만드는, 아무 의미 없는 과목에 시간을 허비하지 않아도 된다. 교사가 되면 내가 얻은 교훈을 학생들에게 전해주고 싶다. 자신을 있는 그대로 받아들이고 자신의 재능을 깨닫고 결코 포기하지 말라고."

로런이 자신의 '약점', 즉 남다른 자기 인식, 표현력, 풍부한 상상력이 실은 강점임을 깨달은 순간은 초등학교, 중학교, 고등학교의 가시밭길에서 벗어나는 전환점이었다. 그전에는 학교 공부에서 자신의 잠재력을 실현할 수 없다는 사실에 의기소침하여 안으로만 파고들고 자신의 글과 자기 자신을 숨기려 들었다. 앞에서 살펴본 토드처럼, 로런이 작가로서의 재능을 깨닫고 발휘하여 자신의 진짜 잠재력을 실현하기 시작한 것은 무대가 바뀌고 나서, 즉 대학에 입학하여 자신이 선택한, 자신에게 의미 있는 공부를 하면서부터였다.

로런은 학습자로서의 자신이 그저 상처받고 망가진 아이가 아니라 엄청난 창조적 표현 능력의 소유자임을 난생 처음으로 자각하고 있다. 이것은 로런에게 커다란 변화다. 대학 진학 상담교사가 로런의 자기소개서를 읽고, "이렇게 명쾌하고 탄탄한 글을 네가 썼을 리 없어."라며 틀림없이 표절했을 거라고 지레짐작한 것은 로런에게 아픈 기억으로 남아 있다. 토드가 7학년 때 쓴 시가 표절 취급을 받았듯, 로런이 과소평가를 받은 상처는 이제야 치유의 첫걸음을 뗐을 뿐이다.

"제가 도덕적으로 문제가 있다고 생각했어요"

> 수치와 불안이 내 삶을 가득 채웠다. 아니, 아주 오랫동안 그
> 자체가 삶이었다.
>
> - 조너선 무니(학습장애 운동가)

학습장애 운동가이자 베스트셀러 작가인 조너선 무니는 구제불
능의 악동에서 치열하게 살아가는 성공한 어른으로 거듭난 치유의 여
정*을 종종 이야기한다. 이 책을 쓰려고 조너선을 찾아갔을 때, 그는
자신의 학교생활이 나쁜 감정으로 뒤범벅이었다고 말했다.

심한 난독증을 겪고 있는데다가 초등학교 때 ADHD 진단을 받
은 조너선은 열두 살이 될 때까지도 글을 읽지 못했다. 조너선의 철자
법 능력(음성 인식과 철자 암기)은 지금까지도 하위 7%다. 조너선은 아
이들을 대상으로 강연할 때마다 맨 먼저 철자법 대결을 벌인다. 이기
는 쪽은 언제나 아이들이다. 그러고는 자신이 브라운 대학교에서 영문
학 전공으로 우등 졸업하고 유명 장학금까지 받은 이야기를 들려준다.

어릴 적 조너선은 문제투성이 아이였다. 불안과 자기혐오는 '배
를 기어올라 허파와 머리로 파고드는 짐승'처럼 그를 사로잡았다.[7] 학
교생활의 어려움은 일찌감치 시작되었다. "고난은 유치원 첫날부터 시
작되었다. 교실 뒤쪽에 처음 보는 자전거가 놓여 있었다. 나는 자전거

---

* 조너선은 자신의 치유 여정을 두 권의 책 《줄 밖에서 배우다》와 《숏 버스: 정상이란 건 없
어》로 출간했다.

가 무척 마음에 들었다. 바닥에 그려놓은 선을 따라 자전거를 타야 한다는 규칙이 있었는데, 나는 선을 못 맞춰서 자전거타기가 금지되었다. 시계도 볼 줄 몰랐다. 어느 날 돌아가면서 시계보기 연습을 하는데, 내 차례가 되어 어림짐작으로 '10시요!'라고 대답했다. 그런데 정답이었다. 그날 이후로 선생님이 들고 있는 장난감 시계가 몇 시에 맞춰져 있든 나는 '10시요!'라고 대답했다. 그러자 애들이 모두 웃음을 터뜨렸다. 나는 멍청한 것보다 우스꽝스러운 것이 낫다는 사실을 깨달았다. 초등학교 2학년 때였다. 우리 반은 책상 줄이 조금도 흐트러지면 안 되는 반이었다. 나는 가만히 앉아 있으려 했지만 몸이 말을 듣지 않았다. 수업을 시작한 지 5초가 지났을까? 손이, 팔이, 온몸이 들썩거리기 시작했다. 선생님이 나를 가리키며 가만히 있으라고 하셨다. 선생님이 '조녀선, 너 왜 그러니?'라고 소리치셨다. 나는 하루 종일 복도에 나가 있어야 했다. 기운이 쭉 빠졌다. 나는 못된 아이였다. 글씨에 철자법에 읽기까지 엉망인 멍청이였다."[8] 조녀선은 여느 면담자들처럼, 학교생활을 잘 못하는 자신에게 도덕적으로 문제가 있다고 생각했다. "자괴감이 염산처럼 나의 자아를 녹였다."[9]

조녀선의 치유 과정은 이 책에 등장하는 많은 사람들의 자아 회복 과정과 닮았지만 더 역동적이고 명쾌했다. 자기혐오, 비난, 지독한 수치심에 시달리던 아이는 자신이 상처를 받았음을 인지하고 자신이 상실한 것에 대해 슬픔과 분노를 느꼈으며 결국 자신의 모습을 받아들였다. 조녀선은 '정상인이 되고 싶은 소망'을 지닌 시기에 마음속에서 일던 혼란을 생생하게 묘사한다. "고등학교 때, 순응하는 '나'와 내가 가치 있는 존재라고 생각하는 '나'가 끊임없이 싸움을 벌였다." 조녀선은 축구에 대한 재능과 가족, 특히 어머니와 누이의 든든한 뒷받침 덕에 고등학교에서 남들과 같은 방식으로 성공하려고 무척 애썼다. 치어리더와 사귀고, 열심히 운동하고, 체육 특기생 장학금을 받아 대학에 입학했다. 그러다가 축구가 싫어졌다. 장학금을 받았을 즈음에는 심각한 회의가 들었다. 사람들이 자신을 알아주고 성공을 인정해주었지만 이것은 진짜 사기 모습이 아니라는 생각이 들었다. 조너선은 부상을 입고 한 해 동안 내내 공부하는 데 애를 먹다가 결국 중도 탈락했다. 토드처럼, 조너선도 삶의 무대를 바꾸고 싶었다. 삶의 무대를 완전히 바꾸어 인생을 변화시키고 싶어서 로드아일랜드 주 프로비던스에 있는 브라운 대학교에 지원했다. 하지만 합격하리라는 기대는 없었다. 조너선은 무작정 대학교를 찾아가 면접을 보게 해달라고 부탁했다. 입학처 문밖에서 몇 시간을 기다린 끝에 간신히 허락을 받았다. 그리고 합격했다.

조너선은 브라운 대학교에서 처음으로 자신의 지적 능력을 발견했다. 남들이 말렸지만 어려운 과목을 수강하고 영문학을 전공했다. 그리고 그 과정을 거뜬히 이수했다. 브라운 대학교에서 조너선은 학습장애 진단을 받은 또 다른 학생을 만났다. 둘이 함께 쓴 《줄 밖에서 배우다 Learning Outside The Lines》는 베스트셀러가 되었다. 상처를 인지하는 과정은 성공(세속적인 성공)으로 이어졌을 뿐 아니라 '정상'이 무엇인지, 학교체제가 어떤 영향을 미치는지 더 깊이 더 비판적으로 들여다보는 계기가 되었다. "어머니는 체제가 잘못되었다고 말씀하셨지만, 나는 깨달았다. 어머니의 말씀을 믿은 적이 없다는 것을. 나는 내가 잘못되었다고 믿었던 것이다." [10]

조녀선은 브라운 대학교에서 비평 이론과 사회정의 사상, 즉 학교의 전통적인 패러다임과 자본주의 사회에서 교육이 수행하는 역할에 이의를 제기하는 이론에 푹 빠졌다. "어머니는 마르크스주의자셨으며 마르크스주의적 관점에서 학교를 바라보셨다. 하지만 나의 의식이 전면적으로 확장된 것은 브라운 대학교에서였다."

조녀선은 학교제도를 비판적으로 분석하면서 장애가 사회적 구성물임을 깨달았으며, 자신의 학습장애가 한편으로는 대단한 장점이라고 생각하기 시작했다. 조녀선의 말마따나 '내면의 전사'를 발견한 것이다. "학교에서 여러 해 동안 자신의 정체성을 찾기 위해 싸우고 일터와 사회에서 투쟁하면서, 우리는 알게 모르게 이 전사를 키워냈다. 결국 우리가 전사가 되었다."[11]

조녀선은 상처에 대한 부인(그가 상처를 부인하는 방법은 음주와 탈선, 세속적 성공의 추구였다.)을 멈추고 상처가 실재한다는 것을 인정하고 상처를 존중하면서 자신의 참모습을 받아들일 수 있었다. "지금의 나 자신에 이르는 길은 길고 힘겨웠다. 하지만 나는 결국 이곳에 이르렀다. 나는 난독증이 있으면서도 책을 두 권이나 낸 저술가이자 열정적인 강연자이자 아빠가 되었다. 내가 이곳까지 올 수 있었던 것은 열정, 다른 사람에 대한 자각, 한때는 나 같았을 아이들에게 더 좋은 세상을 만들어주어야 한다는 책임감 덕분이다."

현재 조녀선은 학습장애 운동가로서, 학습장애가 있는 학생을 돕는 사업[12]을 진행하고 있으며 인정받는 유명한 저술가다. 조녀선은 개인의 체험을 바탕으로 학교제도를 섬세하게 비판한다. "학습장애가 있는 아이들을 위해 싸우는 건 무척 힘들다. 우리는 자녀가 당면한 문제에 정신이 팔려 교육체제에 꾸준히 의심을 품지 못한다. 학교 교육이나 학습에 대한 사고방식에 의문을 품고 학습장애가 어떻게 교육의 불평등이나 사회적 불평등으로 이어지는지 생각해볼 여유가 없다."[13]

조너선이 자신의 모습을 받아들이고 운동가가 될 수 있었던 원동력은 가족과 아내가 자신에게 심어준 마음가짐이었다. "진흙에서 꽃이 핀다." 조너선은 이 격언을 주문처럼 되뇐다.

"그렇게 바보짓을 하니까 그런 취급을 받지"

> 출생증명서를 보니 나는 '유색인종'으로 태어났다. 지금까지는 '검둥이'나 '흑인'으로 태어난 줄 알았는데…….
>
> — 버나드 개서웨이, 《한 도심 학교 교장의 생각》

버나드 개서웨이는 1990년대 빈곤층과 유색인종이 주로 다니는 뉴욕 시 도심 학교의 교장 중에 누구보다 큰 성과를 거둔 인물이다. 그는 뉴욕 주 라커웨이파크에 있는 비치채널 고등학교 교장을 지내면서 탁월한 지도력을 발휘하여 상도 여러 번 받았다. 버나드는 현재 컬럼비아 대학교 교육대학원에서 도심 학교 교장을 대상으로 한 박사 과정을 이수하고 있다. 브루클린 길거리를 뛰어다니던 열네 살 소년이 뉴욕 시 대안학교 교육감이 되기까지, 그가 들려주는 학교에서 받은 상처와 회복의 이야기는 어린 시절의 충격적인 일화로 시작한다.

"당시에 저는 가난하고 범죄가 많은 흑인 거주 지역에서 사고뭉치 아이들과 몰려다녔습니다. 어느 날 학교를 빼먹고 네 명이서 빈집에 들어가 쥐새끼처럼 구석구석을 헤집고 다녔습니다. 일단 현금이 있나 뒤졌습니다. 그리고는 텔레비전, 오디오, 보석 등 팔 수 있는 물건을 모았죠. 돈을 챙긴 친구에게서 눈을 떼지 않고 있었습니다. 빼돌릴까 봐서요. 그때 갑자기 창문에 어두운 형체가 나타났습니다. 경찰이었습니다."[14]

버나드는 여섯 형제자매와 함께 자랐는데, 홀어머니는 헌신적 사랑과 옛날식 가정교육으로 자녀를 양육했다. 학교 공부는 그다지 힘들지 않았다고 한다. "공부는 굉장히 쉬웠습니다. 선생님이 숙제를 내주시면 수업 시간이 끝나기도 전에 다 해버려서 과제를 더 내주셨습니다. 제 숙제는 검사도 거의 안 하셨죠." 버나드는 매우 우수한 학생이었지만 초등학교 교사들은 대부분 그의 뛰어난 잠재력보다는 좋지 못한 품행에만 초점을 두었다. "초등학교에서 저보다 정학을 더 많이 맞은 아이는 없을 거예요. 1주일이 멀다 하고 정학을 받았거든요. 교칙에 따라 정학 기간에는 집 안에 처박혀 있었습니다. 싸움질보다는 교칙을 어겨서 정학된 경우가 더 많을 겁니다. 특히 기억에 남는 두 사건이 있습니다. 닷새 동안 정학을 받고 월요일에 다시 학교에 나갔습니다. 그런데 화요일에 또 1주일 정학을 받았습니다. 어머니는 당신이 아시는 유일한 방법으로 버릇을 가르치셨습니다. 죽어라 두들겨 패셨죠."

하지만 전혀 효과가 없었다. 결국 학교는 버나드를 브루클린 유대교 병원 소아정신과에 보냈다. 버나드는 거기서 보드게임을 했던 기억밖에 없다고 말한다. "초등학교 시절을 돌아보면 선생님들께서 저를 심하게 대하신 것 같습니다. 이해가 안 되는 건 아니지만, 사소한 잘못에도 정학 조치를 내린다 싶은 적도 있었습니다." 버나드의 이 말은 어떤 면에서 사실이다. "저는 학교 교육의 피해자였습니다."

버나드는 행동에 문제가 있었지만 성적은 6학년 중에서 으뜸이었다. 6학년이 시작되자 버나드는 최고 우등반에 편성되었다. 하지만 달갑지 않았다. "즐겁지 않았습니다. 선생님들이나 학생들과 가까워질 수가 없었습니다. 친한 친구들은 죄다 '6-109'라는 특수반에 있었습니다. 불량 학생들을 모아놓은 작은 반이었죠. 저도 그 반에 가고 싶었습니다. 그래서 일부러 말썽을 부리기 시작했습니다. 1년 만에 최고 우등반에서 최하 열등반으로, 결국 6-109반으로 옮겼습니다. 우등반 학생들과는 마음이 맞지 않았지요."

버나드는 학교에서 스스로 제 무덤파기를 시도했다. 그 방법은 일부러 교사에게 대들거나 친구에게 시비를 걸고, 낙제 점수를 받고, 정학당하거나 퇴학당하고 체포되는 것이다. 아이들은 소외되고 방치되고 짓눌려 있다는 느낌을 받는다. 혼란과 분노를 느끼기도 한다. 이 아이들은 학교에 아무런 애착이 없다. 실패가 일상이고 삶은 고난이고 늘 싸움질이다. 교사에게도 폭언과 폭행을 가하고, 닥치는 대로 때리고 부순다. 교사들은 이런 학생에게 분노를 느낄 때 이에 대처하는 훈련이 되어 있지 않기 때문에 벌주고 정학시키고 낙제시키고 경찰에 넘긴다.[15] 버나드는 처벌이 처벌을 낳을 뿐이라고 말한다. "아이들에게 효과가 없는 이런 악순환이 너무나 많은 학교에서 벌어지고 있죠."

버나드는 아이들이 학교에서 낙인찍히는 과정과 이로 인한 영향에 특히 관심이 많다. 언젠가 버나드가 우등상을 받은 적이 있다. 버나드와 어머니는 무슨 상을 받는지도 모른 채 시상식장에 당도했다. 버나드가 받은 것은 특수교육 학생, 그러니까 정서장애가 있는데도 공부를 잘하는 학생에게 주는 상이었다. 휠체어에 앉은 아이들이 시상식 장에 들어서는 것을 본 버나드는 '내가 왜 여기 있지?'라는 생각이 들었다. 시상식이 끝나고 밖으로 나온 어머니는 여전히 어리둥절해 있는 버나드를 놀려댔다. "그렇게 바보짓을 하니까 사람들한테 그런 취급을 받지." 버나드는 자신의 처지를 뼈아프게 절감했다. "어머니께서 말씀하신 속뜻을 잘 압니다. 하지만 그 상을 받을 때 난데없이 제게 '정서장애'라는 딱지가 붙었습니다. 그런 검사를 받은 적도 없는데 말이죠. 학교 선생님들은 자신들이 하고 싶은 대로 했습니다. 저의 행동에 문제가 있었다는 건 부인하지 않습니다. 하지만 정서장애는 터무니없었죠. 친구들 중에도 저와 같은 꼴을 당한 애들이 많았습니다."

버나드는 7학년 때 교사에게 대들었다가 그 교사뿐 아니라 어머니에게도 흠씬 두들겨 맞았다. 버나드는 더 의욕을 잃어버리고 심심하면 결석했다. 그의 말을 빌자면, 자기 파괴를 향해 돌진하고 있었다. "제가 향하는 길의 끝은, 그래요, 죽음이었습니다. 저는 대장 기질이 있었지만 대장 노릇을 하지는 않았습니다. 친구들이 '이거 하자.' 그러면 '그래, 하자.' 하는 편이었죠. 그저 애들이 하자는 대로 따랐습니다." 버나드의 어머니는 노이로제에 걸릴 지경이었지만 도무지 방법이 없었다. 그러던 어느 날 이렇게 말했다. "널 백인 손에 넘겨야겠다." 백인이란 경찰을 뜻한다.

심각한 범죄를 저지르고 체포되기를 여러 차례 거듭한 끝에 결국 버나드는 난생 처음으로 판사 앞에 섰다. 버나드에게서 가능성을 본 흑인 판사는 이 소년범을 완전히 새로운 사람으로 만들어야겠다고 생각했다. 버나드는 뉴욕 주 북부에 있는 소년원에 수감되었다. 버나드는 이 사건이, 또한 자신을 그곳으로 보낸 판사가 자기 목숨을 구했다고 고백한다. "1975년에 앤스빌 소년원*에 들어간 덕분에 목숨을 건졌다고 확신합니다. 당시에 저는 아무것도 거리낄 게 없었습니다. 그건 인생에서 가장 위험한 순간입니다. 청소년기에는 더더욱 그렇죠. 이 한 몸 어떻게 되든 상관하지 않으니까요. 죽고 사는 것에도 관심이 없어집니다. 판사님께서 브루클린 길거리에서 구해주시지 않았다면 저는 틀림없이 죽었을 겁니다."

버나드가 소년원에서 새 삶을 얻게 된 것은 그곳의 친절한 어른들 덕분이었다. 특히 교사 한 사람이 기억에 남아 있다. "어느덧 32년이 다 되어갑니다. 제가 소년원에서 복역할 때 수학을 제가 알아들을 수 있게 가르쳐주신 선생님이 계셨습니다. 그 선생님을 만나기 전에는 수학과는 담쌓고 살았습니다. 학교 선생님들은 제가 알아듣도록 설명해주지 않았습니다. 그래서 저도 관심을 끊었죠. 소년원 선생님의 모습이 떠오릅니다. 머리카락은 말총머리로 질끈 동여매셨습니다. 청바지에 티셔츠 차림이었고요. 저희들을 진심으로 걱정하셨고 특별하게 대해주셨죠. 낚시에도 데려가셨습니다. 멋지고 근사하고 끈기 있는 분이셨습니다. 선생님께서 저를 보살펴주신 기억이 아직도 생생합니다."[16]

소년원에 있는 어른들은 모두 원생들이 행복하기를 바랐으며, 원생들과 인간관계를 맺고 진심으로 도와주고 싶어 했다. 그렇게 버나드의 삶이 바뀌었다. "출소하고 나서 두 가지 결심을 했습니다. 학교생활

---

* 뉴욕 주에서 운영하며, 가장 다루기 힘든 불량 청소년이 수감되는 소년원으로 알려져 있다.

을 열심히 할 것, 예전 친구들을 만나지 않을 것." 구원받지 못한 수많은 아이들과 자신의 다른 점이 무엇이었느냐고 묻자 버나드가 대답했다. "하나님께서 역사하신 거죠. 진심입니다."

소년원에서 돌아온 버나드는 열심히 학교에 다녔으며 옛 친구들과는 거리를 두었다. 농구를 시작했고, 방과 후에는 아르바이트를 했다. 차츰 버나드는 모든 면에서 나아지기 시작했으며 장래의 꿈도 달라지기 시작했다. 그때 버나드의 누나는 대학에 다니고 있었고 고등학교 친구 하나도 대학에 진학했다. 그래서 버나드도 대학에 가기로 마음먹었다. 버나드는 체육 교사와 사회 교사의 도움으로 대학 세 곳에 지원하여 세 곳 모두 합격했다. 이제 '더없이 진지하고 근면한 학생'으로 거듭난 버나드는 뉴욕 주 시러큐스의 르무안 대학에 입학하여 소수민족 학생회 회장이 되었으며 우수한 성적으로 졸업했다. 그 뒤로 석사 학위 두 개를 받고 교사로서 사회에 첫발을 내디뎠다.

1990년대 후반, 버나드는 뉴욕 시의 골칫거리였던 도심 학교의 교장이 되었다. 버나드는 말썽꾸러기 불량 학생들의 생각을 이해했기에 학교 개혁을 성공적으로 이끌 수 있었다. 이 학교에서 눈부신 성과를 거둔 버나드는 뉴욕 시 '대안학교 및 대안 프로그램' 교육감으로 임명되었다. 어떤 교육자는 불량 학생을 엄하게 다스려야 한다고 생각하지만 버나드의 생각은 다르다. "저는 중재자입니다. 언제나 아이들 말에 귀를 기울이죠. 아이들을 항상 긍정적으로 대하려 노력합니다. 직원들에게 말했습니다. 부정적 사고방식을 가질 거면 저한테 오지 말라고요. 언제나 아이들의 인격과 자율성을 존중하고 자존심을 세워주고 이해해주려 노력했습니다."

버나드가 과거를 회상한다. "저는 혼자 살아남았다는 죄책감이 있습니다. 온갖 나쁜 짓을 저지르고도 저만 이렇게 성공했으니까요. 제가 열일곱 살이 넘도록 살아남은 것은, 그 이후의 모든 것은 축복입니다." 낙천적이고 신중하고 겸손한 버나드는 박사 학위를 취득하여 전국 교육의 수장이 되려 한다.

버나드는 교장 시절에 아이들을 성심껏 보살피고 존중하고 이해했으며, 아이들은 학교생활에 참여하면서 활력을 얻어 좋은 성과를 얻었다. 사고뭉치 도심 학교는 새 시대의 문을 열었다. 버나드는 대학교수로서, 상담가로서, 도심 지역의 교육감으로서 과거의 자신과 같은 처지에 있는 아이들이 '스스로 제 무덤파기'를 시도하지 않도록 구해내는 일에 전념하고 있다.

"아이들이 제대로 자랄 수 없는 끔찍하고 혼란스러운 환경을 만든 건 어른들입니다. 그래 놓고서 아이들이 빗나간다고 비난합니다. 그건 옳지 않습니다. 어른들에게 책임을 가르쳐야 합니다. 아이들이 살아가는 환경은 자신이 선택한 것이 아니니까요."

구름 사이로 햇살이

성공을 경험하고 나서 상처가 치유되기 시작하는 경우가 있다. 성공의 경험은 느지막이 찾아올 수도 있고 일생에 단 한 번 찾아올 수도 있다. 이 책 첫머리에서 소개한 토드는 대인관계에서 인정을 받고서 학문적 성과를 거둔 뒤에야 자신의 능력을 재발견하기 시작했다. 로런은 부모와 대학교수가 끊임없이 자신의 글을 칭찬한 덕에 글쓰기가 자신을 표현하는 훌륭한 수단이 될 수 있음을 깨달았다. 이것은 학습'장애'가 로런에게 준 '선물'이다. 조너선은 대학 1학년 때 좌절을 맛보고 학교에서 중도 탈락하고 축구를 그만둔 뒤에, 여전히 자신을 사랑하고 지지하는 사람들 덕분에 브라운 대학교에 지원할 용기를 내고 결국 합격할 수 있었다. 버나드는 소년원 수감을 계기로 헌신적인 교사들을 만나 삶을 바라보는 새로운 시각을 얻고 새로운 삶을 개척하기 시작했다.

이들의 삶은 힘들지만 희망적인 치유의 여정이었으며, 용기와 끈기가 없었다면 불가능한 과정이었다. 이 책을 쓰면서 면담한 모든 사람들은 가슴 깊숙이 세상이 모르는 자기만의 선물을 발견한 덕에 힘든 싸움을 견딜 수 있었다. 이것은 모든 이의 삶에서 분명히 드러나 있다. 이 선물을 발견하고 손에 넣어 세상에 내놓기까지는 오랜 시련을 겪어야 했다. 이 장에 등장한 모든 사람들은 자신의 상처가 얼마나 깊고 컸는지, 상처를 치유하면서 어떻게 삶의 목표를 찾았는지 이야기했다. 이들은 모두 운동가다. 토드는 학습장애를 신경생물학적 관점에서 바라보자는 운동을 전국 차원에서 벌이고 있다. 로런은 자신과 같은 학생에게 배움과 글쓰기에 대한 애정을 심어줄 교사가 되고 싶어 하고, 조너선은 학습장애가 있는 학생이 장애를 이해할 수 있도록 돕는 국제적 멘토링 프로그램을 시작했다. 버나드는 자신의 인생 경험을 살려 학교 운영의 패러다임을 바꾸려고 한다.

다음 장에서는 토드, 로런, 조너선, 버나드의 또 다른 이야기를 통해 치유의 단계를 개별적으로 상세히 살펴볼 것이다. 또한 독자가 자신이 회복과 화해 과정에서 어디쯤에 있는지 이해할 수 있게 지침을 제시하겠다.

5장
치유를 위해 어떤 과정을 거쳐야 하는가

직시한다고 해서 다 바꿀 수 있는 것은 아니지만,
직시하지 않으면 아무것도 바꿀 수 없다.

- 제임스 볼드윈,《차표의 가격》

잃어버릴 뻔한 선물

토드, 로런, 조녀선, 버나드의 사연은 학교 때문에 잃어버릴 뻔한 귀중한 선물에 대한 이야기다. 학교는 지능 중에서도 아주 일부분만을 측정하는 데 치중하며, 학생이 아니라 기관의 요구에 부응할 뿐이다. 토드, 로런, 조녀선, 버나드는 학교에서 상처를 받고 방황했다. 자신의 결함을 깨달으면서 느끼는 남모르는 수치심에서 출발하여 상실에 대한 분노와 슬픔(많은 사람들이 여기에 머무른다.)을 지나 용서와 수용, 재참여, 그리하여 마침내 자신을 힘들게 한 조건을 변화시키려는 의지에 도달하기까지, 이들의 치유 과정은 많은 사람들이 말하는 회복의 단계와 일치한다.

면담한 많은 사람들이 말하듯, 성적이 떨어지면 수치심이 다시 불거질 수 있으며, 성공과 칭찬을 오랫동안 경험하고서도 자기 불신이 불현듯 고개를 쳐들기도 한다. 치유의 길은 순탄하지도 않고 한 길로 이어져 있지도 않다. 한때 '동네에서 최악의 비행 청소년'으로 손가락질을 받았으나 지금은 경찰관이 된 대릭은 학교에서 겪은 실패의 기억을 아직도 떨쳐버리지 못한다. "지금도 우울과 분노가 치밉니다. 행복감을 느끼려면 무진 애를 써야 합니다."

학교에서 받은 상처를 치유하는 과정은 심각한 마음의 상처를 겪은 뒤에 일어나는 변화처럼 길고 꼬불꼬불하며, 그 길에는 안개가 자욱하여 길을 잃기 십상이다. 하지만 우리는 더 나아질 수 있고 앞으로 나아갈 수 있으며, 배움과 삶에서 새로운 즐거움과 열정을 경험할 수 있다. 그러려면 슬픔을 인지하고 벗어나야 한다.

앞서 설명했듯이, 학교에서 받은 상처를 부인하는 사고방식은 뿌리 깊고 강력하다. "학교에 다니는 것만 해도 고맙게 생각해야죠." "선생님은 그런 의도로 말씀하신 게 아닐 거예요." "학교는 원래 그래요. 어떻게 바꿀 수 있겠어요?" 많은 사람들이 이 같은 고정관념에 사로잡혀 있다. 하지만 애도 상담가 데이비드 스투프는 '상처를 부인하는 것은 상처에 사로잡혀 있는 것'이라고 강조한다. "상처를 부인하기로 마음먹은 사람은 상처 자체를 아예 부인하거나 자신을 탓할 것이다."[1] 스투프는 두 경우 다 마음의 문을 닫아걸게 되거나 우울증으로 이어질 수 있다고 말한다.

내가 면담했던 머라이어는 초등학교 3학년 때 치른 일반 지능검사에서 지능이 평균치에 불과하다는 판정을 받았다. 머라이어는 검사가 잘못되었다고 생각했지만, 중학교와 고등학교 내내 시험 불안에 시달려야 했다. 머라이어는 수학능력평가시험을 망친 탓에 당연히 가리라 생각했던 상위권 대학에 진학하지 못했다. 머라이어는 자신의 학문적 잠재력 또는 지적 잠재력을 전혀 실현하지 못했다고 생각하여 극심한 자기 불신에 시달리고 있으며 종종 우울증에 빠진다. "제 능력을 제대로 발휘할 수 있으리라는 생각이 안 들어요." 머라이어는 상처를 부인하는 단계에 머문 채 이렇게 생각한다. '검사 결과는 중요하지 않아. 어쩌라고? 어쩔 수 없는 일인걸.' 또한 머라이어는 '학습된 무기력'을 겪고 있다. 이는 아무리 공부해봐야 실력이 늘지 않는다고 생각하여 노력을 아예 포기했다는 뜻이다.

스투프에 따르면, 마음의 문을 닫아걸고 상처를 부인하는 것은 상처의 고통으로부터 자신을 보호하려는 수단이다. 상처를 부인하는 사람은 남을 속이려 할 뿐 아니라 자신이 고통을 겪지 않으려고 스스로를 속인다는 것이다. 스투프는 말한다. "눈여겨볼 점은 진실로부터 자신을 보호하는 것이야말로 부인의 주목적이라는 사실이다. 예전에 상담할 때는 사람들이 자신의 상처를 부인하면 나를 속이려 드는 것이라고 생각했다. 실제로 어느 정도는 그렇다. 하지만 부인의 주목적은 자기 자신을 속이는 것이다. 우리가 부인을 선택하는 이유는 진실을 직면할 수 없기 때문이다. 우리는 대부분 현실의 고통을 감당하지 않으려고 자신을 감싼다."[2]

비난의 덫

> 너한테 말썽을 일으킨 사람의 엉덩이를 발로 뻥 걷어차렴.
> 그러면 넌 한 달 동안 바닥에 못 앉을 거야.
>
> - 무명씨

학교에서 받은 상처의 책임을 누구에게 돌리느냐 하는 문제는 두 말할 필요 없이 매우 중요하다. 치유와 성장 이야기는 책임 문제를 바라볼 때 조화와 균형을 갖추어야 함을 일러준다.

우선 우리에게 상처를 입힌 교육체제의 태도와 구조, 통념을 비판하되, 일부 부정적인 결과와 태도가 개인의 탓임을 부인하지는 말아야 한다. 이것이 균형이다. 토드는 자신이 초등학교 시절에 끊임없이 말썽을 부렸고 교사들이 다루기 힘든 학생이었다고 인정하면서도, 학교가 벌만 줄 게 아니라 현명하게 대처했더라면 하는 아쉬움을 나타냈다. 버나드는 자기가 나쁜 짓을 저지를 때마다 학교가 무작정 정학 처분을 내렸다고 비난하면서도 그래야 할 때도 있었다고 인정했다. 또한 교장이 된 후 버나드는 예전의 자신을 닮은 학생들에게 숱한 징계 처분을 내려야 했다.

고난과 상처를 남의 탓으로만 돌리다 보면 양심과 도덕에 의한 개인적 통제를 부정할 우려가 있다. 우리는 상황과 자신의 행동을 바꿀 수 없다는 무력감을 느끼며 분노와 부정적 생각에 사로잡힌다. 인지심리학자 앨버트 밴두라가 말한 '자기 효능감', 즉 어떤 상황에서 적절한 행동을 할 수 있다는 기대나 신념을 뜻하는 이 개념에서 분명히 알 수 있듯이 우리가 무엇을 할 수 있다고 믿는지, 우리 자신의 행동을 얼마나 바꿀 수 있다고 믿는지에 따라 결과는 극적으로 달라진다.[3] 상처에서 자신의 몫은 자신이 책임져야 한다. 하지만 대부분의 많은 면담자들은 학교에서 받은 상처를 자기 탓으로만 돌렸으며, 사회가 이를 부추겼다. 이를테면 교사들은 학습장애가 있는 아이들에게 걸핏하면 "더 열심히 노력하면 학교생활을 더 잘할 수 있어."라고 다그친다. 낙오학생방지법과 학교 성과의 관계를 연구하는 남편의 말이 생각난다. "어떻게 해야 더 잘할 수 있는지 학교가 안다면, 이미 그렇게 하고 있겠지."

교사가 학생을 다그치게 되는 것이 학생들의 성적으로 학교와 교사의 성과를 평가하는 낙오학생방지법에 따른 부담감 탓이듯, 학생들이 학교생활을 엉망으로 한다고 해서 교사를 골탕 먹이려고 일부러 그러는 것은 아니다. 면담자들은 대부분 학교생활을 잘하고 싶다는 간절한 바람을 내비쳤으며, 그럴 수 없어서 상처받았다고 말했다. 그 결과, 많은 학생들은 자신에게 쏟아지는 비난과 자신을 바라보는 시각이 부당하다고 생각하여 반항심을 키우며, 정작 학교생활을 잘하는 데 필요한 능력과 지식을 습득할 기회를 놓친다. 이 악순환은 사람마다 다르게 진행된다. 불량 청소년 출신으로 경찰관이 된 대릭은 아버지의 체면을 깎으려고 일부러 학교생활을 엉망으로 했다는 오해를 받았다. 아버지는 대릭이 다니던 학교의 교장이었다. 이 때문에 화가 나고 의기소침해진 대릭은 "뭐, 어때서요?"라고 말하면서 아예 대놓고 말썽을 일으키기 시작했다.

내가 이 책을 쓰면서 면담한 사람들은 모범생이기를 일부러 거부한다기보다는 그저 나태함과 무관심, 자기 비난, 심지어 나태함에 대한 자기 비난에 빠져 헤어날 수 없었을 뿐이었다. 교육 책임성 담론은 학생들에게 제도를, 시험 방식을, 교육환경을, 사회적 요인을 비판하지 말고, 학교에서 받은 상처를 자신의 탓으로 돌리라고 가르친다. 자기 비난은 상처를 부인하는 것과 마찬가지로 우울을 낳는다. 대릭은 오랜 방황 끝에 자신의 강점을 알아차리고 자신감을 얻었지만 행복은 아직 손에 잡히지 않았다.

애도 연구가이자 심리학자인 윌리엄 워든은 애도 과정에서 수행해야 할 네 가지 필수 '임무'로, 상실 깨닫기, 상실로 인한 감정 내보내기, 새로운 삶의 기술 발전시키기, 새로운 일과 생활 방식에 감정 에너지 쏟기를 제시한다.[4] 워든의 주장은 학교에서 받은 상처에서 치유되고 벗어나려면 우선 그 상처로 인한 감정을 깨닫고 인정해야 한다는 면담자들의 말과 일맥상통한다. 하지만 상처를 문화적으로 부인하면 이러한 첫걸음을 내딛기가 힘들다.

치유 과정의 공통점

1단계 자기 비난과 수치심

수치심은 자신이 어떤 사람인가에 대한 것이다. 잘못을 저질렀을 때 그 잘못에 대해 느끼는 감정은 죄책감이고, 잘못을 저질렀을 때 자신에 대해 느끼는 감정은 수치심이다.

- 데이비드 스투프, 《부모를 용서하기, 나를 용서하기》[5]

학교가 주는 상처가 문화적으로 광범위하게 부인되고 학교에서의 성공과 실패가 개인 탓으로 돌려지는 상황에서는, 학교생활을 잘 못하는 아이들이 자신의 경험을 매우 개인적인 차원에서 이해하는 경향이 있다. 이것은 극소수의 사람들과만 나누는 사사로운 경험이다. 40대의 한 면담자가 말한다. "저 자신이 얼마나 바보처럼 느껴졌는지 아무에게도 말하고 싶지 않았어요. 제가 더 열심히 공부했다면 낙제하지 않았을 거예요." 우리는 상처를 개인의 탓으로 돌리고 자신에게 타고난 문제가 있다고 생각한다. 그렇기 때문에 자신이 그저 나쁜 사람일 뿐이고 주위의 요구 사항에 부응하기에는 역부족이며 온전한 삶을 살아가는 데 필요한 덕목을 갖추지 못했다고 곤잘 단정한다. 물론 이 때문에 노력을 덜 하고 도전을 꺼리면 실패와 수치심의 악순환이 더욱 심해진다.

많은 사람들이 이 악순환에서, 자기 속의 미로에서 벗어나기 위해 택하는 방법은 못하는 과목을 피하거나 노력하지 않거나 고의로 배움을 거부하거나 반항하다가 쫓겨나는 것이다. 이들은 무감각하고 반항적인 태도를 보이거나 완벽주의자가 되어 바깥세상의 모든 요구에 부응하려 들기도 한다. 자신에 대한 기준을 스스로 결정할 권한을 포기하는 것이다. 한 발 내디딜 때마다, 한 번 애쓸 때마다 자기 비난과 수치심을 피할 도리가 없다.

내가 면담했던 사람들은 자신이 학교에서 소외되었고 나약한 존재라는 생각 때문에 고통받은 이야기를 들려주었다. 너무 많아서 다 옮길 수 없을 정도다. 점수가 매겨진 첫 과제물을 손에 들고서 통학버스에서 내린 초등학교 2학년 학생이 눈물을 글썽거리며 엄마에게 말한다. "-2점 받았어. 난 바보 멍청이야." 학기말에 첫 일제고사를 치른 3학년 학생이 말한다. "3학년을 끝내지 못할 것 같아요. 어떻게 해야 할지 모르겠어요." 학습장애가 있는 고등학교 졸업반 학생이 말한다. "평균 C학점을 받으려고 시험 때마다 부정행위를 했어요. 정말 끔찍했어요. 저는 못된 사기꾼이에요."

토드는 열심히 노력하고도 목표를 이루지 못해 모든 사람을 실망시킨 기억이 가장 많이 떠오른다고 말한다. "여느 아이들처럼 되고 싶었습니다. 친구도 사귀고 뭐 그런 거요. 사람들이 왜 저를 좋아하지 않고, 제 곁에 오려고 하지 않는지 몰랐습니다. 어릴 적에는 자신이 남들과 다르게 행동하는 줄 모르니까요."

로런은 자상한 부모와 가정교사에게 격려와 지지를 받았지만 기준을 충족하지는 못했다. "학교가 싫어도 부모님과 친구들에게는 말하지 않았다. 낙제점을 받았을 때 목에 무슨 덩어리가 걸린 느낌, 어깨를 짓누르는 실망의 무게로 등뼈가 휘어질 것 같았던 느낌이 아직도 생생하다. 보충수업에 과외까지 받아놓고, 형편없는 점수를 받았다는 사실을 말씀드려서 엄마를 실망시키고 싶지 않았다."

버나드는 오해받아 생긴 상처를 분노로 표출했지만, 이제는 자신의 행동이 부끄러운 일이었음을 인정한다. "제가 저지른 잘못을 생각하면 아직도 가슴이 아픕니다."

억울함과 상처를 이겨내기 위한 조너선의 투쟁은 누구보다 두드러졌다. 조너선이 내면의 상처를 이겨낸 것은 브라운 대학교에 진학하여 자신의 지적 능력과 창의력을 인정받은 뒤였다. 조너선은 자기와 비슷한 학생들이 '정상'이라는 고정관념 때문에 평생 고통을 겪는다는 사실을 안 뒤로 자기 비난의 멍에가 조금 가벼워지는 것을 느꼈다.

2단계 깨달음, 그리고 자아상의 변화

남모르는 수치심과 자기 비난, 학교에 대한 분노의 먹구름 사이로 햇살이 비치는 순간은 대개 예상치 못한 성공의 경험과 함께 찾아온다. 고등학교 중퇴 학력의 토드는 대학 수업에서 두각을 나타내면서, 자신이 늘 꿈꾸었지만 감히 바라지는 못했던 목표를 향해 방향을 틀 수 있었다. 로런은 자기가 쓴 글의 아름다움과 생동감을 대학교수들이 알아준 뒤로, 그동안 꽁꽁 숨겨두었던 창의성을 한껏 발휘할 수 있었다. 로런은 태어나서 처음으로 자신의 참모습을 찾았다고 말한다. 조너선은 지적 능력을 인정받고 자신을 솔직하고 온전하게 표현할 수 있는 학문적 환경에서 마음껏 능력을 발휘하면서 잃어버린 자신의 일부를 발견하고 되찾을 수 있었다. 조너선은 자신이 잃어버린 부분이 훨씬 가치가 크다는 것을 알게 되었다.

마지막으로, 버나드는 길거리 불량배이자 비행 청소년에서 우등생이자 대학 장학생으로 거듭나면서 과거 경험의 먹구름 사이로 빛이 새어 나오는 것을 느꼈다. 버나드는 자신이 고등학교 생활을 잘할 수 있고 '아르바이트가 끝나고 가게 문단속을 한 뒤에 열쇠를 자기가 보관할 정도로 책임감을 인정받은' 사람이 되었다는 생각이 들면서부터 자신을 새롭게 보기 시작했다고 말했다. "길거리 불량배로 죽지는 않겠구나 생각했습니다."

나와 면담했던 사람들은 모두 지난 실패의 환경에서 벗어나 치유의 무대로 나아가야 한다고 말했다. 다른 학교에 전학을 가서 자신을 못난 존재로 바라보는 친구와 교사에게서 벗어나 자신만의 재능을 인정해주는 학습환경에 안착하거나, 사랑의 매를 든 판사에게 이끌려 길거리에서 벗어남으로써, 비로소 이들은 치유의 무대에 오를 수 있었다.

자신이나 남을 치유하려는 사람에게 확실한 성공 비책을 처방할 수는 없지만, '평균, 보통, 평범' 또는 '멍청하다, 돌았다, 게으르다'라는 꼬리표를 떼어주어야 한다는 것은 분명하다. 토드의 사연에서 이 점을 거듭 확인할 수 있다. 토드가 대인관계에서 성공을 거둔 것은 초등학교와 중학교를 졸업하고 자신의 행동과 성적을 나무라기만 하는 교사들에게서 벗어나 대학에서 학문적으로 두각을 나타낸 뒤다.

버나드는 꼬리표가 막강한 위력을 가지고 있으며 그것에서 벗어나야 한다고 말한다. "저는 요즘 아이들이 제가 학교 다니던 40여 년 전과 똑같은 방식으로 꼬리표의 악영향에 시달리고 있음을 알게 되었습니다. 아이들에게 꼬리표를 붙이는 악습을 왜 중단하지 않는 거죠?" 대체로 학교는 학생이 노력하면 성장할 수 있다고 생각하지 않고 인간의 능력은 타고난 것이라고 규정하여 아이들을 줄 세우고 편 가른다. 크나큰 실패를 겪었거나 '평범, 보통'이라는 꼬리표가 달린 사람들에게 외부 도움 없이 성공을 처방하기(더 노력해라, 더 집중해라, 공부 습관을 바로 가져라.)란 쉬운 일이 아니다.

어떤 면담자들은 밑바닥에 내동댕이쳐진 그 순간, 자신도 모르는 사이에 실패라는 구름을 뚫고 빛이 새어 나오는 것을 경험했다. 토드가 7학년 때 글쓰기 실력을 부정당했을 때, 로런이 대입 자기소개서를 표절로 의심받았을 때, 조녀선이 중학교 시절에 보고서를 베꼈다며 혼났을 때, 이때가 이들의 밑바닥이었다. 학교체제가 통째로 이들에게 등을 돌린 듯한, 사회에 과연 정의가 존재하는지 의심할 수밖에 없는 상황이었다. 하지만 이 순간, 이들은 학교의 대우가 부당하다는 사실을 깨닫기 시작했으며 이로부터 비판 의식을 가지게 되었다. 자신을 평가하는 자들이 틀릴 수도 있다는 사실을 이해하게 되었다. 이렇듯 혼란스럽고 절망적인 순간은 한편으로는 학교가 준 상처를 치유하는 기본 원칙의 씨앗을 담고 있었다. "스스로 자신의 가치라고 여기는 것을 학교가, 교사가, 검사관이 평가하게 내버려두지 말라."라는 원칙 말이다. 학습과 정체성은 학생 자신의 소유여야 한다.

독자들 또한 학교 교육을 이해함으로써 나름의 깨달음을 얻을 수 있을 것이다. 조너선은 말한다. "어릴 적에 '나는 멍청하고 돌았고 게으르다'라는 말을 늘 되뇌며 자랐다. 머릿속에서 테이프가 무한 반복되는 것 같았다. 학습장애가 있는 아이들이나 그 부모와 이야기해보니, 학교생활을 잘 못하는 아이들 대부분이 나와 같은 생각에 사로잡혀 있었다. 고등학교에 들어가서 이 생각을 억누를 수 있었지만, 완전히 몰아낼 수는 없었다. 좀 더 긍정적인 토대가 갖추어지기 시작한 것은 어머니와, 또한 나의 학습장애를 이해하는 선생님들이 나를 도와주면서부터다. '조너선, 이건 네 문제가 아니야. 우리 문제란다. 너는 고칠 필요가 없어. 고쳐야 하는 것은 망가진 교육체제야.' 내가 고등학교 때 영어를 가르쳐주신 스타키 선생님은 늘 이렇게 말씀하셨다. '네가 쓰기를 잘 못하는 건 멍청해서가 아니라 3차원과 4차원을 넘나들기 때문이란다. 글은 2차원밖에 안 되거든!'"[6]

토드, 로런, 조너선, 버나드가 통찰력을 얻고 굴레에서 벗어날 수 있었던 것은 학교 교육을 구조적·정치적으로 분석하면서부터였다. 조

+ 다른 학교로 전학하거나 다른 반으로 옮겨서 자신을 이해받고 인정받을 때

+ 자신을 진심으로 지지하는 교사가 생기고, 난생 처음으로 교사의 애정을 경험할 때

+ 학교에 대해, 우리가 왜 학교에 적응하지 못하는지에 대해 남들과 이야기할 때

+ 학교 교육의 사회학적 측면을 연구하고, 학교가 왜 상처를 줄 수밖에 없는지를 이해할 때

+ 자녀가 생겨서 자녀가 학교에서 받는 상처를 솔직하게 대면할 때

+ 교사가 되어서 학생의 치유자 역할을 할 때

너선은 면담에서 이렇게 말했다. "학습장애 학생 또는 문제 학생이라는 판정을 받으면 학생의 가치 체계는 와르르 무너집니다. 교육 문제가 개인의 문제로 축소되면서 다른 사람과 손잡을 여지가 사라지는 겁니다. 그러니 체제를 바꿀 힘을 모을 수 없습니다. 제 경험을 정치적으로 비판하면서부터 저는 치유의 계기를 마련할 수 있었습니다. 우리가 특정 유형의 사람들을 소외시킨다는 것을 깨달은 거죠."

버나드는 학교의 역할이 아이들을 줄 세우고 편 가르는 것임을 알게 된 뒤로 자신을 분명히 인식하고 학교체제를 변화시키기 위해 나설 수 있었다. "아이들에게 꼬리표 붙이는 짓을 중단해야 합니다. 이것은 우리 아이들에게 상처를 입히는 짓입니다. 우리가 하고 있는 짓은 아이들에게 마약을 주는 것과 다를 바 없습니다. 꼬리표를 붙여도 같은 효과가 납니다. 정신과 감각을 무디게 하니까요. 아이들은 우울과

혼란을 경험합니다. 결단력도 약해집니다. 교실 수업에서는 지적 자극을 받기 힘듭니다. 불꽃을 꺼뜨리는 거죠. 한번 꺼진 불꽃을 되살리기란 불가능에 가깝다고요!"

3단계 분노와 슬픔

우리가 학교에서 상처받았음을 깨닫고 인정했다면, 이제는 자신의 감정을 다스릴 시간이 필요하다. 상실로 인한 슬픔과 분노를 온전히 경험하지 않으면 다음 단계인 수용, 화해, 재참여로 나아갈 수 없다. 어릴 적에 일어난 일을 돌아볼 때 어떤 현상이 일어나는지, 토드의 설명을 들어보자. 토드는 눈물을 글썽이며 말했다. "제게 일어난 일은 저에게, 또한 어떤 아이들에게도 일어날 필요가 없는 것이었습니다. 아이들은 온갖 노력을 다합니다. 그저 어떻게 하면 더 나아질 수 있는지를 모를 뿐입니다."

나도 이런 경험이 있다. 대학원에 들어갔을 때 생전 처음으로 교수에게 따뜻한 조언을 들었다. 내게 최선을 기대하고 요구한 분이었다. 초등학교 때부터 그런 애정을 받았다면 어땠을까? 내가 이루지 못한 성과를 이룰 수 있지 않았을까? 나의 대학원 시절 경험을 우리 아이와 학생들도 맛보게 해주려면 어떻게 해야 할까?

애도 상담가 스투프는 치유의 3단계를 '내면으로 들어가는 시기'라고 말한다. "애도 과정 중 분노 시기에는 타인에게 집중하여, 남들이 자기에게 어떻게 상처를 입혔는지 생각한다. 반면에 슬픔 시기에는 자기 자신에게 더 집중하게 된다. 우리는 자신이 잃어버린 것이 무엇인지 생각하는 자기 평가 시기를 거친다. 내가 다시는 경험하지 못할 것은 무엇인가? 내가 빼앗긴, 다시는 되찾지 못할 것은 무엇인가? 그 과정에서 나는 무슨 역할을 했는가?"[7] 우리는 이를 자기중심적이고 유아론*적이라고 여겨 거부하기보다는 치유 과정의 필수적인 부분으로 받아들여야 한다. 애도 연구가 라이크와 데이비드슨닐슨이 말한다. "우리가 잃어버린 것을 슬퍼할 때 우리가 가진 것에 대한 기쁨이 싹튼다. 잃어버린 것을 슬퍼함으로써 장래에 가지게 될 것에 대한 희망을 키울 수 있다."[8]

비탄에 빠진 동안에는 슬픔과 분노를 오락가락하는 게 정상이다. 조너선은 자신에게 상처를 입힌 체제에 대한 분노를 승화시켜, 성공을 추구하는 동기로 삼았다고 말한다. "또 다른 동기유발 요인은 분노입니다. 분노는 중요한 원동력입니다. 갈수록 효과가 떨어진다는 것이 단점이지만요. 대학생활 초기에 분노가 제게 힘이 되었던 건 사실입니다. 1학년 때 학교 직원에게 영문학을 전공하고 싶다고 말했습니다. 직원은 제 기록과 성적을 살펴보더니 무시하는 듯한 말투로 '덜 지적인' 분야를 전공하는 게 좋겠다고 말했습니다. 그 사람의 태도에 분노가 치밀었습니다. 이 분노를 어떻게 할 것인지, 즉 분노를 안으로 돌려 자존감을 무너뜨릴 것인지, 아니면 긍정적인 행동을 취할 것인지 선택해야 했습니다. 저는 후자를 선택하여 그 자리에서 문학 수업을 네 강좌나 신청했습니다. 그 학기에 평균 4.0을 받았고요. 분노의 역효과, 그러니까 남들이 틀렸다는 걸 입증하려는 노력의 역효과는, 오랫동안

---

* 唯我論 실재하는 것은 자아뿐이고, 다른 것은 자아의 의식 속에 존재하는 것이라는 이론

분노를 원동력으로 삼다 보면 그 와중에 자기 자신을 잃어버릴 수 있다는 것입니다."[9]

단순히 분노하거나 슬퍼하기만 하면(때로는 두 감정을 동시에 느끼기도 한다.) 결국 효과가 떨어지게 마련이다. 감정을 충분히 겪었다면, 이제는 앞으로 나아가도 좋다. 내 편이 되어주는 사람들이 곁에 있으면 이 시점을 판단하는 데 도움이 된다. 하지만 학교가 주는 상처는 문화적으로 부인되는 탓에 슬퍼할 시간이 충분치 않아서 섣불리 대응할 우려가 있다. 이런 충동을 억눌러야 한다. 로런은 슬픔과 분노를 충분히 경험했으니 교사로서 새로운 삶을 시작할 준비가 되었다고 마음먹은 화해의 순간을 이렇게 묘사한다. "사람들에게 인정받고 이번 학기에 내 감정을 말과 글로 폭넓게 표현했더니 이제 앞으로 나아가도 되겠다는 생각이 들었다."

학교가 준 상처를 용서하고 비난을 넘어서는 것은 기운을 차리고 재참여하기 위한 마지막 단계다. 많은 사람들은 이를 계기로 학교 교육을 개혁하는 데 적극적으로 나서기도 한다. 조녀선은 자신을 철저하고도 폭넓게 이해하고 용서했으며, 부단한 활력과 창의적 정신을 재발견했다. "저는 여전히 같은 상황에 처해 있습니다. 새로운 국면을 맞았을 뿐이죠. 늘 저 자신을 '싸우는 사람'으로 생각했습니다. 하지만 이제는 무작정 싸우기보다는 대안을 찾습니다. 큰 변화죠."

뉴욕 시 교육계에서 18년을 일해온 버나드는 전국 차원에서의 교육개혁에 힘쓰기 위해 교육학 박사 학위를 취득하기로 마음먹었다. 버나드는 얼마 전에 이렇게 말했다. "학교를 바꾸려면 해야 할 일이 아주 많습니다. 언제까지나 아이들을 위해 선한 싸움을 할 것입니다."

4단계 화해와 재참여, 변화를 위한 노력

학교가 주는 상처와 관련하여 '비난'의 덫에 빠지지 않으면서도 현행 교육체제의 개혁 필요성을 인식하려면 정서적 보살핌을 받고 자신을 알아야 한다. 비난, 분노, 슬픔을 넘어서려면 자신을 추스르고 자신이 행동을 취할 준비가 되었는지 판단한 다음, 개인적·직업적 삶에서 재참여를 단행해야 한다. 내가 면담했던 사람들은 거의 다 교사나 교장·교감, 사회운동가나 개혁가로서 나름대로 교육제도 개혁에 참여하고 있었다.

토드는 학습장애가 있는 아이들이 학교에서 받는 처우를 개선하기 위한 신경인지과학 연구에 열정을 바치고 있으며 이를 필생의 목표로 삼았다. 로런은 자기를 지지하고 재능을 길러준 교사들처럼 자신도 그런 교사가 되어 자신과 같은 아이들이 학교생활을 잘할 수 있게 돕겠다는 꿈을 갖고 있다. 조너선은 학습장애 운동가가 되어 사람들이 인간으로서의 자기 가치를 재해석하도록 돕는 일에 삶을 바치고 있다. 조너선과 공저자 데이비드 콜은 전국 규모의 비영리 단체 '프로젝트 아이 투 아이'Project Eye to Eye [10]를 설립하여 학습장애 판정을 받은 학생들이 자신의 '다름'을 받아들이고 성공적인 미래를 일궈낼 수 있게 도와주는 프로그램을 만들고 있다. 버나드는 도심 학교 교장의 새로운 본을 보이기로 결심했다. 대학원 과정을 이수하여 교육개혁에 대한 자신의 주장을 더욱 확대하고 영향력을 키우는 한편, 예전의 자신과 같은 처지의 도심 학교 학생들을 위해 글을 쓰고 강연하는 것이 그의 목표다.

조너선은 자신의 뒤늦은 깨달음을 이야기한다. "저는 남들과 똑

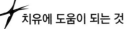
- 학교에서 부정적인 평가를 받는 와중에도 자신의 가치를 알아주고 지지하는 사람이 한 사람만 있어도 도움이 된다. 조너선에게는 어머니가, 토드에게는 아내가 있었다.

- 아이들에게 꼬리표를 붙이고 분류하지 않는 학교 환경

- 평범하지 않은 학습자에게 지적 자극을 주는 학교 환경(이들의 고유한 학습 재능을 존중하고 끌어낸다.)

- 경험을 긍정적으로 재해석하도록 끊임없이 유도하는 것

- 학교 교육에 대한 비판적 인식

같아질 수 없는 정신의 소유자입니다. 끊임없이 활력이 넘쳐나며, 관습적인 교육 환경에는 적응하지 못합니다. 하지만 지금은 평안을 느낍니다. 저를 어떤 틀에 가둘 수는 없습니다." 조너선은 고정관념과 성공의 압박에서 벗어난 뒤에 다른 사업을 벌일 활력을 새로 찾았으며, 자신이 이제껏 겪은 것과 다른 새로운 창의성과 자유를 발견했다. 조너선이 말한다. "다음 사업을 구상하고 있습니다."

치유를 돕는 연습

우리는 언제 교육되는가? 우리가 가고 싶은 머나먼 행성에 대해 조금씩 알아갈 때, 행성을 향해 출발하기 위해 우리가 할 수 있는 모든 일을 할 때 우리는 교육된다. 어른들이 엄하고 우울한 것은 실망했기 때문이다. 그래서 자기 내면에 있는 은

총의 초대에 귀를 기울이지 못한다. 우주선에 녹이 슬도록 내
버려두는 것이다.

- 장프랑수아 리오타르, 《우주선》

누구나 즐겁고 자발적으로 배우고 싶어 하지만 성인인 우리에게
는 여러 가지 걸림돌이 있다. 다음과 같은 질문을 스스로에게 던짐으
로써 배움에 대한 자신의 태도를 들여다보고 과거의 학습경험이 자신
에게 어떤 영향을 미쳤는지 생각해볼 수 있을 것이다.

첫째, 눈을 감고 어릴 적 학교생활의 기억을 떠올려본다. 언제,
무슨 일이 일어났는가? 이 경험이 교육과정에 대한 기본적인 감정에
어떤 영향을 미쳤는가? 어릴 적 기억을 떠올리면 어떤 느낌이 드는가?

둘째, 긍정적인 학습경험으로는 어떤 것이 있는가? 이것은 상세
한 목록일 수도 있고 한 번의 사건일 수도 있다. 학습경험에서 무엇을
생각하면 즐거운가?

셋째, 첫째 질문의 대답과 둘째 질문의 대답이 서로 어떻게 비교
되는가?

넷째, 새로운 학습경험을 접했을 때 어떤 것이 두려운가? 어떤 상
황에서 그러한가?

다섯째, 긍정적인 학습경험의 요소를 실현하는 학교를 계획한다
면 어떤 모습일까?

6장 상처 입은 학교는
치유될 수 있는가

누가 장애인가? 학습자인가, 학교인가?

- 데이비드 로즈(응용기술센터 공동 창립자)

무엇이 문제인가

상담을 위해 우리가 방문했던 교외의 한 공립학교는 교사들의 의욕과 학생들의 시험 성적이 바닥에 떨어져서 고심하고 있었다. 내가 동료들과 함께 이 학교를 찾은 것은 평온한 수면 아래에서 무슨 일이 벌어지고 있는지 파악하여, 학생의 요구에 부응하고 시험 성적을 끌어올리기 위한 개선 계획을 마련하도록 돕기 위해서였다.

우리는 학교를 방문하면 항상 교실을 찾는다. 최대한 많이, 될 수 있으면 모든 교실을 둘러보려 한다. 나는 이 교실 저 교실을 다니며 교사와 학생이 소통하는 광경을 관찰했다. 내가 찾은 첫 교실에서는 고등학교 2학년생 17명이 이차함수 그래프 그리는 법을 배우고 있었다.

수업 시간에 학생들이 맨 처음 한 일은 컴퓨터를 옮겨와 책상 위에 올려놓는 것이었다. 소란스러운 분위기에서 6분이 지나갔다. 한 학생이 소리쳤다. "웩! 자판이 너무 더러워요!" 교사가 손 세정제와 수건을 가져오라고 말하자, 또 다른 학생이 "아이, 지저분해. 도저히 못 만지겠어요."라며 목청을 높였다. 시간이 속절없이 흘렀다.

마침내 수업이 시작되었지만 수업 목표는 제시되지 않았다. 교사가 "어제 배운 거 생각나지?"라고 묻자 한 학생이 우물거리며 "예."라고 대답했다. 그러자 교사는 교실 정면 칠판에 영사된 컴퓨터 화면으로 시선을 돌렸다. 어두운 교실에서 컴퓨터 화면에 시선을 고정한 채 'a'에 들어갈 숫자를 어디에 입력해야 포물선이 움직이는지를 아주 오랫동안(12분 동안이나) 설명했고 학생들은 멍하니 들었다. 교사가 또 설명하고 학생은 또 들었다. 또 설명하고 또 듣고, 시간이 지루하게 흘렀다. 마침내 교사가 학생들에게 각자의 컴퓨터 화면에 보이는 방정식 칸에 식을 입력하라고 하자, 한 학생이 "선생님, 어떻게 하는 건지 모르겠어요."라고 말했다. 뒷줄에 앉은 여학생 두 명은 노트북 파우치를 어떻게 꾸밀지 속닥거리다 포물선을 가리키며 이렇게 말했다. "곡선은 이렇게 예쁜데 공식은 왜 이렇게 못생겼담?"

나는 교실 뒤쪽에 있었기 때문에 학생들이 교사의 말에 귀를 기울이려고 애쓰면서도 얼마나 좌불안석인지 알 수 있었다. 교사는 수업 시간의 4분의 3가량을 혼자 떠들며 전체 학생을 향해 질문을 던졌다. 아무도 대답하지 않자 교사는 자기 질문에 자기가 직접 대답했다. 교실 뒤쪽 끝에 있던 남학생은 수업 내내 허공을 응시하며 한마디도 하지 않았다. 내 근처에 있는 여학생들은 자기들끼리 수다를 떨었다. 수업이 끝난 뒤에 물어보니 학생들은 이차함수 그래프를 왜 배우는지 모르겠다고 대답했다. 학생들은 수업의 주요 목표를 이해하지 못했다. 교사는 수업 목표를 설명하지 않았으며, 수업은 흐름이 뚝뚝 끊기며 지루하게 진행되었다. 교사는 배우였고 학생은 관객이었다. 학생들이 탐구하고 개념을 이해하고 자신의 생각을 펼치고 토론할 기회는 찾아보기 힘들었다. 조용하면 칭찬받고, 가만있으면 칭찬받고, 시키는 대로 하면 칭찬받고, 질서를 지키면 칭찬받았다.

수업을 마무리하면서 반 전체가 자신들의 학습 성과를 '평가'했는데, 참여한 학생은 몇 명 되지 않았다. 학교에서 마련한 지침에 따라 교사가 건성으로 물었다. "여러분, 이야기할 때 상대방을 존중하고 예의를 갖추었나요?" 학생들은 엄지손가락을 치켜들거나 내려 응답했다. "수업에 적극적으로 참여했나요? 학교와 자신에게 책임을 다했나요? 시간을 지키고 수업 준비를 잘했나요?" 이것이 학교의 중요한 목표일 수는 있겠지만, 지적인 참여와 생각, 교육과는 무관했다. 수업의 목적이 스스로 사고하거나 수학을 탐구하는 것임을 학생들에게 주지시키지도 못했다. 뒷자리 여학생들은 나와 친해지자, 수업에서 아무것도 배우지 못했으며 시간 낭비였다고 말했다.

복도를 지나 들어간 또 다른 교실은 분위기가 딴판이었다. 목표 지향적 교과 계획을 강조하는 교사 교육 프로그램을 수료한 3년차 교사는 수업의 목표에 집중했으며 학생들이 깊은 생각과 사고력을 펼치도록 하는 데 중점을 두었다. 그 교사는 이것이야말로 모든 교과 계획의 핵심이라고 생각했던 것이다. 이 같은 교육 프로그램에서는, 사람마다 지력이 다르고 저마다 다른 방식으로 학습하기 때문에 정보를 제시하고 교육에 참여시키는 데도 여러 방법을 동원해야 한다는 점을 강조한다. 학생들은 수업이 마음에 쏙 든다고 말했다. 이유를 물었다. "진짜 공부니까요. 어려운 문제를 놓고 진짜로 생각하고 직접 조사해야 하거든요. 마르케스 선생님은 저희가 진심으로 도전하고 책을 읽을 수밖에 없도록 만드셔요. 그래서 선생님이 좋아요."

　마르케스 선생의 인문학 교실에는 벽마다 학생들의 과제가 전시되어 있었다. 학생들은 '집단 학살' 단원과 '증오의 피라미드'를 공부하면서 편협한 행동과 태도를 성찰하고 과제를 수행했으며, 상당수의 과제 결과물을 벽에 게시해놓았다. 학생들은 원하는 교과 활동을 선택할 수 있었다. 동영상 작업을 마무리하거나, 전쟁 영화를 감상하거나, 전쟁 연극 대본 연습을 계속하거나, 전쟁을 주제로 시를 쓸 수 있었다. 학습장애가 있는 학생을 일대일로 보조하기 위해 수업 도우미가 대기하고 있었으며, 마르케스 선생은 아이들이 전쟁에 관해 성찰하며 만드는 동영상에 조언자로 참여하기도 했다. 학생들은 하고 싶은 활동에 따라 조별로 모여서 곧장 과제를 수행하기 시작했다. 딴짓을 하거나 잡담을 하는 학생은 아무도 없었다. 학생들은 자신이 하는 일에 몰두했다.

　중학교부터 고등학교 졸업반까지 교실들을 쭉 관찰했더니 대부분은 기하학 수업을 하던 첫 번째 교실과 분위기가 비슷했다. 이 학교 교사들은 취지는 좋았지만 좀처럼 효과를 거두지 못했으며 '무관심하고 때로는 무례한' 학생들을 다스리느라 애를 먹었다. 수업은 대부분 교사 중심의 강의로 이루어졌으며, 교사가 문제를 내면 학생들은 교사가 요구하는 정답이 나올 때까지 답을 찍었다. 학생들이 수행한 것은 절차를 반복하고 정보를 기억해내는 저차원적 인지 과제였다. 한 교실에서는 교사가 진도를 확인하더니 심드렁한 표정으로 읽기 연습용 교재를 뒤적였다. 한 학생이 교재를 읽었지만 아무도 관심이 없었다. 교사는 교실 뒤쪽에서 쪽지를 주고받으며 낄낄대는 남학생들을 제지하느라 바빴다. 급기야 딴짓을 하는 학생을 혼내느라 몇 번이나 읽기를 중단시켰다. 수업은 매우 지루했다. 내가 학생이었더라도 좀이 쑤셔서 견디기 힘들었을 것이다.

수업이 끝난 뒤에 그런 이야기를 했더니, 10년째 교단에 섰지만 이 학교는 처음이었던 교사는 깜짝 놀랐다. "늘 그렇게 가르쳤는걸요. 이 학교 애들은 선생을 무시해요. 도무지 말을 안 들어요. 다들 글러먹었어요."

이 학교는 교육 효과와 성적이 전반적으로 낮았지만, 성적이 우수한 학교도 예외는 아니었다.[1] 축 처진 교실 풍경은 내가 몇 년간 방문한 수백 곳과 다르지 않았다. 이렇게 식상한 교육 방식[2]은 저조한 성적, 학생들의 낮은 관심도와 참여도, 교사의 좌절과 무력감을 낳으며, 배움에 대한 창의적 관심을 잃게 만든다. 저차원적 교수법과 참여 결여는 학생들에게 심각한 영향을 미친다. 비효과적 교수법을 1년 이상 겪은 학생이 원상 회복하려면 2년이 걸릴 수 있으며, 비효과적 교수법을 3년 이상 겪으면 회복이 불가능할 수도 있다.[3]

교육비평가 롤런드 메이건의 말마따나 '강압적이고 원치 않는 가르침의 끊임없는 흐름'[4] 속에서, 우리가 가르치는 방식은 시대에 뒤떨어졌고, 학생들을 자극하지 못하며, 교사들에게 좌절만 안겨준다. 학교도 상처를 입었다. 제 역할을 못 하는 교수법은 교사들을 서로 소외시키고 협력과 재능 공유를 가로막으며, 학습과 능력의 본질에 대한 진부한 개념은 교육을 불구로 만들었다. 학생의 목소리는 과소평가되거나 주목받지 못하고, 학부모는 찬밥 신세이며, 현행 교과과정과 기술의 발전을 따라가지 못하는 교육환경은 교육의 흥미를 떨어뜨리며 학생들에게 무용지물이다.

데이비드 로즈는 "우리의 교과과정은 망가졌다."라고 말한다. 로즈가 하는 일은 학습 자료를 모든 학습자가 활용할 수 있게 교육환경을 설계하는 것이다. "학교는 스터브리지 빌리지* 같다. 페라리를 운전해야 하는 아이들에게 마차 모는 법을 가르치는 꼴이다."[5]

외로운 싸움

교사는 가장 사회적이면서도 가장 고립된 직업이다. 처음 교단에 섰던 때가 생각난다. 교장은 나를 우리 반에 데려다주면서 행운을 빌어줬다. 교장이 교실까지 따라 들어왔는지는 모르겠다. 시멘트벽은 흰색이었고, 창밖으로 운동장이 내려다보였으며, 한쪽 벽에는 커다란 칠판이 걸려 있었다. 교사용 책상이 하나, 며칠 뒤면 이곳에 앉을 5학년 아이들을 위한 책상이 35개 가량 놓여 있었다. 나는 아무 계획도 없었다.

동료 교사 몇 명이 인사를 건넸지만 조언을 해줄 만한 사람은

---

* 19세기 초 풍경을 재현한 매사추세츠 주의 민속 마을

없었다. 누군가 헤엄치는 법을 가르쳐주겠다며 나를 수영장
으로 끌고 가 가장 깊은 물속에 밀어넣은 것 같았다.

- 피터 쿡슨, 《외로운 싸움》⁶⁾

교사들은 새로운 요구에 부응하기에 역부족이다. 교사를 양성하
는 방식과 교수 업무의 구조적·문화적 환경이 열악하기 때문이다. 일례
로 앞에서 예로 든 학교에는 학습장애가 있는 학생이 아주 많았다. 이
학생들은 전통적인 교수법에 제대로 반응하지 못하기 때문에, 맞춤형
수업을 위한 혁신적이고 창의적인 전략을 짜야 한다. 하지만 대다수의
교사는 이런 훈련을 받지 못했다. 그때그때 서로 조언을 주고받거나,
재교육을 받으며 자신의 교수법을 되돌아볼 여력이 있는 교사는 매우
드물다. 스스로 나서지 않는 한 복잡한 교수법을 습득할 기회를 얻기
는 힘들다. 아이디어를 나눌 사람도 없다.

교사들은 교수법을 스스로 만들어내야 하며[7] 체계적인 지원을
받지 못하고 고립되어 있다. 우리는 수업 참관을 마친 뒤 학생들이 수
업에 집중하지 못하고 딴짓을 하며 수업 시간이 허비되고 있다고 지적
했다. 교사들은 "어떻게 해야 더 잘 가르칠 수 있는지 모르겠습니다."
"무엇부터 시작해야 할지 모르겠어요." "잘하고 싶지만 방법을 찾는
게 쉽지 않아요."라고 대답했다.

나의 동료인 토니 와그너는 자신이 교직을 선택한 이유를 학교가
좋아서가 아니라 마음에 들지 않는 학교 관행을 바꾸고 싶어서였다고
말한다. 대학을 졸업하고 토니는 하버드 교육대학원 석사 과정에 등록
했다. 그런데 석사 학위를 받을 때까지 실제로 학생들을 가르치거나 수

업 실습을 할 기회가 사실상 한 번도 없었다. 토니는 워싱턴 교외 지역의 고등학교 부설 대안학교에 몸담았다. 일류 대학원을 졸업하고 교육에 대해 오랫동안 고민하고 연구했지만, 교수법을 지도받거나 동료나 멘토의 조언을 들은 적은 한 번도 없었다.

　토니는 교직의 첫 경험을 이렇게 이야기했다. "아이들에게서 의욕이라고는 찾아볼 수 없었다. 학습 의욕을 불어넣거나, 아니 학교에 붙어 있게라도 하려면 어떻게 해야 하는지 고민스러웠다. 나는 문제아들을 일대일로, 또는 소집단으로 상대하는 특수교육 교사였지만, 일반적인 교수법도 경험해보고 싶어서 정규 영어 수업을 자청했다. 늘 혼자 하기보다는 다른 교사들과 교류하고 싶은 마음도 있었다. 영어과 과장은 내게 학생이 39명인 반을 배정해주었다. 그런데 다른 반은 대부분 기껏해야 25명이었으며 과장이 가르치는 선이수 영어반은 13명이었다. 내가 실패하길 바라는 건가 하는 생각이 들었다."

　토니는 명문 사립학교에서 가르치다 고등학교 교장을 거쳐 대학 교수가 된 뒤에도 여전히 혼자서 교수법을 고안했으며 조언을 해주는 사람도 없었다. 교사 멘토링과 대화가 시도되고 있기는 하지만, 지금도 신규 임용되는 수많은 교사들이 똑같은 상황을 겪고 있다. 티처스 칼리지Teachers College 학장을 지낸 아서 레빈은 교사 교육 수준을 신랄하게 비판한 보고서를 썼다. 그는 보고서에서 교사 교육이 엉망이며, 꿈에 부푼 교사들 대다수가 수준 낮은 프로그램으로 교육받아서 교단에 서기에 미흡한 실정이라고 지적한다.[8] 교사가 제대로 된 훈련을 받지 못하고 멘토링과 협력 기회를 얻지 못하고 교수법을 개선할 여력이 없으면 교사와 학생, 학부모 모두가 상처를 입는다.

분자생물학자이자 시애틀 퍼시픽 대학교 응용학습연구소 뇌 센터 소장인 존 메디나는 이렇게 말했다. "두뇌의 능력을 향상시키는 것과 정반대의 교육환경을 구축하려거든 교실처럼 만들면 된다."[9] 토니의 교사 체험기에서 보듯, 교사가 훈련받고 일하는 지금의 여건에서는 교사가 교수법을 발전시키거나 교실 환경을 학생의 필요에 맞게 바꾸기는 힘들다. 현재의 학교 구조는 교사가 학습할 여건을 만들어주지도 못한다. 이 구조를 바꾸려면 엄청난 노력이 필요한데, 교사들은 여력이 없다. 학습에 관한 지식은 나날이 풍성해지고 분화되고 있는데, 현행의 일괄처리식 학습 모형은 인간의 두뇌에서 학습이 이루어지는 매우 복잡한 방식과 점점 괴리되고 있다.

뇌 과학이 밝혀낸 불편한 진실

> 우리 문화는 다양성을 필요로 하며, 학교는 다양성을 옹호해야 한다.
>
> - 데이비드 로즈(응용기술센터 공동 창립자)

PET와 MRI 같은 새로운 의료진단 기법이 학습을 이해하는 분야에 혁명을 일으키고 있다. 뇌에서 학습이 이루어지는 과정이 속속 밝혀지고 있다. 우리는 이제 뇌가 정보를 처리하거나 자료를 저장하는 방식이 사람마다 다르다는 것을 안다.[10] 이러한 신경생물학적 관점이 널리 퍼지면서, 우리는 뇌 자체가 매우 정교하고 복잡한 정보처리 장치, 즉 '세상에서 가장 정교한 정보전달 체계'임을 새롭게 깨닫게 되었다.[11]

나는 뇌에 대한 새로운 이해를 바탕으로 교수법을 설계하는 학술회의에 참가한 적이 있다. 객석에서 한 교육자가 질문을 던졌다. "뇌가 학습하는 방식을 볼 때, 어린 학생이 읽고 쓰기 능력을 키우려면, 총체적 언어 교수법과 발음 중심 교수법 중에서 무엇이 낫습니까?" 발표자들은 잠시 머뭇거리더니 그 질문에 답할 수 없다고 말했다. 이유인즉, 어느 한 방식을 택하기에는 뇌가 정보를 처리하는 방식이 너무 복잡하고(뇌는 정보를 상향식도, 하향식도 아닌 양방향으로 처리한다.) 뇌마다 다르다는 것이었다. 한 가지 접근법으로는 학생들의 요구에 부응할 수 없으며, 학습을 상향식이나 하향식의 단방향으로 간주하는 것은 유용하지 않다고 발표자들이 단정적으로 말하자 객석에서는 정적이 감돌았다.

사실 우리에게는 학습의 이미지를 머릿속에 그릴 정확한 물리적 모형이나 비유조차 없다. 미흡한 개념 모형이 발목을 잡는다. 앞의 질문과 대답은 뇌에 대한 이해를 바탕으로 학습을 바라보는 관점을 재구성해야 함을 강조한다. 우리는 교육자로서 학습에 대한 생각을 혁신해야 한다. 학습은 일반화된 능력이 아니며, 시간이 지남에 따라 달라지는 다양한 모듈(수업과 관련된 일련의 목표를 성취하기 위해 수집한 학습 경험들의 집합체), 과정, 지도가 학습에 관여한다. 사람들의 뇌는 저마다 다른 능력을 가지고 있으며, 이 능력은 시간이 지남에 따라 달라진다. 우리의 뇌는 환경의 필요와 요구에 따라 놀랍도록 복잡한 방식으로 스스로를 '조각'한다.

학습할 때 뇌가 작동하는 과정과 학습 행위가 뇌를 변화시키는 과정에 대한 지식이 풍부해짐에 따라, 우리는 학습자의 유형이 수없이 다양하다는 사실을 깨닫기 시작했다. 존 메디나는 말한다. "이런 자료들로 보건대, 모든 뇌가 똑같은 방식으로 학습하리라고 기대하는 학교 체제가 과연 바람직한가? 현행 학교체제는 일정한 나이가 되면 일정한 학습 목표를 달성해야 한다는 기대를 토대로 삼는다. 하지만 우리의 뇌가 그런 기대에 부응하리라고 생각할 이유는 전혀 없다. 나이가 같더라도 지적 능력은 천차만별이다. 이를테면 읽기 연령에 도달한 학생들의 10%가량은 아직 글을 읽을 만큼 뇌가 발달하지 않았다. 융통성 없이 나이만을 기준으로 삼는 모형은 두뇌의 생물학적 발달과는 어긋나기 때문에 역효과만 낼 것이다."[12]

우리는 이러한 새로운 데이터를 토대로 교육과 학습 '장애'를 바라보는 관점을 재고해야 한다. 학습자의 장애를 교육환경과 나란히 놓고 생각하면 학습자에게 무엇이 필요한지 아는 데 도움이 된다. 즉, 교육환경이 해당 학습자의 필요를 충족할 수 있는지 없는지 자문하는 것이다. 장애가 있는 것은 학습자인가, 학교인가? 따라서 교육과 교과 설계를 사고하는 전체 체계에서 획기적인 패러다임 전환을 이루어야 한다.

문제는 새로운 연구 성과가 교실 현장에 반드시 효과적으로 접목되지는 않는다는 것이다. 상처 입은 학교는 새로운 뇌 연구 성과와 발맞추고 점점 정교해지는 학습 데이터를 따라가느라 애를 먹고 있다. 뇌에 대한 새로운 지식을 이해하고 활용하다 보면 낡은 교육 모형이 새로운 관념과 지식에 걸맞지 않음을 절감하게 된다. 존 메디나의 말이 다시 떠오른다. "두뇌의 능력을 향상시키는 것과 정반대의 교육환경을 구축하려거든 교실처럼 만들면 된다."

    가장 중요한 사실은 뇌 연구가 발전함에 따라 학습자를 바라보는 우리의 시각도 바뀌고 있다는 것이다. 우리 가족은 아이들이 어릴 때 뉴욕 시에 있는 자연사 박물관을 즐겨 찾았다. 1990년대로 기억된다. 눈 오는 2월 어느 날, 박물관에서 종의 다양성을 주제로 전시회가 열렸다. 아마존 강 유역에서 가져온 이국적인 꽃과 동식물이 웅장한 전시 공간을 가득 메웠다. 빅토리아풍의 그레이트홀은 제국주의적 분위기를 물씬 풍겼지만, 전시물은 다양한 생명력을 맘껏 뽐냈다. 건강하고 강인하며 성장하는 세상을 위해서는 유전적 다양성과 종 다양성이 필수적이다.

    종의 다양성 개념을 처음 소개한 이 전시회는 생태계의 건강성이 다양성에 비례한다는 사실을 관람객에게 일깨워주었다. 다양성은 생명이다. 다양성이 없으면 생태계의 모든 측면이 약화된다. 멸종, 이상 기후, 질병, 토양 침식에 훨씬 취약해진다. 전시회가 열렸을 때 나는 대학원에 다니고 있었다. 나는 대학원에서 다양한 견해와 학습 유형, 다양한 얼굴과 피부색과 사회·경제적 지위, 다양한 출신 지역에 다양한 목소리를 가진 동급생들이 학습자로서의 내 경험을 얼마나 풍요롭게 해주는지 늘 실감했다. 학생들의 이러한 차이는 나의 지적 생태계 모든 측면을 강화했다. 그 덕분에 나는 편견과 편협한 시각에서 벗어나 인지적인 퇴보, 질병, 멸종에 덜 취약해질 수 있었다. 교육 분야에서 일어나고 있는 인식의 전환을 생각할 때마다, 나는 자연사 박물관과 대학원에서 얻은 중대한 깨달음을 떠올린다.

    학습장애와 관련된 새로운 뇌 연구 성과의 의미를 접한 교사들은 교육이 극단적으로 개별화될까 봐 지레 겁을 먹는다. 많은 교사와 관리자는 "뇌가 학습하는 방식은 저마다 다르다."라는, 즉 똑같은 아이는 하나도 없다는 관점이 거북하다고 말한다. 이들은 집단화의 이점과 학교의 민주주의 교육 기능이 훼손될까 봐, 또한 학습이 총체적으로 구성되지 못하고, 포괄적인 기준이나 공유된 가치관, 서로 뒷받침하는 성과 없이 학생들이 각자 따로따로 학습할까 봐 우려한다. 하지만 인지 다양성을 새롭게 이해하면 인지적 차이를 잘못으로 치부하지 않고 더 탄탄하고 일관되고 효과적인 학습 문화를 구축할 수 있다. 인지 다양성을 인정하면, 학생들의 수많은 재능을 이끌어내고 북돋워주는 데 큰 도움이 된다.

학습자를 이해하고 교육과정을 재구성한다면 우리는 예전보다 더 단단하게 결속될 것이고 경쟁을 기반으로 한 타율적 학습 모형에서 벗어날 것이기 때문이다. 배움의 기쁨이 학습의 전면에 등장하여 학습자에게 더 큰 동기를 불어넣는다면 시험 점수의 중요도는 낮아질 것이다. 다양성이 활력을 불어넣는다는 것을, 다시 말해 인지 다양성을 인정하고 존중하면 교사와 학생이 약해지기는커녕 더 강해진다는 것을 알게 될 것이다. 다양한 학습자의 요구에 부응하도록 학교와 교실을 재구성하면 모든 학생에게 이익이 된다. 이것은 우리가 경험하고 또 경험한 바다.[13)]

위기를 맞은 학교

응용기술센터에서는 연구자와 교육 과정 입안자들이 기존의 교수 환경을 뜯어고쳐 모든 학생이 교육 혜택을 누릴 수 있도록 하기 위해 20년 넘도록 연구에 매진하고 있다. 응용기술센터 공동 창립자 데이비드 로즈는 말한다. "학교는 도구와 기술이 빈약하여 장애를 겪고 있다. 이른바 '교과 기반 장애'인 셈이다."[14] 원래 로즈와 동료들은 학습장애 아동을 위한 보조 기술을 설계했으나, 뇌 과학의 발전에 발맞추어 연구를 진전시키면서 학습환경이 인지적 접근에 문제가 있는 일부 학생에게만 장애가 되는 것이 아님을 깨달았다. 로즈가 말한다. "학습장애가 있는 아이들은 탄광의 카나리아 같은 존재다. 우리는 학교가 학습장애 아동뿐 아니라 일반 학생들에게도 해롭다는 사실을 점차 깨달았다. 카나리아가 죽으면 광부들은 모두 대피해야 한다."[15]

데이비드 로즈와 동료들이 제시하는 효과적인 학습환경의 요소는 이렇다.

- 다양한 표현 수단. 새로운 교수법은 학습 과제나 문제를 표현하는 유일한 '최선의 방법'이 있다고 가정하지 않는다. 일부 학생에게는 기본적인 접근권을 보장하고(맹인을 위한 점자 학습) 모든 학생에게 다양한 교수법을 제공해야 한다(수학 개념을 글과 그림으로 표현).

- 학습을 입증하는 근거는 다양한 방식으로 소통할 수 있으며 소통해야 한다. 학습에 유일한 '최선의 방법'이 없듯이, 숙달을 입증하는 방법도 여러 가지다. 보고서를 쓸 수도 있지만, 그림을 그리거나 동영상을 제작하는 방법도 있다. 학습 과제에 따라 평가 방법을 달리해야 하며, 교사가 창의성과 유연성을 발휘하고 숙달의 기준을 미리 제시해야 할 수도 있다.

• 교수법을 설계할 때는 다양한 참여 방법을 담아야 한다. 학습자의 성향에 따라 다양한 방식으로 흥미를 끌고 동기를 부여할 수 있도록 학습 경험을 구성해야 한다.

교육의 패러다임이 근본적으로 바뀌고 있다. 예전에는 교수법에 중점을 두었지만 이제는 학습이 부각되고 있다. 얼마 전에 열린 교육 관련 학술회의에서 비영리 연구소 '아이는 다 다르다' All Kinds of Minds 의 메리 딘 배린저 사무총장은 경제가 바뀜에 따라 교육이 변하고 있다고 말했다. "학교보다는 학생에게 관심이 쏠리고 있습니다. 논의의 초점은 단연 '학습'입니다. 우리는 교수법에 치중하던 과거에서 벗어나 어떻게 하면 모든 학생이 잘 배울 수 있을지 고민합니다."[16] 신기술, 교직에 대한 새로운 관점, 신경인지과학적 뇌 이해 등이 변화의 원동력이기는 하지만, 학생들이 성과를 달성하게 하려면 훨씬 역동적이고 참여적인 교육환경을 마련해주어야 한다는 인식도 한몫했다.

2007년에 미래학자 앨빈 토플러는 《에듀토피아 매거진》과의 인터뷰에서 교육의 변화에 대해, 또한 학교가 상처를 주는 현실에 대해 이야기했다. 토플러는 학교가 '산업사회의 훈육'을 목표로 진부한 시대에 적합하게 조직되었다고 지적하면서 교육체제를 아예 철폐하라고 권고했다. "처음부터 다시 생각해야 합니다. 교사들은 훌륭합니다. 창조적이고 뛰어난 교사가 수없이 많습니다. 하지만 이들이 일하는 체제는 시대와 완전히 동떨어져 있습니다. 지금의 교육은 산업 노동자를 양성하기 위한 체제입니다."[17]

토플러는 미래의 학교가 지금과 완전히 다를 것이라고 말한다.

토플러가 상상하는 학교는 아래와 같다.

- 수업이 24시간 진행된다.
- 맞춤형 교육을 제공한다.
- 학생들은 저마다 편리한 시각에 등교한다.
- 저마다 다른 나이에 공교육을 시작한다.
- 과목 통합형 교육과정을 운영한다.
- 교사 아닌 사람들이 교사와 함께 가르친다.
- 교사는 교직과 일반 직업을 왔다갔다할 수 있다.
- 기업이 학교에 사무실을 둘 수 있다.
- 학생과 부모가 교육환경을 자유로이 선택할 수 있게 차터스 쿨을 늘린다.

우리가 지금 시도하는 교육개혁을 예견한 1960년대 교육비평가들은 새로운 학교의 이상과 새로운 교육관을 무시하다가는 위기를 맞을 것이라고 말했다. 우리가 현재 살아가는 교육환경에서는 학교를 변혁할 수 없으며 교사와 학생이 온전히 참여하여 최대한의 성과를 거둘 수 없다. 미래의 학교를 계획하는 정책 입안자들은 "먼 미지의 미래를 계획하려면 생각을 미래 지향적으로 바꾸어야 한다."[18]고 말한다. 학교를 변혁하려면 미래 지향적 생각을 과감하게 받아들여야 한다.

7장

부모는 상처받은 아이를
어떻게 치유하는가

아이는 부모가 가장 잘 압니다.

학교를 상대하는 것이 아무리 힘들더라도 결코 포기하지 마세

요. 아이를 포기하지 마세요.

- 어느 학부모의 말

부모의 유령

교육학자 세라 로런스라이트풋은 학부모 면담을 주제로 한 책에
서, 학교 교육을 둘러싸고 부모와 교사 사이에 미묘한 알력이 있다고
말한다. 로런스라이트풋은, 학부모가 자기 아이에 대한 희망과 꿈을
피력하고 교사가 학생의 학교생활에 대해 의견을 제시하는 순간인 학
부모 상담 시간보다 두려운 때는 학부모에게 없다고 말한다. 학부모와
교사는 동반자여야 하지만 오히려 서먹서먹하고 의심하는 관계일 때
가 많다.[1] 심지어 '천적'[2]일 때도 있다.

이것은 우리 사회에서 가장 중요한 교육 장소인 학교와 가정의 근원적인 갈등을 반영한다. 자녀가 학습하고 성장하려면 학교와 건설적으로 협력해야 하지만 부모가 학교에서 아이 편을 들다 보면 감정이 격해지거나 자제력을 잃기 십상이다. 로런스라이트풋은 학교와 가정의 협상 과정이 건설적인 협력이라기보다는 학부모, 학생, 교사가 마주앉을 때마다 자제력을 잃고 치열하게 싸우는 전투처럼 느껴질 수 있다고 말한다.

학교가 주는 상처를 연구해온 경험에 따르면, 부모가 학교에서 효과적이고도 균형 있게 자녀의 편을 들려면 우선 과거로 거슬러 올라가 자신이 학교에서 받았던 상처를 들여다보아야 한다. 자녀가 학교생활을 잘할 수 있게 하려면 자신을 현명하게 성찰하고 치유하려는 자세를 갖추고 자신의 교육관을 자각해야 한다. 그래야만 도울 수 있다.

우선 학교의 첫 기억, 학교생활에서의 중요한 전환점, 자신에게 큰 영향을 미쳤지만 의식하지 못한 학문적 성과에 대한 느낌 등을 생각해보자. 1장의 마커스 이야기에서 보듯이, 부모들은 자녀가 학교에서 부당한 대우를 받는 것을 보면 자기 자신이 겪었던 극심한 분노와 상처가 떠올라 자제력을 잃기 쉽다. 부모는 이러한 극단적 감정의 뿌리를 살피고 다스려야 한다. 치유자이자 가톨릭 사제인 헨리 나우엔은 이렇게 말했다. "상처가 벌어져 피가 나고 있으면 남들이 두려워 피하지만, 누군가 우리 상처를 정성껏 치료해주면 더는 우리를 두려워하지 않는다."[3]

자신의 상처를 이해하고 치유하기 시작하면 학교에서 더 효과적으로 자녀를 편들고 치유와 관련한 다양한 입장(학교 경험을 생각하고 이해하는 방식)에서 자녀에게 힘을 보탤 수 있다. 그러면 자녀는 학교생활에서 어려움을 맞닥뜨렸을 때 더 강인하게 행동하고 더 쉽게 회복되고 더 큰 자제력을 발휘할 것이다.

학교는 학부모를 배제하고 싶어 한다

학교는 교사를 지식과 권위의 유일한 원천으로 내세우고 교육 실태를 비밀에 부치는[4] 낡은 문화 규범과 구조를 통해 학부모를 중요한 교육 문제에서 배제했다. 학교는 곧잘 학부모에게는 장벽이요 교사에게는 보호벽이 되어, 학부모가 교실에 발을 들이지 못하고 학교 사정을 알지 못하도록 '제 역할'을 한다.[5] 교육학자 돈 무어는 시카고의 한 공립학교에서 일어난 사건을 예로 든다. 의욕이 넘치는 젊은 교장이 아침 시간에 학생들의 읽기 습관을 길러주려고 120명이 넘는 부모들을 도우미로 모집했다. 하지만 박수를 받기는커녕 학교의 통제권을 내주었다는 비난만 샀다. 학부모가 학교에 득시글거리게 만들었다는 이유에서였다.[6]

학교는 학부모를 위협적이고 두려운 존재로 여길 때가 많다. 학생이 학교생활을 잘하려면 부모의 참여가 아주 중요하다는 연구 결과가 많지만,[7] 학교는 학부모가 참여하지 못하게, 학부모의 활동이 학교 기금을 마련하기 위한 '바자회' 수준을 넘지 않도록 교묘하고 은밀하게 막는다. 이를테면 맨해튼에 있는 초등학교 두 곳의 학부모들은 아이들이 시험문제를 출제하는 한 회사를 위한 모의고사에 참여하게 되었다는 사실을 우연히 알게 되었다. 그전부터 학부모들은 자녀들이 낙오학생방지법 때문에 이미 시험에 충분히 시달리고 있다고 생각했다.(뉴욕시에 소재하는 학교의 학생들은 초등 저학년 때부터 해마다 진단고사를 최대 여섯 번 치른다.) 모의고사 계획이 들통 난 것은 교사·학부모 회의에 참석한 한 학부모가 교사들의 이야기를 우연히 들은 덕분이었다. 이 학부모는 "모든 게 비밀에 싸여 있어요."라고 말했다.[8] 학부모들은 시험 거부 운동을 벌였으며, 뉴욕 시장은 진단고사가 교육의 질을 높이기 위한 것이라고 해명했다.

공립학교 학부모연합 웹사이트의 운영자 토냐 그레이는 이렇게 말한다. "공립학교에 자녀를 보낸 부모는 자녀와 관계된 정보를 너무 늦게 얻거나 너무 적게 얻거나 아예 얻지 못한다. 마치 우리가 자녀 교육에 참여하지 못하도록 거리를 두라는 암묵적인 규약이 있는 듯하다."[9]

많은 학부모들이 경험했듯이 학교는 학습 문제에 대해 특별한 권위를 주장한다. 하지만 그에 걸맞은 전문성을 보여주지 못할 때도 있다. 어떤 학부모가 말했다. "아들이 초등학교 2학년 때, 우리가 참 좋아한 선생님께서 아이에게 난독증이 있는 것 같다고 말씀하셨어요. 다행히 친구 중에 대학에서 난독증과 진단법을 가르치는 사람이 있어서 물어봤더니 난독증 가능성은 없다더군요. 이 사실을 몰랐다면 선생님의 잘못된 판단 때문에 얼마나 고생하고 시간을 허비했을지 몰라요. 그러지 않아서 천만다행이죠." 학부모들이 명심할 것은, 교사가 선의로 행동할 수는 있지만 학습을 이해하는 임상 수준의 진단 실력은 갖추지 못했다는 것이다. 하지만 학교가 권위를 내세우고 문화적·사회적 구조가 교사를 감싸고 있는 한 학부모가 여기에 의문을 제기하기는 힘들다.

학부모가 적절하다고 생각하는 학교 참여의 수준은 계급, 문화적 배경, 자신의 교육 경험에 따라 천차만별이다.[10] 저소득층, 저학력 가정, 학교의 규범과 기대에 친숙하지 않은 이민자 가정의 학부모는 학교만 가면 기가 죽는다. 학교와 교사의 권위에 자녀를 내맡기는 문화에 익숙한 부모들은 학부모가 학교와 적극적으로 소통해야 한다는 새로운 문화적 규범이 낯설다. 부모가 맞벌이를 하거나 간신히 입에 풀칠만 하고 산다면 학교 일에 참석하거나 자원봉사에 참여하거나 행사 비용을 보태기 힘들다. 마지막으로, 자신의 생활양식이나 가치관 때문에 학교에서 소외감을 느끼는 부모도 있다. 학교는 대개 중산층 중심의 기관이기 때문에, 중산층이 아닌 사람은 은밀한, 또는 노골적인 기부감을 느낄 수 있다.[11]

따라서 학교가 학부모 참여를 '환영'하고 학부모가 자녀의 학교생활에 관여하고 학교 상황을 아는 것을 자신의 의무로 여기더라도, 참여 과정에서 갈등과 혼란을 피할 수 없다. 자녀가 학교생활을 잘하도록 뒷받침하려면 학부모가 교육에 참여하는 것이 매우 중요하다는 것을 알지만, 학부모는 교육이나 학교문화와 관련된 논의에서 알게 모르게 배제된다. 자녀가 중학생이나 고등학생이 되면 대다수의 부모는 학교 문제에서 손 떼라는 압박을 받는다. 이는 나 자신이 네 자녀의 엄마로서 여러 번 경험했던 것이다. 애들 학교에서는 내가 기금 모금이나 학교 홍보에 참여하는 것은 반겼지만, 학교의 교육 실태나 교과 문제를 논의하는 것에는 머뭇거리거나 노골적으로 적대감을 표출했다. 학교에서 이렇게 적대감을 드러내고 학부모를 배제하는 것은, 학교의 교육 실태가 알려지면 곤란하거나 학교가 각 학생의 학습 특성의 차이에

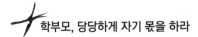

+ **학교의 신화를 벗겨내라.** 교육체제가 언제나 아이에게 이로운 것을 고민한 다는 신화, 시험이 내세우는 목적이 진짜라는 신화, 교사가 아이의 성과를 분석하고 판단할 훈련을 제대로 받았으며, 교과 단원의 교수 목표를 달성하기에 충분한 지식을 갖추었다는 신화에서 벗어나야 한다. 교수법에 대한 이해가 개선되고는 있지만, 이 모든 조건이 충족될 가능성은 희박하다.

+ **자신의 교육관이 어떠한지, 이것이 학교의 교육관과 다를 수 있음을 자녀에게 솔직히 이야기하라.**

+ **학교의 교육관에 전부 동의하지는 않더라도 자녀의 학문적 성과를 격려하고 칭찬하라.** 영화 《위대한 토론자들》에서 아버지가 아들에게 숙제했느냐고 묻는 장면이 나온다. "지금 할 일이 뭐지?" 아들이 대답한다. "해야 하는 일을 해야 해요. 그래야 하고 싶은 일을 할 수 있으니까요."

+ **자녀가 스스로 자기 주장을 할 수 있는 실질적인 전략을 함께 고민하라.** 학습에 필요한 사항을 교사에게 어떻게 전달하면 효과적일지, 학습환경을 개선할 수 있는 조언을 하되 어떻게 해야 교사를 자극하지 않을지 논의하라.

+ **현실적으로 대처하라.** 자녀를 학교가 주는 상처에서 완전히 보호할 수는 없지만, 학교의 부정적인 영향이나 경험에 대해 균형을 맞춰줄 수는 있다.

+ **부모 자신의 삶에서 배움의 기쁨과 즐거움을 실천하라.** 자녀의 호기심을 원상 회복하는 가장 좋은 방법은 부모 자신이 왕성한 호기심과 탐구열을 발휘하는 학습자가 되는 것이다.

+ **자녀가 강인하고 현명하다고 믿으라.**

+ **결코 자녀를 포기하지 말라.** 학교에서 자녀에게 어떤 말을 하든, 자녀가 어떤 상처를 입거나 분노에 싸였든, 부모에게는 자녀의 아름다움과 지혜를 들여다볼 수 있는 통찰력이 있다. 자녀에게도 자신을 들여다볼 수 있는 통찰력을 길러주라.

부응할 능력이 없기 때문일 것이다. 하지만 교육경험과 학습 문제야말로 학생들에게 상처를 입히는 가장 흔한 요인이다. 학부모들은 학교가 겉과 속이 다르며, 학교와의 소통이 힘들다는 사실을 명심해야 한다.

학교 교육의 신화 벗기기

> 저는 학교가 모든 학생에게 가장 이로운 것을 염두에 둔다고 믿었어요. 하지만 우리 아이에게 필요한 것을 무시하고 노골적으로 거부하는 일을 거듭 당하자, 저는 충격과 분노에 빠졌어요. 제 눈앞에서 우리 아들이 침울하고 내성적인 아이로 변해갔어요. 초등학교 1학년도 되기 전에 글을 읽었던 아들이 이제는 반 평균을 밑돈다고 하네요.
> 고백하건대, 아이에게 더 잘하라고 강요하고 윽박지르고 심지어 벌주면서 저는 학교와 공범이 되었어요. 학교가 우리 아이를 보호해주지 않으리라는 것을 알게 되자, 학교에 대한 신뢰가 땅에 떨어졌어요.
>
> — 학부모가 필자에게 보낸 편지

우리는 학교체제가 선하며 우리 아이의 행복을 염두에 둔다고 믿는다. 하지만 아이 편에 서려면 하루 중 대부분의 시간 동안 우리 아이를 맡아 키우고 있는 교육체제를 더 깊이 파악하고 더 치밀하게 판단해야 한다. 자녀가 다니는 교육기관에 노골적으로 적대적인 태도를 취하라는 말이 아니다. 하지만 이 책의 바탕이 된, 학교가 준 수많은 상처 이야기에서 보듯이, 학교가 학생에게 공감하고 학생에 대해 잘 안다고 보장할 수는 없다.

따라서 부모는 학교체제가 언제나 '공정'하거나 옳다고 기대해서는 안 되며, 언제나 우리 아이들에게 가장 이로운 것을 생각한다고 믿어서도 안 된다. 여러분 자녀의 담임교사는, 물론 선의로 행동하고 열심히 노력하겠지만, 시험 성적을 올려야 한다는 책무성 압박에 시달리고 있으며, 온갖 종류의 학생과 학습 상황을 책임져야 한다. 충분한 훈련과 시간, 추가 지원을 받지 못하는 경우도 많다.

앞에서 설명했듯이, 교사들은 모든 학생의 학습에 필요한 것을 채워줄 수 없기 때문에 부모가 빈자리를 메워야 한다. 또한 자녀가 과제나 성적, 교사의 지적이 부당하다거나 자신에게 상처를 입힌다고 생각하면 부모는 자녀의 말에 귀를 기울여야 한다. 어떤 일이 있었는지 물어보고, 교사의 의도나 목적이 무엇이었는지 자녀와 허심탄회하게 이야기해야 한다. 그래도 문제가 분명히 파악되지 않거나 의문이 남으면 교사나 교장·교감과 직접 대화해야 할 수도 있다.

학부모의 교육관과 학교의 교육관이 충돌하는 경우도 있다. 학부모는 이런 가능성도 염두에 두어야 한다. 한 학부모가 면담 중에 이렇게 말했다. "학교는 학력평가시험 성적이 좋고 통념적으로 볼 때 성공하는 학생을 길러내는 데 치중했어요. 그게 중요하지 않다는 건 아니지만 제 관심사와는 일치하지 않았어요. 우리 딸이 배움의 의욕을 잃고 있다는 생각이 들었어요." 이 학부모는 자신의 교육 철학에 부합하는 소규모 차터스쿨에 딸을 전학시켰다.

부모가 자녀를 도우려면 교육기관과 자신의 학교 경험을 냉철하게 신화를 벗겨내고 볼 수 있어야 한다. 부모는 다음과 같은 태도로써, 자녀가 학교 경험에 대해 비판적 물음을 던지고 학교에서 받은 상처를 치유하도록 도울 수 있다.

- **'인류학자'의 태도** 나는 아이들에게 학교의 관행을 인류학자처럼, 즉 처음 접한 낯선 문화를 대하듯 관찰하게 한다. 어떤 관습과 의례가 시행되는가? 어떤 행동이 보상받고 어떤 행동이 처벌받는가? 학교에서는 역할을 어떻게 배정하는가?

아이들이 학교의 기본 기능을, 또한 학교 교육이 '어떠해야 하는가'를 논의하도록 한다. 그리고 학교의 목적을 설명한다. 학교는 기술과 지식, 생각하는 방법을 가르치기도 하지만 학교가 중시하는 가치에 따라 학생을 줄 세우고 편 가르는 기관이기도 하다. 이것이 항상 사려 깊고 공정하고 온당한 과정은 아니라고 우리 아이들에게 말한다.

우리 아이들이 학교에서 부당한 대우를 받거나 존중받지 못하거나 과소평가를 당하는 경우가 있다. 그러면 아이들은 상처를 받는다. 하지만 이러한 상황이 아이의 인생을 결정하도록 내버려두어서는 안 된다. 상황이 바뀌지 않으리라고 체념해서는 안 된다. 상황을 당연하게 받아들여서는 안 된다.

학교가 돌아가는 상황을 관찰하는 법을 배우면 학교생활을 잘할 수 있으며, 아이들은 금세 뛰어난 관찰자가 된다. 우리 아이들은 교사가 모범생을 귀여워하고 그 애가 잘못을 저질러도 "얘는 그럴 애가 아니야."라고 감싸주며 불량 학생을 벌준다고 곧잘 이야기한다. 이를테면 한 녀석이 말하길, A만 받는 친구는 숙제를 늦게 내도 괜찮지만 성적이 나쁜 친구는 똑같은 일에도 혼나고 벌을 받는다고 말했다. 이런 물음을 던져보자. 이것이 왜 문제가 되는가? 사람들이 어떤 가치관을 가지고 있기에, 아이들의 능력을 어떻게 생각하기에 이런 현상이 생기는가?

• **'변화 주도자'의 태도** 나는 우리 아이에게 학생의 본분이 허락하는 한 학교 교육의 부당함을 관찰하고 인식하여 그에 따라 행동하라고 말한다. 얼마 전에, 열세 살 먹은 아들이 학교에서 일어난 사건에 대해 엄마 아빠와 이야기를 나누고 싶다고 했다. 조별 수업 중에 아들이 친구와 잡담을 했다. 두 아이는 전날 벌어진 농구 경기 이야기를 하다가 언성이 높아졌다.(이 친구가 주전 선수였다.) 그 순간 교사의 시선이 둘에게 꽂혔다. 교사는 친구를 앞으로 불러 야단쳤지만 아들에게는 아무 말도 하지 않았다. 친구는 학교의 농구 스타지만 흑인인데다가 모범생도 아닌 반면, 아들은 백인이고 모범생이다. 선생님의 태도가 부당하다고 생각한 아들은 그 주가 끝나기 전에 교사를 찾아가 항의했다. 백인 중산층의 특권을 자각하고 이를 긍정적으로 승화한 덕에 아들은 학교생활을 올바르게 할 수 있었다. 학교가 학생에게 피해를 주거나 부당한 처우를 할 수 있음을 깨달은 자녀는 강인하고 능동적으로 행동하고 학교 개혁에 당당하게 참여할 수 있다. 이것이야말로 학생의 본분이다.

학교체제 안에서 양심에 따른 거부를 실천하는 학부모도 많다.

이들은 자녀가 숙제를 건너뛸 수 있도록 학교와 협상하고, 학력평가시험을 거부하는 것을 지지하고, 자녀가 학습경험에서 의미를 찾을 수 있도록 학교와 상의한다. 자녀에게 공정하고 의미 있는 학습환경을 마련해주고, 학교가 자기 자녀나 다른 사람의 자녀에게 상처를 입힐 때 반대 목소리를 내는 것은 자녀를 치유하려는 건전한 태도다.

아이의 편에서 아이를 믿다

한 엄마가 학부모 상담을 끝마치고 담임교사에게 쓴 편지 내용을 내게 들려주었다. 이 편지는 자녀를 현명하게 편들고 인내심을 발휘하는 게 어떤 것인지 잘 보여준다. 아이는 2학년이다. "학부모 상담이 끝나고 나서 마음이 무거웠어요. 실망스러운 결론이 나오니까 기운이 쭉 빠지더라고요. 선생님은 아이의 약점, 그러니까 토론할 때 시간관념이 없는 것, 운동장에서 친구들이랑 어울리지 못하는 것 때문에 선입견을 가지고 계셨어요. 물론 다 맞는 말이에요. 하지만 상담 분위기가 하도 냉랭해서 며칠 동안 마음을 추스를 수 없었어요. 그래서 선생님에게 편지를 쓰고 싶었어요. 마틴에게서 더 온전한 모습을 보아주십사 하고요."[12] 학교와 교사가 아이를 균형 있게 바라볼 수 있도록 하는 것은 학부모의 중요한 임무다.

상처 입은 아이들은 학교의 부정적 평가를 반박하고 용기를 불어넣어줄 부모나 어른 조력자를 애타게 찾는다. 아이가 학교생활을 잘하도록 하려면 부모가 긍정적 평가를 해주는 것이 매우 중요하다. 아이가 실수를 저지르고 꼼수를 부리며 숙제를 '잊어버리고' 학교에서 있었던 일을 숨기더라도 부모는 아이에게 이렇게 말해주어야 한다. "나는 네 편이란다. 함께 해결책을 생각해보자."

그런데 아이가 학교에서 힘든 일을 겪으면, 우리는 교사 편에 선다. 이게 부모의 마땅한 역할이라고 생각하기 때문이다. 하지만 자녀에게 힘이 되는 부모는 자녀가 학교 이야기를 할 때 귀를 기울이는 부모다. 말을 끊지 않고, 섣불리 판단하지 않고 자녀의 말을 있는 그대로 이해하려는 사람이다. "선생님께서는 네가 어떻게 하기를 바라시니?" "숙제가 힘드니?" "학교생활을 더 잘하려면 어떻게 해야 할까?" "선생님께 부탁해볼래?" 부모가 판단을 내리지 않고 귀를 기울이며 여러 관점(자녀의 관점, 학교의 관점, 부모의 관점 등)에서 상황을 파악한다는 것을 자녀가 알면 학교생활 문제를 스스로 성찰하는 법을 배울 수 있다. 또한 부모를 보면서 자신도 남의 말에 귀 기울이는 법을 배우게 된다. 자신의 견해와 신념을 당당하게 내세우면서도 다른 사람의 신념을 존중하는 법을 배우는 것이야말로 학교생활에서 가장 중요한 덕목이다.

학교가 주는 상처를 예방하려면 어려움과 실패를 긍정적인 관점에서 해석해야 한다. 이를 입증하는 연구 결과와 사례가 있다. 2002년에 영국에서는 지적 장애(심각한 학습장애)가 있는 아이들의 엄마 41명을 대상으로, 아이를 대하는 엄마의 태도가 가족의 행복과 전반적인 학업 성과에 어떤 영향을 미치는지 측정했다. 엄마들은 아이를 어떻게 생각하는지, 아이가 나머지 가족 구성원에게 어떤 영향을 미치는지 등의 물음에 답했다. 연구 결과를 보면, 엄마가 자녀를 긍정적으로, 즉 행복과 성공의 근원이자 활력과 유대감의 원천으로 생각하는 가정에서는 가족 모두가 행복하고 자녀가 학교생활에 잘 적응했다.[13]

자녀가 상처받지 않고 학업을 마치기를 바라는 부모나 자녀의 상처를 치유하고자 하는 부모는 상황을 긍정적으로 재해석하는 법을 연습하여 몸에 배도록 해야 한다. 자녀의 행동을 긍정적인 관점에서 해석하여 자녀에게 전달할 수 있어야 하는 것이다. 네드 핼러웰이 말한다. "아이의 목을 조르고 싶을 때조차 아이의 좋은 점을 염두에 두라." 어떤 상황에 처해 있든 부모가 귀담아 들어야 할 조언이다.

아이의 눈으로 바라보다

> 난시 고분고분한 학생이 아니라 진정한 학습자가 되려면 자기 내부에서 동기를 찾아야 한다.
>
> – 로버트 프라이드, 《열정적 학습자》

학교가 선의를 가지고 행동한다고 믿고 노력(인내, 절제, 열망)의 중요성을 인정하는 부모라도 성적에 무심할 수는 없다. 수업 일수가 늘고 숙제 부담이 커지면서 아이의 생활에서 학교가 차지하는 비중이 점점 커지고 있다. 하지만 아이는 학교 바깥을 경험하고 공부 이외의 능력을 기르고 열정적이고 즐거운 배움의 불꽃을 피워 올려야 한다. 《열정적 학습자 *The Passionate Learner*》를 쓴 로버트 프라이드는 아들이 학교에서 고군분투하는 모습을 보면서 이 같은 깨달음을 얻었다고 한다.

"두 아들이 공교육 체제에서 산전수전 다 겪으며 초·중·고등학교를 졸업하고 나니, 내게도 나름의 관점이 생겼다. 그동안 별별 일이 다 있었다. 초등학교 3학년 선생님과는 훈육 방법을 놓고 언쟁을 벌였고,

아들 녀석 하나는 중학교 때 학내 활동을 일부러 소홀히 하는가 하면, 또 하나는 친구 문제 때문에 속을 썩였다. 한 아이는 고등학교 선이수 과정을 죄다 거부하는가 하면, 또 하나는 아이비리그 대학에 갈 생각이 없었다. 두 녀석 모두 교내 스포츠 스타나 학급 임원이나 우등생이 되려는 생각은 없었다. 둘 다 고등학교를 무사히 졸업했다. 고등학교 성적이 탁월하지는 않았지만 둘 다 꽤 좋은 대학에 합격했으며, 대학 생활에도 만족했다. 아들 녀석 하나는 대학을 졸업했고, 또 하나는 고등학교 때 맛보지 못한 지적 탐구를 즐기고 있다.

단순히 고분고분한 학생이 아니라 진정한 학습자가 되려면 자기 내부에서 동기를 찾아야 한다. 수학능력평가시험 성적은 그저 그랬고 교외 활동 실적도 별로 없었지만, 그 아이들에게는 배움의 동기가 있었다. 이제 와서 든 생각이지만, 녀석들이 대학생활을 단순히 사회 진출의 징검다리나 4년짜리 휴가로 여기지 않은 것은 이렇게 독립심을 기른 덕이다. 녀석들은 대학에 들어가서 진정한 학습자가 되기로, 즉 한 번도 경험하지 않은 분야를 탐구하기로 결심했다. 어려워 보이는 과목을 수강하고, 전공을 여러 차례 바꾸면서도 겁먹지 않았다. 아이들이 무척 자랑스럽다. 부모는 자녀가 학습자로서의 자아를 찾을 때까지 한 발짝 물러서서 기다려야 함을 다시금 깨달았다. 문제는 한 발짝 물러서기가 여간 어렵지 않다는 것이다."[14]

부모는 학교가 아이를 부정적으로 평가할 때마다 긍정적 평가로 균형을 맞추고, 아이가 학업 성과를 판단이나 비판 없이 성찰할 기회를 주고, 경쟁하지 않고 자신이 선택한 자기 주도적 학습을 경험하도록 하고, 초·중·고등학교가 매우 중요하기는 하지만 학교가 인생을 결정하지는 않음을 강조해야 한다.

아이가 그다지 좋지 않은 점수가 매겨진 과제물이나 성적표를 받아오면 부모는 어떻게 해야 아이의 성적을 끌어올릴지, 어떻게 해야 아이가 학창시절을 버틸 수 있을지 고민스러울 것이다. 그런 부모를 위해 몇 가지 조언을 해보겠다.

현실을 직시해야 한다.

아이들은 우리가 학교 다닐 때보다 더 많은 시험을 치러야 하며, 학력평가시험, 특히 낙오학생방지시험이나 지방자치체 차원의 시험을 준비하고 치르느라 더 많은 시간을 들여야 한다는 사실을 알아야 한다. 게다가 아이의 학습환경을 좌우하는 교육과정도 시험 위주로 짜여 있다. 부모는 시험에 시달리는 아이들이 학교에 흥미를 붙이고 열심히 학교생활을 하도록 신경 써야 한다.

아이가 성적에 연연해하지 않도록 한다.

모든 부모는 아이가 학교생활을 잘하기를 바라지만, 성적이 아이의 전부를 말해주지는 않는다. 아이에게는 보고서 점수나 성적표로는 보여줄 수 없는 장점과 능력이 많다. 이를 염두에 두고, 자신이 아이를 얼마나 가치 있는 존재로 생각하는지 아이에게 말해주어야 한다. 아이가 고등학교에 들어가서 수학능력평가시험과 내신, 선이수 시험을 치를 때쯤이면, 성적에 연연하지 않는 태도가 더 중요해질 것이다. 성적이야 아무래도 상관없다고 말해서는 안 되겠지만 성적 말고도 중요한 것이 많다는 이야기는 해주어야 한다.

학력평가시험의 평가가 항상 정확하지는 않다는 사실을 이해한다.

여러 연구에 따르면 시험 성적은 매번 달라질 수 있기 때문에, 한 번의 시험이나 성적으로 학생의 '능력'을 판단하는 것은 잘못이다. 게다가 진도를 나가지도 않고서 학력평가시험을 치르는 경우도 있다. 학력평가시험은 학교별 전체 학생의 학업 성과를 판단하는 데는 쓸모 있지만, 개인의 실력 향상을 측정하기에는 미흡하다. 학부모는 자녀가 시험을 어떻게 준비해야 하는지, 결과가 무엇을 의미하는지, 학교에서 점수를 어떻게 활용할 것인지 알 권리가 있다. 교사들은 방어적인 자세를 취하지 말고 분명하게 설명할 의무가 있다.

교사 및 학교 당국과 대화의 끈을 놓지 않는다.

이것은 아무리 강조해도 지나치지 않다. 부모가 학교나 학급 일에 관여하면 자녀에게 매우 이로울 뿐 아니라, 자녀의 학교에 발을 들여놓을 때마다 자녀의 학교 경험과 교사의 목표와 방식을 더 잘 알 수 있기 때문이다. 현장 학습에 자원봉사자로 참여하거나 단합 대회를 도와주라. 교사와 학교 당국은 학교 일에 발 벗고 나서는 부모를 긍정적으로 생각하며, 이것은 자녀가 학교에서 인정받고 주목받는 데도 유리하다.

자신의 교육 가치관을 자녀에게 이야기한다.

자녀의 교육과 관련하여 부모 자신에게 진정으로 중요한 것이 무엇인가? 부모는 자신의 학교 경험에서 무엇이 가장 의미 있었는지 들여다보고 자녀에게 이야기해주어야 한다. 자신에게 가장 큰 영향을 미친 학습경험이 기하학이 아니라 미술이라면, 그 이유를 자녀에게 들려주라. 자녀에게 무엇을 바라는지, 그러려면 어떻게 해야 하는지 설명하라. 그러면 자녀는 학교에서 해내야 하는 임무와 학습을 나름의 시각에서 볼 수 있으며 자신이 선택권을 가지고 나름의 방식을 만들어갈 수 있다고 생각할 것이다.

배우고 창의성을 발휘하고 실력을 발휘할 대안적 환경을 마련해준다.

학습운동가인 그레이스 루엘린과 에이미 실버가 《게릴라 학습 *Guerrilla Learning*》이라는 책에서 말하듯, 학습에서 효과를 거두려면 자신이 배우고 싶은 분야를 선택할 수 있어야 하고 주제에 흥미를 느껴야 하며 자유롭게 탐구하고 시행착오를 겪을 수 있어야 한다. 자녀가 관심 분야를 자유롭게 고민하고 추구할 수 있도록 시간을 할애하라. 오려낸 잡지와 물감 자국으로 집 안이 어수선해지더라도 자녀의 배움을 위해서라면 감수하라. 벼룩시장에서 오래된 레코드판을 손에 넣은 뒤에 오페라에 흠뻑 빠진 일곱 살짜리 아이가 있었다. 아이는 이제 실력 있는 음악가가 되었으며, 그의 가족은 이따금 의상을 차려입고 오페라 연기를 한다.

자녀가 자신의 강점을 찾아내도록 돕는다.

부모는 자녀의 가장 든든하고 확실한 옹호자이며, 이후에도, 특히 자녀가 학교생활을 하는 동안 그럴 것이다. 자녀는 학교에 진학하면 예전보다 더 많은 장애물을 만나기 때문에, 학교생활을 무사히 마칠 수 있도록 적극 격려하고 뒷받침해야 한다. 공부에 도움이 필요하다면 직접 도와주거나 도움을 찾을 수 있도록 해주라. 시험 점수나 기말고사 성적이 나쁘면 자녀가 원인을 찾고 개선책을 마련하도록 함께 고민하라. 해마다 새로운 마음으로 목표를 이루기 위해 노력할 기회가 있음을 강조하라. 아이는 12년, 16년, 심지어 20년의 학창시절 동안 실수와 어려움을 겪을 수밖에 없으므로, 이를 극복할 전략을 짜는 것은 삶에서 중요한 기술이다. 부모는 자녀의 거울이다. 긍정적이고 희망적이고 미래 지향적인 모습을 비추어야 한다.

부모 자신의 삶에서 배움에 대한 애정이 드러나도록 한다.

학교가 시험과 평가에 치우치게 되면서, 학교 밖에서 배움에 대한 애정을 간직하는 법을 자녀에게 가르치는 것이 중요해졌다. 무엇이 여러분의 관심을 끌고, 호기심과 배우려는 열망을 불러일으키는가? 여러분은 자신의 관심사를 어떻게 추구하는가? 이런 이야기를 자녀와 나누면서 부모가 가진 배움의 열정을 자녀에게 보여주라. 그러면 자녀가 가진 호기심의 불꽃을 계속 키울 수 있을 것이다.

아기가 걸음마를 배울 때 새로 얻은 능력에 감탄하며 지겨운 줄 모르듯, 아이가 어릴 적에 경험한 배움과 탐구의 즐거움을 기억하는 부모는 아이가 답답한 학창시절을 잘 헤쳐 나가도록 뒷받침할 수 있다. 배움의 기쁨이라는 불씨를 간직하고 보호하고 바람을 불어주면 아이는 좌초하지 않고 학교라는 여울을 무사히 통과할 수 있을 것이다.

8장
교사는 상처받은 아이를 어떻게 치유하는가

어느덧 32년이 다 되어갑니다. 제가 18개월형을 선고받고 뉴욕주 소년원에서 복역할 때, 수학을 제가 이해할 수 있게 가르쳐주신 선생님이 계셨습니다. 머리카락은 말총머리로 질끈 동여매셨습니다. 청바지에 티셔츠 차림이었고요. 저희들을 진심으로 걱정하셨고 특별하게 대해주셨죠. 낚시에도 데려가셨습니다. 멋지고 근사하고 끈기 있는 분이셨습니다. 선생님께서 저를 보살펴주신 기억이 아직도 생생합니다.

뉴욕 시에서 교육자로 20년 넘게 일하면서 훌륭한 선생님들을 많이 만났습니다. 선생님들은 황금보다 귀한 존재입니다. 저는 선생님들이 기적을 이루는 광경을 목격했습니다. 선생님은 학생한 명 한 명을 어루만집니다. 선생님은 학급 전체가 아니라 학생 하나하나를 가르칩니다. 선생님은 학생에게서 가능성을 봅니다. 선생님은 희망을 선사합니다. 선생님은 학생의 말에 귀 기울입니다. 선생님은 탐색하고 탐구합니다. 선생님은 끈기를 발휘합니다. 선생님은 학생과 더불어 배웁니다. 선생님은 발견합니다. 선생님은 부모님입니다. 선생님은 아이를 자기가 바라는 모습이 아니라 있는 그대로 받아들입니다.

- 버나드 개서웨이(뉴욕 시 대안학교 교육감)

두 교사의 이야기

교사는 학생의 상처에 지대한 영향을 미친다. 교사가 무심코 내뱉은 말 한마디, 제도적으로 승인된 가혹 행위, 조용하고 무관심하고 있는 듯 없는 듯이 학생을 외면하는 태도가 학생에게는 크나큰 상처를 입힐 수 있다. 교사가 아이들에게 '평범'이나 '재능 없음'이라는 꼬리표를 붙여놓고는 별다른 기대를 품지 않는 교육환경에서는 학생이 자신의 지적·도덕적 능력을 깨우칠 수 없다. 그런가 하면 교사는 학생의 삶을 변화시키고 학생 개개인에게서 의미를 찾아내는 능력이 있다. 이런 직업은 드물다. 내가 가르치는 대학생들에게 왜 교육학에 관심이 생겼는지 이유를 말해보라고 하면 다들 열정적이고 아름다운 보고서를 써낸다. 그것은 자신을 '구원'하고, 자신을 믿어주고, 교육체제에서나 자신이 하찮은 존재라고 여겨질 때 자신의 가치를 깨우쳐주고, 자기 안에 있는 비범한 능력을 발견하고 발휘하도록 도와준 남다른 교사들의 이야기였다. 학생들은 이 교사들이 자신을 교직으로 이끌었다고 말한다.

이 장의 주인공은 상처를 치유하는 교사들이다. 우선 학생들의 보고서에 등장하는 교사 두 명을 소개한다. 이들은 학생을 치유하고 영감을 불어넣었으며 학생의 삶에 영원히 잊을 수 없는 영향을 끼쳤다. 첫 번째 학생은 유독 사려 깊었던 초등학교 교사를 기억했다.

잊을 수 없는 선생님: "얘야, 여유를 가지렴"

"선생님이 문제지를 나눠주시는 동안 나는 한시도 시선을 떼지 않았다. 아이들은 답을 써내려갔다. 선생님이 내 앞에 다가오시자 나는 작은 손을 내밀었다. 문제지는 '절대 못 잡을걸!' 하며 나를 놀리는 듯, 비웃는 듯 흔들리고 있었다. 문제지가 책상 위에서 나를 노려보았다. 나는 눈만 깜박깜박할 뿐 아무 생각도 나지 않았다. 숨을 깊이 들이마시고 다시 한 번 문제를 쳐다보았다. 그때 왼쪽에 앉은 아이가 의자를 뒤로 밀었다. 철제 다리가 교실 바닥을 긁는 소리에 귀청이 떨어질 것 같았다. 소음을 떨쳐내려 머리를 흔들었지만 반 아이들 전부가 잡담을 하고 소리를 지르는 것 같았다.

얼마 뒤 비좁은 교실은 문제를 다 푼 아이들이 신나서 떠들어대는 소리로 시끌벅적했다. 주먹을 꽉 쥐었다. 목에서 뜨거운 것이 치솟고 눈에서 눈물이 흘러내렸다. 관자놀이에 자국이 생길 때까지 손톱으로 꾹 눌렀다. '울지 않을 거야. 울지 않을 거야.' 그때 내 생각을 읽은 듯 누군가 등에 손을 얹으며 말을 걸었다. '여유를 가지렴.' 고개를 들어 쳐다보니 앨버레즈 선생님이셨다. 선생님은 다정하고 친근한 눈빛으로 내 눈을 바라보셨다. 선생님의 차분한 태도가 담요처럼 나를 감쌌고 가쁜 호흡이 잦아들었다. 교실은 텅 비었지만 상관없었다. 앨버레즈 선생님께서는 세상의 모든 시간이 내 것이라고 말씀하셨다.

교사가 되고 싶은 이유를 생각할 때마다 이날의 기억이 떠오른다. 앨버레즈 선생님이 아니었다면 나는 3학년을 무사히 마칠 수 있었을까? 돌이켜보면 선생님이 어떻게 해서 나의 절망적인 상황을 알아차리고 다정하게 위로해주셨는지 이해가 간다. 앨버레즈 선생님이 그해 내게 얼마나 큰 변화를 가져다주셨는지 말씀드리고 싶다."

- 셰리(20세, 대학생)

두 번째 학생은 교사 한 명이 교실 분위기를 얼마나 바꾸어놓을 수 있는지 잘 보여준다.

잊을 수 없는 선생님: 눈길의 교환

"자리에 앉아 멍하니 시계를 쳐다보았다. 1초가 1시간처럼 지루하게 흘렀다. 고개를 처박고 따분한 설명을 한 귀로 흘리며 내 이름을 쓰고 또 썼다. 종이 한 장을 빼곡히 채웠다. 나는 수업을 듣고 있다는 시늉이라도 내려고 코츠 선생님을 올려다보았지만, 선생님은 한 번도 고개를 들지 않은 채 바닥만 쳐다보고 계셨다. 칠판은 숫자들과 반쯤 지워진 공식들로 가득했다.

한때는 수학을 좋아한 적도 있었다. 하지만 고등학교 3학년인 지금은 여느 아이들처럼 수학 하면 진절머리가 났다. 아무도 수업을 듣고 있지 않았다. 들으려 하지도 않았다. 듣기가 괴로웠다. 초침이 느릿느릿 기어가더니 마침내 고대하던 종소리가 울렸다. 종이가 날아다니고, 의자가 삐걱거리고, 아이들은 수다 떠느라 아무도 숙제를 내주는 선생님 말씀에 귀를 기울이지 않았다. 죄책감을 느꼈지만, 정신 차리고 있는 것조차 힘겨운 상황에서 귀까지 기울이기는 무리였다. 1년 내내 이렇게 살아야 하나? 나만 이렇게 생각하는 걸까?

종이 울렸고 나는 다음 교실로 향했다. 교실에 들어서는데 놀랍게도 선생님께서 아이들에게 일일이 악수를 청하셨다. 한 번도 본 적 없는 광경이었다. 선생님과 악수를 하니 주눅 들었던 마음이 사라지고 선생님과 동등한 사람이 된 것 같았다. 이름을 말하자 윌슨 선생님께서는 4년 전 농구 캠프에서 내 코치를 맡았던 일을 기억해내셨다. 선생님과 격식 없는 대화를 나눌 수 있다는 걸 그때 처음 알았다. '이런 거라면 얼마든지 환영이야! 국제관계학 수업에서 누가 이럴 줄 알았겠어?' 이런 수업은 생전 처음이었다. 선생님께서 수업 첫머리에 시사 문제를 소재로 기막힌 농담을 꺼내시자 교실은 웃음바다가 되었다. 나는 어느덧 수업을 즐기고 있었다. 이게 가능하단 말이야? 윌슨 선생님의 첫 수업은 모든 면에서 매혹적이었다. 선생님의 한마디 한마디에 이 과목에 대한 열정이 묻어났다. 선생님께서 이번 학기 수업 계획을 설명하실 때 그분의 열정이 들불처럼 교실에 쫙 번졌다. 쌍방향 수업, 프레젠테이션, 현장 학습, 영화 감상, 초청 강연……. 여기서 더 바랄 게 있을까?

선생님께서는 '뻔한 얘기처럼 들릴지도 모르지만, 여러분이 이 수업을 영원히 기억하길 바랍니다.'라고 말씀하셨다. 아이들은 고개를 끄덕이며 공책을 펼쳐 선생님 말씀을 받아 적기에 바빴다. 선생님께서 말씀하셨다. '숙제는 여느 선생님과 다르게 낼 겁니다. 여러분이 하루하루 수업을 되새기고 글로 표현하면 좋겠습니다. 또한 시사 문제에도 관심을 가지기 바랍니다. 물론 시험은 봅니다. 하지만 시험을 위한 시험은 안 낼 겁니다. 저는 공정을 기합니다. 여러분이 즐겁게 시험을 치르도록 해주고 싶습니다. 결코 일방적으로 강의하지 않을 겁니다. 분명히 약속합니다. 제가 10분 이상 혼자 떠들면 그만하라고 말해주세요.' 아이들은 안심했다는 표정을 지었다. 고급 국제관계학은 아이들의 선호 과목이 되었다. 종이 울렸지만 아무도 움직이지 않았다. 선생님께서, 이제 그만 일어나 즐거운 주말을 보내라고 재촉하고서야 토론이 끝났다.

내가 교사가 되고 싶은 이유는, 국제관계학을 가르친 윌슨 선생님이 내게 해준 모든 것을, 수학을 가르친 코츠 선생님이 내게 해주지 않은 모든 것을 학생들에게 해주고 싶어서다. 국제관계학 수업은 내가 교직을 마음에 품은 첫 계기로 영원히 기억될 깨달음의 순간이었다. 줄곧 윌슨 선생님의 자리에 선 내 모습을 상상했다. 그렇게 될 수 있을 거라고 생각했다.

내가 교사가 되고 싶은 이유는, 올망졸망한 아이들의 얼굴을 바라보고 아이들과 눈길을 교환하며 내가 아이들의 삶을 변화시키고 있음을 느끼고 싶어서다. 내가 겪은 나쁜 경험들을 상쇄하고 바로잡고 싶어서다. 영감을 주는 사람이 되고 싶다. 배움을 갈망하는 아이들에게 지식을 전해주고 싶다. 아이들에게 도움의 손길을 내밀고 싶다. 아이들의 친구가 되고 싶다. 교직은 내가 좋아하고 내가 잘할 수 있는 일이라고 생각한다.

내가 교사가 되고 싶은 이유는, 먼 훗날 누군가에게 영감의 원천으로 기억되고 싶어서다."

- 하신타(21세)

새로운 장인 匠人

새로운 장인은 자기 분야에 정통할 뿐 아니라 자기 분야를 위협하는 제도적 병리 현상에 대처할 능력과 의지를 갖춘 사람이다.

- 파커 J. 파머, 《새로운 장인》[1]

저술가이자 사회운동가 파커 J. 파머는 최근에 발표한 훌륭한 글에서 '장인'professional의 원래 의미를 논한다. 파머는, 수백 년 전의 장인은 단지 자기 전문 분야에서 기술적 능력과 고도의 지식을 갖춘 사람이 아니라 어려움에 굴하지 않고 믿음의 서원profession을 한 사람, 열정과 헌신을 일에서 실현하는 사람, 소명 의식에 따라 일상생활을 영위하는 사람이라고 말한다.

파머가 묻는다. 가르치는 직업이 이토록 사람들을 낙담케 하고 소외시키는 상황에서 어떻게 해야 교육의 이상에 가까이 다가갈 수 있을까? 어떻게 해야 적극적이고 효과적으로 가르칠 수 있을까? 어떻게 해야 나 자신과 동료 교사와 학교를 분발시켜 내 직업의 가장 심오한 가치를 신뢰하도록 할 수 있을까?[2]

파머는 의료계, 법조계, 교육계에서 '치유의 정신'이 실종된 세태를 거론하며 교사들이 새로운 장인 교육을 받아야 한다고 촉구한다. 그것은 가르치는 직업과 타인을 돕는 직업이 가진 도덕적 목표를 강조하는 것이다. 파머는 직무 환경의 '제도적 비인간성'에 적극적으로 반대 목소리를 낼 수 있는 사람을 길러내야 한다고 주장한다.

교사는 학생의 학교 경험에서 **빼놓을** 수 없는 요소다. 교사는 학교 건물보다, 교장의 태도보다, 수업 목표보다, 교실 창밖에 내리는 눈송이보다, 등교 시간에 학생과 아버지가 벌이는 말다툼보다 더 중요하다. 교사와 학생이 인간 대 인간으로 관계를 맺는 것, 이 상호작용으로 인한 정서적 경험이야말로 교육의 핵심이다. 하지만 지금 같은 교육환경에서는 교사들이 과중한 업무에 시달리느라 가르침의 기쁨을 잃어버린 탓에 자신의 목표와 꿈을 달성하기가 점점 힘들어지고 있는 것

또한 사실이다. 자신 또한 상처받은 교사인 것이다.

교사들은 교직을 힘겹게 만드는 환경 앞에서 무력감을 느낀다. 자신을 '기계의 톱니바퀴'로 묘사하거나 아무도 자기 말을 들어주지 않는다고 하소연하거나 자신과 학생에게 상처를 주는 행동을 일삼는다. "우리 장인들은 자신이 장인답지 못한 행동을 했을 때 이를 변명하려고 자신을 피해자로 둔갑시키는 나쁜 버릇이 있다. 우리 교육의 숨겨진 교육과정에 따르면 교육기관은 우리와 다른, 우리가 영향력을 행사하지 못하는 권력으로 묘사된다. 하지만 교육기관에 책임을 묻지 못하거나 교육과정에서 소외될지언정 교육기관은 우리와 다른, 우리와 동떨어진 어떤 것이 아니다. 교육기관은 바로 우리 자신이다. 교육기관이 우리의 삶에 던지는 그림자는 우리 내면의 그림자가 외부로 표출된 것이다." 파머는 교육자들이 수동적인 태도를 취하거나 상처 주는 환경에 순응해서는 안 된다고 경고한다.[3]

'치유하는 교사'는 학교의 폭력적 문화 규범에 반대해야 한다는 것을, 해롭고 반지성적이고 교사를 소외시키는 교육환경에서 학생을 돌보고 인정하고 격려해야 한다는 것을 깨달은 사람이다. 8장은 장인들, 즉 학생의 상처를 알아차리고 어루만지며 '학교의 사나운 폭풍우를 피할 수 있는 피난처이자 위로의 섬'을 마련해주고자 하는 교사들에게 보내는 찬사다. 이 교사들은 한결같이 교직에서 외로움을 느끼고 교육관을 공유할 공동체를 찾고 싶어 하며 위압적인 교육체제에 변화를 일으키려 노력한다. 이것은 치유하는 교사의 영웅적인, 하지만 지극히 개인적인 행동의 일부다. 교직의 제도적 조건에 반대하고, 안으로부터 조건을 바꿀 수 있는 조직과 동력을 만들어낼 수 있도록 힘을 모아야 한다.

학생의 관점에서 볼 때 교사에게 가장 중요한 자질은 무엇일까? 예비 교사를 대상으로 한 포괄적 연구에서 연구진은 훌륭한 교사에게 가장 중요한 자질이 무엇이냐고 물었다.[4] 예비 교사들이 꼽은 여섯 가지 자질은 중요도 순으로 학생 중심적 사고, 가르치려는 열정, 윤리적 태도, 학습과 학생 행동의 관리, 교수법, 과목에 대한 지식이었다.

내가 주관한 직무능력 개발 워크숍에서 한 참석자가 말했다. "좋은 소식은, 교사가 중요하다는 것입니다. 나쁜 소식은…… 교사가 중요하다는 것입니다." 수업을 의미 있게 구성할 능력과 지식이 없고 학생에게 상처를 주지 않으려는 의지가 없는 교사는 학생에게 상처를 입힐 가능성이 굉장히 크다. 하지만 소신과 열정을 발휘하는 교사라면 학생에게 영감을 불어넣고 변화를 일으킬 수 있다.

학교의 사나운 폭풍우를 피할 위로의 섬

> 상상의 역할은 해결하는 것이 아니요, 길을 가리키는 것이 아니요, 개선하는 것이 아니다. 상상의 역할은 깨우는 것이요, 평범한 상황에서 보이지 않고 들리지 않고 예상되지 않는 것을 드러내는 것이다.
>
> - 맥신 그린

이브는 휴스턴 외곽의 한 고등학교에서 미술을 가르친다. 교사 경력은 25년이다. 잠시 광고계에 몸담기도 했지만 학생들의 열정과 활력을 잊지 못해 다시 학교로 돌아왔다. 미국 중서부 지역에서 태어나고 자란 이브는 어릴 적 농장 이야기로 말문을 열었다. 농장에는 어딜 가나 가축이 있었으며, 이브의 역할 모델이었던 부모는 자립적 사고방식의 소유자였다. "부모님은 언제나 아름답고 실용적인 것을 추구하셨어요. 그런 신조가 제 성격의 밑바탕이 되었죠. 제가 교육에서 미술을 중요시하는 건 그 때문이에요. 제 일에서 옳다고 생각하는 바를 위해 싸워야 한다는 걸 배웠어요."

지난해 이브의 학교가 속한 학군에서는 지속적인 예산 삭감과 낙오학생방지시험 제도에 따른 책무성 압박에 못 이겨 고등학교 졸업 필수과목에서 미술 교과를 빼기로 결정했다. 사실상 전 학년에서 미술 교육 기금이 증발할 위기에 처한 것이다. 이브는 학군 차원에서 교사들의 반대 운동을 조직하고 미술 교육이 교과과정에 중요하다는 연구 결과를 학교 이사회에 제출했으며, 기금 삭감이 가져올 재앙에 대해 언론에 기고했다. 결국 미술 교육 기금은 복원되었다. "제게 동기를 부여한 것은 학생들이에요. 미술이 교육과정에서 빠지면 아이들의 삶은 어떻게 될까요? 무슨 생각을 하고 살까요?"

이브는 교직에 열정을 쏟고 있고 자신이 학생의 삶에 변화를 가져다준다고 믿지만 교장과의 마찰 때문에 힘들어 한다. "저는 매우 제한적이고 획일적인 교육환경에서 가르치고 있어요. 교장 선생님은 정력적이고 깐깐한 성격으로, 교사나 학생들에게 만족하는 법이 없어요. 이런 분위기에서 저는 미술반 학생들과 예술학과 소속 교사와 학생들에게 피난처를 마련해주려고 동분서주하고 있죠. 제 교육과정에서는 상상력, 인간관계와 의견 교환, 몸으로 배운 지식, 정답이 없는 학습을 중시해요. 학생들은 미술실에서 실험과 체험을 통해, 또한 모호성을 받아들임으로써 배운답니다."

이브의 미술실은 건물 끝에 자리한 넓은 공간으로, 학교 안에서 외딴 섬 같은 곳이다. 삼면에 난 창문 밖으로 나무들이 보인다. 벽에, 천장에, 구석구석에 학생들의 작품이 전시되어 있다. 미술실 한쪽에 놓인 카세트에서는 피아니스트 아트 테이텀의 연주가 흘러나온다. 내가 찾아갔을 때 마침 한 학생이 전자레인지에서 머핀 한 접시를 막 데웠다. 교실 한쪽에 마련된 '부엌'은 누구나 이용할 수 있다. 이브가 말한다. "여기서는 음식을 먹어도 돼요. 우리는 가족이에요."

이브는 자신이 교직을 선택하고 적대적이거나 마음이 맞지 않는 교육환경에서도 일을 계속해나가는 계기가 된 자신의 상처를 회상한다. "가톨릭 학교에서 9년을 시달리면서 미술에 대한 열정을 잃어버렸어요. 학교가 주는 상처를 몸소 겪은 거죠. 제게 반골 기질이 있다는 것, 학교에서 겉돌게 되리라는 것은 1학년 때부터 알았어요. 저는 체제에 적응하지 못했어요. 1학년 수업 시간에 그림을 그리고 있는데 수녀님이 제게 창피를 주셨어요. 글은 안 쓰고 그림을 그린다며 게으르다는 거예요." 그 수녀는 이브가 지옥에 갈 거라고 말했다. 이브는 창피하고 두려웠다. 집에 가서 엄마에게 이 이야기를 했더니(이브의 엄마는 가톨릭 신자가 아니며 이브처럼 미술가다.), 엄마는 웃으며 딸 편을 들어주었다. "우리 엄마는 세련된 분이셔요. 이렇게 말씀하셨죠. '어른들도 틀릴 때가 있단다. 어른 말이라고 해서 무조건 믿지 말고 의문을 던지렴.'이라고요. 저는 매우 비판적으로 사고하는 사람이 되었죠."

이브는 교직의 길에 들어선 과정을 설명하면서, 훌륭한 교사였던 엄마 이야기를 꺼냈다. "엄마는 아주 창조적인 여성으로, 존 듀이*의 사상에 동조하셨어요. 손재주가 좋아서 항상 예쁜 것을 만들고 계셨죠. 이 지역에서 유명한 미술가인 엄마는 당신의 상상력을 제게도 불어넣어 주셨어요. 미술가가 제 천직이라고 말씀하셨죠." 이제 어른이 된 이브는 물감과 이젤을 부엌에 갖다 놓고, 요리하고 가족을 돌보는 틈틈이 자리에 앉아 그림을 그린다. "결국 그런 거예요. 시각 이미지에 대한 사랑과 상상력을 일과 삶에 접목하는 거죠."

이브는 교실을 자신의 부엌처럼 창조적 표현, 실용성, 영감을 갖춘 피난처로 만들고자 한다. "저는 교실을 안전한 장소로 만들어요. 제 수업 시간에는 괴짜가 되어도 괜찮아요. 우리는 생일 때마다 파티를 열고, 서로에 대해서도 잘 알아요. 지난주에 가족사를 그림으로 표현하는 수업을 했는데, 여학생 하나가 부모님이 이혼한 가슴 아픈 사연을 털어놓았어요. 또 한 학생은 아버지가 만취 상태로 볼링장 뒤편에서 발견된 이야기를 들려주었어요."

이브가 들려준 가장 감동적인 사연은 고등학교 1학년 때 반 학생들에게 자신의 성 정체성을 고백한 남학생의 이야기다. 가족이 아들의 성 정체성을 용납하지 않은 탓에 이 학생은 그 뒤로 2년 동안 힘든 나날을 보냈다. 3학년 초에는 사소한 마약 투약 건으로 체포되었고 친구들과 떼를 지어 몰려다니기도 했다. 이 학생은 소년원에서 3개월을 복역했다. 이브가 말한다. "반 학생들이 힘을 합쳐 그 아이를 도왔어요.

---

* 미국의 철학자이자 교육학자로, 진보적 교육운동을 주창했다.

모두 연락의 끈을 놓지 않았어요. 우리는 그 아이에게 생명의 은인이에요. 아이가 소년원에서 학대를 당할까 봐 다들 걱정했고, 우리의 우려와 희망을 편지로 전달했어요. 아이가 석방되어 월요일에 등교하자 성대한 파티를 열어줬답니다! 그해에 가장 중요한 사건이었죠. 우리 지역은 성 정체성이 남다른 사람에게 관용을 베풀지 않는 곳이지만, 이번 일을 계기로 반 아이들이 뭉칠 수 있었어요."

이브는 창조가 교육의 중심이라고 말하면서, 자신의 교육철학이 학생들에게 미친 영향을 예로 들었다. "상상은 제 교육과정의 핵심이에요. 미술 수업 시간은 일종의 모험이에요. 시작은 흥분되고, 과정은 즐겁고, 확실한 결과를 모르니 두근두근하잖아요. 저의 교육과정은 예측할 수 없고 정해지지 않은 측면이 있기 때문에, 삶을 바꾸는 학습이 가능한 거예요. 저는 존 듀이, 맥신 그린, 엘리엇 아이스너에게서 교육과정의 얼개를 빌려왔어요."

교육개혁가가 되고 싶어하는 이브는 자신의 교육철학을 뒷받침하는 사상을 자세히 설명한다. "교육철학자 맥신은 상상하지 않으면 어떤 변화도 일으킬 수 없다고 말했지요. 그린은 '상상'을 '통일성 있는 대안 세계를 구성하는 수단'으로 정의했어요." 이브는 미술실 벽에 그린의 말을 액자에 넣어 걸어놓았다. 이브가 액자를 손으로 가리키며 그린의 말을 읽었다. "상상의 역할은 해결하는 것이 아니요, 길을 가리키는 것이 아니요, 개선하는 것이 아니다. 상상의 역할은 깨우는 것이요, 평범한 상황에서 보이지 않고 들리지 않고 예상되지 않는 것을 드러내는 것이다."

이브는 이렇게 '해결되지 않은' 창조에 참여하는 것이야말로 행복한 삶의 비결이며 자신이 학생들에게 바라는 것이라고 말했다. "상상을, 또한 상상의 산물인 미적 경험을 완성하려면 현실 세계에서의 창조 행위를 통해 온전한 감각 자극을 느껴야 해요." 이브는 삶을 바꾸는 창조적 과정에 시간을 더 할애하고 싶지만 학교에서 요구하는 것이 많아 여력이 없다고 말했다.

이브는 많은 성공을 거두었고 미술 교육에 열정을 품고 있지만, 교직을 떠날까 생각 중이었다. "4년 전 이 학교에 오기 전에는 가르치는 일에서 힘을 얻었어요. 지금은 기운이 빠져요. 서류 작업과 학과장 회의 등 교육과 무관한 업무에 진을 빼다 보면 창조적 에너지가 소진되거든요. 그럴 때마다 스트레스에 시달리고 무기력에 빠져요."

면담이 끝난 뒤에 이브에게서 전화가 걸려왔다. "얼마 전에 고등학생을 모아놓고 창조적 사고를 주제로 워크숍을 진행했어요. 그때 어린 미술가들과 일하는 게 얼마나 즐거운 일인지 알게 되었어요. 아이들의 창조적 에너지는 무엇과도 비교할 수 없어요. 아무리 힘들더라도 이 일을 포기할 수 없다는 걸 깨달았어요. 가르치는 일은 제게 힘이 돼요. 미술 수업을 통해서 학생들은 살아오면서 한 번도 표현하지 못한 것들을 표현할 수 있어요. 교실에서 우리는 서로를 치유하죠. 그게 제 꿈이에요. 누구나 치유받아야 해요."

민주적 환경에서 가르치다

저는 여전히 가르치는 법을 배우고 있어요. 아직도 부족해요.
가르친다는 건 제게 오아시스 같아요. 언제나 갈망하니까요.

40년 동안 교직에 몸담으면서, 나빴던 해는 한 해도 없었어요. 교문 앞에 서면, '내가 있을 곳은 여기뿐이구나!' 하는 생각이 들어요.

- 애비게일 에어드만

애비게일(애비) 에어드만은 보스턴 외곽의 한 고등학교에서 근무하고 있다. 이 학교는 매사추세츠 주에 몇 남지 않은 민주학교다. 일군의 교사운동 지도자들이 1970년에 민주적 교육을 목표로 설립한 이 '학교 안의 학교'School Within a School, SWS는 1960년대 교육운동에서 철학적 뿌리를 찾을 수 있다. 입학생은 이 학교에 진학하기를 희망하는 고등학교 1학년 학생을 대상으로 추첨을 통해 선발한다. 이 학교에서는 사회가 억압적이고 기술 중심적이며 학교가 해방의 수단이 될 수 있다는 철학을 뚜렷이 표명하고 자주 토론한다. 학생들은 학기마다 SWS 과목을 두 개 이상 수강하고 주마다 SWS 타운미팅(학생이 주관하는 의사결정 기구)에 참석해야 한다.

이 학교는 1960년대에 시작된 여느 교육 실험들과 달리 민주주의 공동체로서 승승장구하고 있으며, 학생 115명과 상근·시간제 교사 10여 명이 몸담고 있다. 학교의 인기가 치솟아 희망자를 다 받지 못하는 형편이다. 지난해에는 1학년 재학생 중 5분의 1 이상이 지원했지만 정원은 40명에 불과하다. 한 3학년생이 말한다. "SWS는 교육을 진짜로 고민하는 아이들이 가고 싶어 하는 학교예요. 예전에 대안학교는 좋은 의미에서의 대안학교가 아니었는데, 지금은 좋은 의미의 대안학교로 인식돼요. 적극적으로 사고하고 열심히 참여하는 학생들이 가고 싶어 하는 학교로 통해요."

이 학교에서는 학생들이 매주 열리는 의무적 타운미팅이나 소위원회에 참석하여 이듬해 수업 과목 선정, 생활 지도와 출결과 성적 산출 방침, 신규 교사 채용 등 모든 주요 사안을 함께 결정한다. 공동체 활동과 위원회, 수업에 참여하는 것은 학생의 의무다. 학생들은 입학 등록을 할 때, 교육과 공동체에 대한 책임을 다하겠다고 서약한다. SWS 교사들은 학생의 정체성과 의견, 협동 학습 방식, 사회활동을 계발하는 것이 참여적 학습의 일환이라고 강조한다. 애비는 교육철학이나 인간관계 면에서 SWS의 주축을 이루고 있는 창립 회원으로, 35년 넘게 이곳에 몸담고 있다. "교사 중에는 가족과 지낸 시간보다 학교에서 보낸 시간이 더 긴 사람이 많아요. 이 학교는 우리의 일부이자 우리의 뼈대예요. 우리는 모두 함께 성장하고 변화했어요."

철학적으로 보면, 민주 교육은 학습을 '성장의 자연스러운 일부'로 간주한다. 애비는 사람에게 배움의 욕구가 있다고 말한다. "기본적으로 학생들은 흥미로운 것에 호기심을 느껴요. 우리가 잘 가르치기만 하면 학생에게 순응을 강요할 필요가 없어요. 좋은 학습은 자발적이고 자기 주도적으로 이루어지죠."

애비가 학생 시절의 전통적이고 위계적이고 성적에 치중하는 교육환경에서 벗어나 SWS로 이직하는 과정은 하루아침에 이루어지지 않았다. 급진적 반전 운동가 출신인 애비는 1960년대에 스미스 칼리지를 졸업했으며 영문학을 사랑했다. 책을 읽고 책에 대해 이야기하고 글을 쓰고 글쓰기에 대해 생각하기를 좋아했다. 애비는 이렇게 결심했다. '이 일을 직업으로 삼을 수 있다면, 남은 생을 위대한 작가들과 함께 살아갈 수 있다면 좋은 삶일 거야.' 애비는 보스턴에 있는 지극히 평범한 학교에서 학생을 가르치며 운동가로서의 이상을 펼치지 못해 아쉽던 차에 보스턴 지구의 한 고등학교에서 SWS가 시작된다는 소문을 들었다. "이 학교에 자리를 얻어서 다행이에요. 처음에는 다들 온갖 시행착오를 겪었어요. 철학적으로, 또한 현실적으로 우리보다 경험이 풍부한 교육자들에게 많은 도움을 받았죠." 그런데도 교사로서 배울 것이 여전히 많다고 애비는 말한다.

"우리는 모두 자신이 과거에 받은 전통적인 교육에서 탈피하여 SWS를 제 궤도에 올려놓으려고 노력했어요. 이곳에서는 교사의 모델이 달랐어요. 모든 길 책임지는 교사는 물론 아니에요. 우리는 학생을 교육에 참여시키지만, 처음에는 그 방법을 배워야 했어요. 민주적 교육환경에서는 교실이 '내' 교실이 아니에요. '우리' 교실이죠. 지난 수십 년간 제 교육 방침을 관통하는 주제가 있다면, 그것은 '통제권을 버리는 것'이었어요."

많은 학생들은 애비가 '지금껏 만난 영어 선생님 중에서 최고'라고 생각한다. 제자들은 학교를 졸업한 뒤에도 애비와 꾸준히 연락을 주고받는다. 학교 개방 행사 때 학생들이 본교 학부모회에 SWS 프로그램을 소개하는 시간이 있었다. 한 3학년 학생이 SWS 교사들의 지성과 능력과 헌신을 열정적으로 설명했다. "이것은 최고 중에서도 최고 수준의 교육입니다. 사상가이자 작가로서 자신을 성장시키고 발전시킬 기회입니다." 학생은 이렇게 결론 내렸다. "제가 어른이 되면 애비 선생님 같은 사람이 되고 싶습니다." 실제로 SWS 학생 상당수가 교직에 진출한다.

애비는 상처 주지 않는 교사로서 아이들을 대할 때의 핵심은 관계를 중시하는 것이라고 말한다. "관계는 교실 문을 통과할 때 시작돼요. 모든 아이들의 얼굴을 쳐다보며 무슨 일이 있는지 판단하죠. 아이를 전인적으로 파악해야 해요. 아이를, 가족을, 형제자매를, 아이의 삶에서 일어난 모든 일을 알아야 해요. 아이가 필요로 할 때 곁에 있어줘야 해요. 아이가 적극적으로 만남을 원하지 않더라도 먼저 손을 내밀어야 할 때도 있어요. 학교에 있으면 하루에 아이들 40명과 마주치게 돼요. 저는 교사, 학부모, 학생, 졸업생과 꾸준히 연락을 주고받아요. 매주 옛 제자와 이야기를 나누죠."

애비는, 치유하는 교사가 되려면 학생을 최대한 온전하게 바라보아야 한다고 말한다. "저는 학생에게 요구하는 게 많아요. 하지만 학생을 알려고 노력해요. 학생에게 지나친 요구를 하지 않았는지 돌아보고 제 상황을 솔직하게 설명하고 학생과 저의 관계에 어떤 영향이 미칠지 이야기를 나눠요. 저는 기대 수준을 끌어올리는 데 일가견이 있어요. B+ 수준에 머물러 있는 학생에게 '조금만 분발해서 A가 되면 좋겠구나.'라고 얘기했더니 '저도 똑같은 생각을 하고 있었어요.'라고 대답하더라고요."

수업은 모두 세미나 형식으로 진행된다. 책상을 둥글게 배치하고 다양한 의견을 무엇보다 중요시한다. 얼마 전에 학생들의 승인을 얻어 새로 시작한 전쟁문학 강좌의 첫 수업 이야기를 들려주었다. "이 강좌를 개설하려고 40년을 기다렸다고 학생들에게 말했어요. 제가 1960년대에 반전 운동가였으며 베트남 전쟁에 거세게 저항했다는 얘기도 했어요. 하지만 참전 병사들에 대한 제 판단은 부당했어요. 모든 걸 흑백

논리로 재단했으니까요. 이 강좌는 제 잘못을 바로잡고 조국을 위해 싸운 병사들의 갈등과 희생을 더 깊이 이해할 기회였어요." 애비가 자신의 입장을 솔직히 밝히자 학생들도 솔직하고 열정적으로 수업에 참여했으며 수업 첫날 이 수업을 선택한 이유를 서로 이야기했다.

애비가 이렇듯 학생들과 머리를 맞대고 편안한 분위기에서 수업하는 방법을 배운 것은 다른 교사들과 의견을 주고받은 덕분이었다. "제가 젊었을 때 가장 중요한 조력자는 동료 교사였어요. 밤마다 아이들이 잠자리에 들면 서로 전화를 걸어 이야기를 나누었죠. 오늘 어떤 방법이 효과가 있었니? 잘 안 된 건 뭐니? 왜 그랬을까? 내일은 어떤 질문을 던져야 할까? 이런 식의 훈련은 누구나 할 수 있어요. 자기가 알고 싶은 것을 알고 있는 동료 교사와 짝을 이루면 돼요." 애비의 이야기는 헌신적인 교사의 전형을 보여주었다. "교사는 현실에 안주하면 안 돼요. 교육 방식을 향상시키고 비판적으로 생각하고 싶다면요."

애비는 어릴 적 맨해튼에서 다닌 고등학교 이야기를 들려주었다. 경쟁이 치열하고 대외적으로 인정받는 여자 고등학교였다. "제가 학생들을 가르치는 것은 고등학교 때 받은 상처에서 회복하는 과정이에요. 학교에서 글쓰기 실력을 향상시키는 방법은 선생님이 '완벽한' 글을 하나 골라서 읽어주는 것이었어요. 나머지 학생들은 점수가 매겨진 '완벽하지 못한 글'을 손에 든 채 멍하니 들어야 했죠."

애비는 교직에 몸담고 있던 어느 순간 자신이 배운 글쓰기 방식을 뒤집어보자고 마음먹었다. 문학이나 글쓰기 수업 때 조를 나눠 모든 학생이 자기 글을 읽게 하고 최종본을 반 학생 전체에게 읽어주도록 했다. 최종본 읽기 행사는 대개 강당에서 진행했으며 학생들은 음식을 가져와 함께 축하해주었다. 모든 글은 적어도 두 차례 퇴고했으며 동료 학생과 애비가 편집해주었다. 애비는 "다들 놀랄 만한 작품을 써 내요. 반 학생들이 하나가 되는 행사죠."라며 이를 통해 혼자가 아니라 여럿이 함께 나누는 학습의 모범을 보였다고 말한다. 한 2학년 학생이 편집과 읽어주기 덕분에 많은 걸 배웠다며 맞장구친다. "SWS에서 처음 수업을 들을 때는 위대한 작가들 이름에 주눅이 들었어요. 하지만 모든 학생들에게서 많은 것을 배웠어요. 애비 선생님과 다른 학생들 덕분에 글쓰기 실력이 부쩍 늘었죠. 이렇게 근사한 배움의 경험은 생전 처음이에요."

정년퇴임이 얼마 남지 않은 애비는 힘닿는 데까지 학생들을 가르치고 싶어 한다. "젊은 선생님이 편한 아이들도 있겠지만, 저도 꽤 편한 선생이라고 생각해요. 저는 여전히 가르치는 법을 배우고 있어요. 아직도 부족해요. 가르친다는 건 제게 오아시스 같아요. 언제나 갈망하니까요. 40년 동안 교직에 몸담으면서, 나빴던 해는 한 해도 없었어요. 교문 앞에 서면, '내가 있을 곳은 여기뿐이구나!' 하는 생각이 들어요."

에필로그

"수업 시간의 99%는 지겨워 죽겠어요."
"참여할 기회가 많았으면 좋겠어요."
"선생님이 앞에 서서 떠들기만 하는 건 싫어요."
"선생님은 내가 무언가 하게 해주시지 않고 늘 말씀만 하세요."

- 학교에 대한 학생들의 생각[1]

    얼마 전에 권위 있는 조사 기관에서 미국 고등학생을 대상으로 대규모 설문 조사를 했더니 3명 중 2명은 매일매일의 수업이 지루하다고 응답했다. 게다가 17%는 '모든' 수업이 지루하다고 응답했으며, 31%는 교사와 전혀 소통하지 않는다고 말했다.[2] 이 수치는 교육에 대한 고등학생의 태도를 파악하는 전국 최대 규모의 설문조사인 '고등학생 참여도 조사HSSSE'[3]에서 추린 것이다. 이 밖에도 대다수 고등학생들이 수업 자료를 싫어하고 교사와의 소통이 부족하다고 응답했으며, 전체 학생의 3분의 1이 학교에서 전혀 주목받지 못하고 관심도 없다고 말했다.

    면담했던 한 학생은 이렇게 말했다. "시계만 바라보며 멍하니 앉아 있었어요. 어떤 선생님도 저희에게 눈길을 주지 않았어요." HSSSE 조사에 따르면 학교가 전혀 지루하지 않다고 응답한 학생은 2%에 불과했다. 60%는 자기가 왜 공부를 해야 하는지 모르겠다고 응답했다. 소수의 우등생을 제외하면, 43%의 학생은 숙제하는 데 시간을 거의 할애하지 않았다.(1주일에 1시간도 되지 않았다.) 많은 학생들은 대학에 입학한 뒤에 수업을 따라갈 준비가 되어 있지 않아서 부진한 학력을 끌어올리기 위해 보충수업을 받아야 했다.

이 책의 여러 사례에서 보듯 우리의 교육체제는 중대 기로에 서 있으며 극심한 기능장애와 비판에 직면해 있다. 학습과 능력에 대한 새로운 개념이 도입되고, 학교 밖의 첨단기술이 도전장을 내밀고, 학생들은 졸업 뒤에 필요한 기술을 습득하는 데 어려움을 겪는다. 하지만 이 같은 변화의 시기에도 학생들은 여전히 학교에 가서 수업을 들어야 한다. 교육제도를 만들어내고 유지해야 할 (명목상의) 책임이 있는 어른들은 학교를 어떻게 개편해야 학교가 제 역할을 하고 인적·물적 낭비를 줄이고 구성원에게 상처를 주지 않을 것인지 고민한다.

학교에 대한 비판적 물음을 시작하다

> 문제를 인정하는 것은 싸움의 절반이다.
> - 1960~1970년대 여성의 권리 신장을 위한 인식 제고 운동에서

칼로스와 수전이 나란히 앉아 고등학교 3학년 시간들을 회상한다. 일류 대학에 가려는 고등학생이라면 이 시기에 극심한 스트레스를

받게 마련이다. 두 학생은 온갖 분야의 엄청난 지식을 암기해야 하는, 하지만 지적 유연성이나 창의력에는 별 도움이 안 되는 선이수 과목, 밤마다 네댓 시간을 쏟아부어야 하는 숙제, 운동과 숙제와 시험공부에 빼앗긴 주말 등 자신들의 '되풀이되는 일상'에 대해 불만을 늘어놓는다. 게다가 대학 진학을 위해 수학능력평가시험과 선이수 시험 공부를 해야 한다는 압박이 점점 커지고 있다. 대학 입학이라는 성배를 차지하려면 촌음을 아껴야 한다. 전 과목에서 두각을 나타내고 남다르고 그럴듯한 교외 활동에 참여하고 자원봉사 실적을 올려야 한다. 재난 지역을 찾아갈 수 있다면 아마도 금상첨화다. 그러느라 두 학생은 진이 다 빠졌다. 학교의 피라미드 꼭대기에 올라선 덕에 일류 대학을 바라볼 수 있게 된 것은 감지덕지할 일이지만, 둘의 마음속에서는 대학이라는 목표에 대한 회의가 모락모락 피어오르고 있었다.

같은 도시에 사는 델리아와 섄드렐도 고등학교 3학년이다. 도심 고등학교에 다니는 둘은 어떤 진로를 선택할지 고민이다. 학교에는 신물이 났기에, 차라리 아르바이트를 하는 것이 수업을 듣는 것보다 현실적이라고 생각한다. 실제로 한 아이는 주유소에서, 한 아이는 도넛 체인점에서 일한다. 둘 다 고등학교를 중퇴할까 생각한 적이 있지만, 그러지 않겠다고 가족과 약속했다. 둘은 학교에 갔다 오면 집안일도 열심히 돕는다. 델리아는 동생을 돌보고 섄드렐은 월세를 보탠다. 하지만 학교에서는 공부를 따라가지 못해서 자신과 남들을 실망시킨다는 얘기를 늘 듣는다. 성적은 평균 C를 벗어나지 못하고 있으며, 학교에서 성취감이나 흥미나 열의를 느끼는 일이 거의 없다. 그나마 학교에 적을 두고 있는 것은, 중퇴할 경우 친구들과 만날 수 없고 부모가 불같이 화를 낼 것이기 때문이다. 하지만 부모의 분노도 이제는 별다른 위협이 되지 못한다. 이 학생들은, 제 역할을 못 하면서 시험과 평가로 학생을 옭아매고 현실과 동떨어진 교과를 가르치고 참여적이고 자기 주도적인 학습에 걸림돌이 되는 교육체제에 짓눌려 있다.[4]

학교라는 기구를 폭넓은 관점에서 바라보고 자신이 속한 교육체제를 객관적인 시각에서 분석하는 학생은 좀 더 일관되고 덜 고통스러운 삶을 살 수 있다.

스탠퍼드 대학교의 데니즈 클라크 포프는 학생과 학부모를 대상으로 인식 제고 운동을 벌이고 있다. 그는 한 인터뷰에서 이렇게 말했다. "회사가 오로지 상위 10%의 직원에게만 에너지와 자원을 쏟고 나머지를 무시하면 어떻게 될까요? 관리자를 평가할 때 상위 10%의 부하 직원만을 기준으로 삼으면 어떻게 될까요? 오늘날 대부분의 고등학교가 이런 왜곡된 성과주의에 물들어 있습니다. 학생들은 아주 어릴 때부터 우등생에서 평범한 학생에 이르기까지 성적에 따라 가차 없이 등급이 매겨집니다. 우등생은 신체적·정신적으로 혹사당하고, 나머지 학생들에게는 '실패자'라는 꼬리표가 붙습니다. 사람들은 이 학생들에게 기대를 품지 않고, 학생들도 스스로에게 기대를 품지 않습니다. 바깥세상에서는 참신한 방식으로 생각하고, 끈끈한 인간관계를 맺고, 배움을 위해 실패를 무릅쓰는 능력을 높이 평가합니다. 그러나 학교는 학생들을 이런 인재로 길러내는 데 처참하게 실패하고 있습니다."[5] 클라크 포프는 학교체제가 상위 10% 학생에게만 관심을 쏟고 나머지 90%를 평균적 인간으로, 때로는 평균보다 못한 인간으로 길러냄으로써 학생들의 진취성을 꺾는다고 말한다.

교육의 본질에 대한 생각이 바뀌고 있다

> 민주주의에 걸맞은 교육체제를 쟁취하려면 급진적 변화가 필
> 요할 것이다. 지배로부터, 청하지 않은 가르침의 끊임없는 흐
> 름으로부터 벗어나야 한다. 민주주의에서는 강요된 학습이
> 세뇌를 뜻하며 자발적 선택에 의한 학습만이 교육임을 깨달
> 아야 한다.
>
> - 롤런드 메이건, 〈민주주의에 걸맞은 교육〉

　1960년대 탈학교 비평가들의 뒤를 이은 급진적 사상가인 영국
학자 롤런드 메이건은 우리 교육체제가 능력 있는 청소년을 길러내는
데 알맞지 않다고 주장한다. 우리가 살아가는 정보사회에서 기존의 교
육은, 특히 청소년들에게는 무용지물이 되어가고 있다는 것이다. 메이
건은 이렇게 주장한다. "예전에는 청소년기를 자유롭게 일하고 친구들
과 노는 시기로 간주했다. 하지만 요즘 학생들은 시험에 하도 시달리는
바람에 정서적으로나 지적으로나 친구들과 동떨어져 있다. 이른바 교
외 활동조차 단체 놀이나 학습과는 별 상관이 없으며, 취미 같은 순수
한 관심사와는 더더욱 무관하다. 생활기록부에 한 줄 더 올려 어른들
을 기쁘게 하는 것이 고작이다."
　메이건은 제도화된 학교를 19세기 구빈원*에 비유한다. "구빈원

---

* 빈민에게 일자리를 마련해주거나 노약자를 수용하여 생계수단을 제공하던 기관

은 몇백 년 동안 사회의 일부로 받아들여졌으나 지금 시각에서 보면 지극히 비인간적이고 비생산적인 곳이다. 언젠가 학교도 같은 운명을 맞을 것이다. 쓸쓸히 뒤안길로 사라질 일시적 현상인 것이다."[6]

메이건의 말이 옳기를 바란다. 제도화된 학교 교육을 완전히 개편해야 한다는 주장은 메이건 이전에도 있었다. 1960년대의 급진적인 교육비평가들은 미국 교육제도를 다시 상상하고 다시 만들어내야 한다고 주장했다. 근본적으로, 이 비평가들은 교육자, 학부모, 학생이 학습 행위를 신성하고 효과적인 것으로 여겨야 한다고 믿었다. 학생을 억압하고 순응을 강조하는 지금의 학교에서는 희망이나 가능성이 없는 바람이다. 이들의 목소리는 당대에 영향력과 설득력을 발휘했으나 정서적·심리적 토대에서 주장을 펼쳤다는 한계가 있다.

오늘날 학교개혁의 필요성을 열렬히 외치는 것은 세계적인 기업의 경영인들이다. 이들은 시험과 처벌을 내세우는 교육개혁에 동조하지 않는다. 기업 경영인이 학생들에게, 언젠가 고용할지도 모를 젊은이들에게 요구하는 것은 창의성, 진취성, 인지적 자기 관리다. 빌 게이츠 마이크로소프트 전 회장이 "미국 고등학교는 한물갔다."라고, 교육제도를 뜯어고쳐야 한다고 주장한 것이 불과 몇 년 전이다.[7]

지금의 교육 비판이 1960년대와 다른 점은 교육비평가뿐 아니라 기업계, 문화계, 지성계에서도 학교의 급진적 변화를 요구한다는 것이다. 이들은 학교가 학생들에게 세상에서 성공하는 데 필요한 기술이나 지식, 학습을 제공하지 못한다고 주장한다. 이것은 매우 중요한 문제다. 1960년대에는 도덕적 토대에서 학교를 비판했지만 지금은 다양한 사회 세력들이, 특히 학생들이 학교의 구조적 토대와 존립 근거에 의문을 제기하고 있다. 학교 밖 세상이 급변하고 있으니 당연한 일이다.

학교에서 상처받은 모든 사람은 상처를 이해하고, 존중하고, 부끄러워하지 말고, 상처 주는 학교의 조건을 변화시키기 위해 노력해야 한다. 근본적인 변화를 위해 매진하면 우리에게 진정으로 도움이 되는 교육체제를 탄생시킬 수 있을 것이다.

시작은 이렇게

진부한 학교문화란, 가르침을 위계적으로, 학습을 수동적으로, 학교체제를 학생이 아닌 교사 위주로 구축하는 낡은 사고방식과 태도를 일컫는다. 진부한 학교문화에서는 이렇게 말한다. "우리는 학교를 바꿀 수 없다. 학교는 원래 이런 곳이다." 이렇게도 말한다. "학교를 바꾸기는 너무 힘들다. 너무 복잡하고 시기도 적절치 않다. 더 기다려라."

하지만 우리는 학교가 제 역할을 하지 못하는 실태를 분명하고 객관적으로 관찰해야 한다. 학교가 어떤 구조를 이루고 있는지, 하루하루 학생들에게 어떤 느낌을 주는지, 어떻게 '결과'를 얻어내는지, 그것이 우리가 실제로 바라고 의도한 결과인지 성찰해보아야 한다. 교사, 학생, 학부모, 정책 입안자를 비롯하여 학교에 관여하는 많은 사람들은 교육체제에 불만을 늘어놓으면서도 실제로 행동을 취하거나 변화를 위한 노력에 참여하지 않는다.

변화를 이루어내기 위해서는 우선 학교의 잘못된 관행을 다른 사람들에게 알려야 한다. 학교가 왜 이렇게 돌아가는지, 우리가 무엇을 할 수 있는지 이야기해야 한다. 변화는 작은 실천에서 시작된다. 날카롭게 의문을 제기하고 관습에 저항하는 동료를 돕고, 학교는 원래 이런 곳이라는 대답을 거부하라. 사소한 변화가 거대한 혁신을 이끌어낼 수 있다.

변화는 이렇게 시작된다.

역자 후기

초등학교, 중학교, 고등학교를 거치면서 상처받지 않은 사람이 어디 있겠는가? 이 책은 학교가 주는 온갖 종류의 상처를 이야기한다. 상처는 아이들에게서 창의성을 빼앗고 아이들에게 순응을 강요한다. 아이들은 반항하고 무감각해지고 과소평가당하고 완벽주의 때문에 삶을 망치고 자신을 평범한 존재로, 따라서 하찮은 존재로 여긴다. 학교에 적응하지 못한 아이들은 소외를 견디지 못하고 '못된' 것이 '못난' 것보다 낫다면서 반항하고 말썽을 부리다가 결국 낙오하고, 학교에 너무 잘 적응한 아이들은 완벽주의자가 되어 졸업 뒤에 사회생활에서 애를 먹는다.

하지만 이 책에서 저자가 가장 주목하는 것은 '평범함의 상처'다. 학교에서 수적으로 가장 많은 비중을 차지하는 아이들, 공부에서 두각을 나타내지도 않고, 말썽을 피우는 요주의 학생이 되지도 않아서 교사의 무관심 속에 방치되는 아이들 말이다. 글쓴이가 '정규 분포 곡선의 가운데에서 살아가는 중간층'이라고 표현한 이 아이들에게, 학교는 자신과 무관한 공간이다. '평범'이라는 꼬리표는 한 번 붙으면 어른이 되어서도 좀처럼 떨어지지 않는다. 사회에서는 창의성을 요구하지만 학교에서는 여전히 순응하라고, 네 주제를 알라고 가르친다.

따돌림, 폭력 등이 벌어지면 학교는 해결사를 자임하지만, 글쓴이는 학교 자체가 문제라며 제프리 래크니의 말을 빌려 "오늘날 21세기의 학교는 1950년대 건물에서 1990년대 기술을 이용하여 1960년대 교과과정을 가르친다."고 말한다. 소설 《립 밴 윙클》에는 이런 구절이 나온다. "립 밴 윙클은 술에 취해 잠들었다가 20년 뒤에 깨어나지만, 만약 100년 뒤인 오늘날 다시 깨어난다면 그가 알아볼 수 있는 기관은 교도소와 학교뿐일 것이다." 워싱턴 어빙이 책을 쓴 지 200년이 다 되어가는 지금, 립 밴 윙클이 되살아난다면 뭐라고 말할 것인가?

학교가 21세기의 현실에 적응하지 못하는 것도 문제이지만, 더욱 근본적인 문제는 학교 자체가 '줄 세우고 편 가르는 기관'이라는 사실이다. 학교는 아이들을 성적에 따라 줄 세우고 인종, 계층, 장애 여부 등에 따라 편을 갈라 차별하고 배제한다. 글쓴이가 묘사하는 미국 학교의 풍경은 우리에게도 친숙하다. 어쩌면 우리 아이들이 더 극단적인 차별과 배제를 당하고 있는 것이 아닐까?

이 책의 미덕은 상처받은 아이들의 목소리를 가감 없이 전달한다는 것이다. 글을 잘 읽지 못한다는 이유로 수업 시간에 투명 인간 취급을 받은 아이, 주유소에서 밤새 일하다 지각했다는 이유로 정학을 받은 아이, 식당에서 일하거나 식탁 닦는 것이 장래 희망인 아이, 자신을 성추행하려던 남자아이들을 일렀다가 오히려 선생님께 고자질쟁이라고 혼난 아이, 열심히 과제를 준비했는데 표절이 틀림없다고 낙제점을 받은 아이 등, 학교는 온갖 방법으로 아이들에게 상처를 입힌다.

하지만 이 책은 학교가 주는 상처를 소개하는 것에 그치지 않고 상처를 치유하는 현실적 방안을 제시한다. 치유의 과정과 단계, 교사와 학부모의 역할, 모범적 학교 사례 등을 통해 학교를 '상처 주지 않는 곳', 나아가서는 '상처를 치유하는 곳'으로 변모시키는 방법을 알려준다. 특히 두뇌가 학습하는 방식이 저마다 다름을 뜻하는 인지 다양성을 새롭게 이해하여 인지적 차이를 인정하고 존중하여 학생 개개인에게 알맞은 학습 환경을 조성하라고 권고한다.

또한 "아이는 부모가 가장 잘 압니다. 학교를 상대하는 게 아무리 힘들더라도 결코 포기하지 마세요. 아이를 포기하지 마세요."라는 어느 학부모의 말을 인용하며 학부모가 학교 운영에 적극적으로 참여하고 싸워야 할 때는 과감하게 싸우라고 말한다. 그러기 위해서는 학교가 언제나 공정하고 옳다고 기대하지 말고 학교의 현실을 객관적으로 파악해야 한다.

이 책을 번역하며 개인적으로 '두 교사 이야기'가 인상적이었다. 배움의 의욕을 꺾는 교사와 배움의 기쁨을 알려주는 교사. 두 교사에게 배운 학생은 교사가 되고 싶어 하는 이유를 "윌슨 선생님이 내게 해준 모든 것을, 코츠 선생님이 내게 해주지 않은 모든 것을 학생들에게 해주고 싶어서"라고 말한다. 교사는 과중한 업무에 시달리고 교육과정에서 소외되고 교육체제의 '톱니바퀴'로 전락했지만, 글쓴이는 교사들에게 새로운 장인으로서의 열정과 소명 의식을 가지고 학교의 폭력적 문화 규범에 맞서 학생을 돌보고 인정하고 격려하라고 말한다. 교사는 "학교의 사나운 폭풍우를 피할 수 있는 피난처이자 위로의 섬"이 되어야 한다.

학교는 배움의 공간이 되어야 한다. 배움으로부터 아이들을 소외시키는 현행 교육 제도를 바꾸어야 한다. 우리 아이들을 위해서. 또한 우리의 미래를 위해서.

마지막으로 책의 한 구절을 인용한다. "학습장애가 있는 아이들은 탄광의 카나리아 같은 존재다. 우리는 학교가 학습장애 아동뿐 아니라 일반 학생들에게도 해롭다는 사실을 점차 깨달았다. 카나리아가 죽으면 광부들은 모두 대피해야 한다."

노승영

주석

프롤로그

1. 우리 가족은 여러 이유로 홈스쿨링을 고려하지 않았다.

2. Olson Lanier, K. (2000). *Artisan and Virtuoso Learners.* Unpublished paper, Harvard Graduate School of Education, Cambridge, MA.

3. Csikszentmihalyi, M. (1996). *Creativity: Flow and the Psychology of Discovery and Invention.* New York: HarperCollins, p. 173. (한국어판은 《창의성의 즐거움》, 더난출판사)

4. '평범한' 아이를 소재로 쓴 시의 한 구절. 1979년 전국 교사·학부모 회의에서 마이클 부시미가 처음 발표했다.

1장

1. Vann, A. S. (1997, January). Average Kids: Round Pegs in Round Holes. *The School Administrator,* p. 1. http://www.aasa.org/SchoolAdministrator Article.aspx?id=15556.

2. 같은 책, p. 1.

3. Holt, J. (1970). *What Do I Do Monday?* Portsmouth, NH: Boynton/Cook.

4. Inskeep, S. (2008, January 28). Latino Vote Marked by Generation Gap, Luis Clemens of Candidato USA 인용. *NPR Morning Edition*(미국 공영 라디오 방송 프로그램). http://www.npr.org/templates/story/story.php?storyId=18468236.

2장

1. Dennison, G. (1969). *The Lives of Children: The Story of the First Street School*. New York: Random House, p. 75.

2. Fried, R. l. (2001). *The Passionate Learner*. Boston: Beacon Press, p. 243, 강조는 원저자.

3. Csikszentmihalyi, M. (1996). *Creativity: Flow and the Psychology of Discovery and Invention*. New York: HarperCollins.

4. Olson Lanier, K. (2000). *Artisan and Virtuoso Learners*. Unpublished paper, Harvard Graduate School of Education, Cambridge, MA.

5. 이를테면 마리아 몬테소리의 '학습' 정의를 보라.(피아제도 이 정의를 원용한다.) "우리가 알아낸바, 교육은 교사가 수행하는 활동이 아니라 인간 내면에서 자발적으로 발달하는 자연스러운 과정이다. 아이는 다른 사람의 말을 들어서가 아니라 환경에 반응하는 경험을 통해 배운다. 교사의 임무는 말하는 것이 아니라 아이에게 맞는 특별한 환경에서 문화적 활동의 동기를 마련하고 베푸는 것이다."

6. Scarry, E. (2001). *On Beauty and Being Just*. Princeton, NJ: Princeton University Press, p. 7.

7. Holt, J. (1980, July / August). *Playboy* 인터뷰. *The Mother Earth News*, pp. 11–16. 강조는 저자.

8. Schroeder, T. (2004). *Three Faces of Desire*. New York: Oxford University Press.

9. Weil, S. (1951). Reflections on the Right Use of School Studies with a View to the Love of God. *Waiting for God*. New York: Harper Colophon, p. 110.

10. Duckworth, A. L., Peterson, C., Matthews, M. D., & Kelly, D. R. (2007). Grit: Perseverence and Passion for Long Term Goals. *Journal of Personality and Social Psychology, 92* (6), 1087–1101.

11. Goleman, D., Kaufman, P., & Ray, M. (1992). *The Creative Spirit*. New York: Penguin.

12. Sternberg, R. J. (2006, February 22). Creativity Is a Habit. *Education Week*. www.edweek.org 참조.

13. Pink, D. H. (2005). *A Whole New Mind: Moving from the Information Age to the Conceptual Age*. New York: Riverhead Books. (한국어판은 《새로운 미래가 온다》, 한국경제신문사)

14. Eric Margolis 선집. 교육사회학 수업을 들은 학생의 온라인 소감문에서 발췌.

15. Delpit, L. (1995). *Other People's Children: Cultural Conflict in the Classroom*. New York: New Press, p. 19.

16. Page, B. (2006). *At-risk Students: Feeling Their Pain, Understanding Their Plight, Accepting Their Defensive Ploys*. Nashville, TN: Education Dynamics Publications, p. 9.

17. Fried, R. L. (2005). *The Game of School*. San Francisco: Jossey-Bass, p. xv.

18. Resnick, A. M. (2007, March 7). Educatocracy. *Education Week, 26* (26), 26–27. http://www.edweek.org/ew/articles/2007/03/06/26resnick.h26.html?qs=educatocrac 참조.

19. Colucci, K. (2000). Negative Pedagogy. In J. L. Paul & K. Colucci (Eds.), *Stories Out of School: Memories and Reflections on Care and Cruelty in the Classroom*. Stamford, CT: Ablex, pp. 31–32.

20. Pink, D. H. (2000, October). "I'm A Saboteur": Profile on John Taylor Gatto. *Fast Company, 40*, p. 242. http://www.fastcompany.com/magazine/40/wf_gatto.html.

21. 메타인지(Meta Cognition)란 사고(思考)에 관한 사고와 같은 개념으로, 어떤 일을 할 때 '내가 무슨 일을 왜, 어떻게 하는지'를 인식하고 이를 통해 '내가 알게 된 것은 무엇인가, 어디에서 어떤 도움을 받았는가'를 스스로 묻고, 생각하고, 깨닫고, 반성하는 총체적 과정을 뜻한다.

22. Illich, I. (1971). *Deschooling Society*. London: Marian Barrows, p. 29. (한국어판은 《학교 없는 사회》, 생각의나무)

23. Flett, G. L., & Hewitt, P. L. (2002). *Perfectionism: Theory, Research and*

Treatment. Washington, DC: American Psychological Association, p. 19.

24. Sandel, M. (2004, April). The Case Against Perfection. *The Atlantic.com.* http://www.theatlantic.com/doc/200404/sandel.

25. Gonder, P. O. (1991). *Caught in the Middle: How to Unleash the Potential of Average Students.* Arlington, VA: American Association of School Administrators, p. 3.

26. DeWitt, S. (2006, September 8). "Stacey DeWitt on Real Parenting"의 블로그 글. http://www.connectwithkids.com/blogs/stacey/?page_id=2.

27. http://ahandmadelife.blogspot.com/2008/05/living_and_learningin_garden.html

3장

1. Jellema, W. (1986). The Legacy of Rip Van Winkle. *New Directions for Higher Education, 1986*(54), p. 5.

2. Lackney, J. (2007, May). What's next. *NEA Today.*

3. David Rose, 플로리다 주 잭슨빌의 아서 비닝 데이비드 재단 이사회 강연. 2008년 3월.

4. Sizer, T. (2004). What High School Is. In D. George & J. Trimbur (Eds.), *Reading Culture.* New York: Pearson Longman, p. 109.

5. Wagner, T. (2008). *The Global Achievement Gap.* New York: Basic Books, p. 75.

6. Marzano, R., & Kendall, J. (2007). *The New Taxonomy of Educational Objectives* (2nd ed.). Thousand Oaks, CA: Corwin.

7. Elmore, R. F. (2008). Classroom Lecture, Harvard Graduate School of Education; Pianta, R., et al. (2007, March 30). Opportunities to Learn in America's Elementary Classrooms. *Science Magazine, 315.*

8. Haber, C. (2004). *Schooling as Violence*. New York: RoutledgeFalmer.

9. Engler, B. (2007). Why Growing Companies Need Versatile Employees. *Caliper Online*. http://www.caliper.com.cn/en/casestudies/cs_diesel.pdf.

10. Herron-Wheeler, A. (2008, April). End of a Public School Career Renews, Not Destroys, an Interest in Studies. *The Free Lance-Star*. http://fredericksburg. com/News/FLS/2008/042008/04172008/371882/index_html?page=2 참조.

11. Gallagher, B. (2007). Why Growing Companies Need Versatile Employees. *Caliper Online*. http://www.caliper.com.cn/en/casestudies/cs_diesel.pdf.

12. Gatto, J. T. (2006). *The Richest Man in the World Has Some Advice About College....* http://www.homeschoolnewslink.com/blog/?p=368.

13. Gardner, H. (1983). *Frames of Mind*. New York: Basic Books.

14. Dweck, C. (2006). *Mindset*. New York: Random House. (한국어판은 《성공의 새로운 심리학》, 부글북스)

15. Walser, N. (2008, September/October). Teaching 21st Century Skills. *Harvard Education Letter*, p. 1. http://www.hepg.org/hel/article/184.

16. Murdoch, S. (2007). *IQ: A Smart History of a Failed Idea*. Hoboken, NJ: John Wiley.

17. Lawrence-Lightfoot, S. (2003). *The Essential Conversation*. New York: Random House, p. xvi.

18. Bowles, S., & Gintis, H. (1977). *Schooling in Capitalist America*. New York: Basic Books.

19. Oakes, J. (2008). Keeping Track: Structuring Equality and Inequality in an Era of Accountability. *Teachers College Record, 110*(3), pp. 700–712. http://www. tcrecord.org/Content.asp?ContentID=14610; Au, W. (2005). Power, Identity and the Third Rail. In P. C. Miller (Ed.), *Narratives from the Classroom* (pp. 65–85). Thousand Oaks, CA: Sage.

20. Noguera, P. (2008). *Unfinished Business: Closing the Racial Achievement*

Gap in Our Schools. San Francisco, CA: Jossey-Bass.

21. Brantlinger, E. A. (2003). *Dividing Classes: How the Middle Class Negotiates and Justifies School Advantage.* New York: Falmer.

22. Baez, B. (2006). Merit and Difference. *Teachers College Record, 108* (6), 996–1016. http://www.tcrecord.org/Content.asp?ContentID=12515.

23. Bowles, S., & Gintis, H. (2001, March). *Schooling in Capitalist America Revisited.* 미국교육연구협회(American Educational Research Association) 연차 대회(시애틀) 제출 논문.

24. Morrison, K. A. (2007). *Free School Teaching.* Albany: State University of New York Press, pp. 21–37.

25. Abramson, L. (2007, October 19). *Experimental School Gets Rid of Classes, Teachers.* 고등학교 혁신을 소재로 한 미국 공영 라디오 방송 시리즈. http://www.npr.org/templates/story/story.php?storyId=15322289.

26. http://www.newcountryschool.com에서 직접 볼 수 있다.

27. http://www.whatkidscando.org/specialcollections/student_learning/portfoliohome.html.

4장

1. Leick, N., & Davidsen-Nielsen, M. (1991). *Healing Pain.* London: Routledge, p. 1.

2. 이 절의 인용문은 2007년 5월에 하버드 교육대학원에서 L. 토드 로즈 박사와 나눈 대화와 Brooks, R., & Goldstein, S. (2002). Todd's Story. In *Nurturing Resilience in Our Children* (pp. 261–287). New York: McGraw Hill에 실린 어린 시절 기록을 토대로 삼았다.

3. Stoop, D. (1996). *Forgiving Our Parents, Forgiving Ourselves.* Ventura, CA: Regal Books, p. 202. (한국어판은 《부모를 용서하기, 나를 용서하기》, 예수전도단)

4. Leick, N., & Davidsen-Nielsen, M. *Healing Pain*, p. 156.

5. Mooney, J. (2007). *The Short Bus: A Journey Beyond Normal*. New York: Henry Holt, p. 51. (한국어판은 《숏버스: 정상이란 건 없어》, 부키)

6. Connolly, L. (2007, September-December). 휘턴 칼리지의 미발표 논문에서 인용.

7. Mooney, J. *The Short Bus*, p. 21.

8. 같은 책, p. 22.

9. Mooney, J. (2007). *How I Channeled My Energy into Success*. http://www.additudemag.com/adhd/article/2520.html 참조.

10. 같은 책, p. 56.

11. Mooney, J. (2008). *Life on Your Terms*. http://www.additudemag.com/adhd/article/3599.html 참조.

12. Project Eye to Eye, http//www.projecteyetoeye.org

13. Mooney, J. *The Short Bus*, p. 51.

14. 2008년 5월 버나드 개서웨이와 나눈 인터뷰와 Gassaway, B. (2006). *Reflections of an Urban High School Principal*. Jamaica, NY: XenoGass ALG를 토대로 삼았다.

15. Gassaway, B. (2006). *Suicide by Educator*. http//www.bernardgassaway.com/SuicidebyEducator%20April%202007.pdf.

16. Gassaway, B. (2008, February 22). Teachers. *Teachers College Record*. http//www.tcrecord.org/Content.asp?ContentID=15025.

5장

1. Stoop, D. (2003). *Forgiving the Unforgivable*. Ventura, CA: Regal Books, p. 74. (한국어판은 《몰라서 못 하고 알면서도 안 하는 용서 이야기》, 예수전도단)

2. 같은 책, pp. 78–79.

3. Bandura, A. (1986). *Social Foundations of Thought and Action: A Social Cognitive Theory*. Englewood Cliffs, NJ: Prentice-Hall.

4. Worden, J. W. (2001). *Grief Counseling and Grief Therapy: A Handbook for the Mental Health Professional*. New York: Springer. (한국어판은 《유족의 사별 슬픔 상담과 치료》, 해조음)

5. Stoop, D. *Forgiving Our Parents, Forgiving Ourselves*, p. 172.

6. Mooney, J., & Stanberry, K. (2008). Jonathan Mooney on Goal Setting and Motivation in Teens with LD or AD/HD. *Great Schools Online Newsletter*. http//www.greatschools.org/special-education/health/799-goal-setting-motivation-teens-ld-or-ad-hd.gs?page=1 참조.

7. Stoop, D. *Forgiving the Unforgivable*, p. 98.

8. Leick, N., & Davidsen-Nielsen, M. *Healing Pain*, p. 166.

9. Mooney, J., & Stanberry, K. Jonathan Mooney on Goal Setting and Motivation in Teens with LD or AD/HD.

10. '프로젝트 아이 투 아이'는 지역 사회, 학교, 현지 기업과 손잡고, 학습장애를 겪은 경험이 있는 어른을 현재 학습장애를 겪고 있는 아동의 멘토로 맺어주는 활동을 벌이고 있다.

6장

1. Wagner, T. (2008). *The Global Achievement Gap*. New York: Basic Books.

2. Elmore, R. F. (2008). 매사추세츠 주 케임브리지 하버드 교육대학원 강의록. 엘모어는 2007년 '수학·과학 성취도 추이 변화 국제 비교 연구'(TIMMS)를 바탕으로 교수의 형태적 추이를 비교 문화적으로 논의했다. 또한 Stevenson, H. W., & Stigler, J. W. (1994). *The Learning Gap*. New York: Touchstone Books (한국어판은 《미국 교육의 반성》, 원미사) 참조.

3. Hill, H. C., Rowan, B., & Ball, D. L. (2005, Summer). Effects of Teachers' Mathematical Knowledge for Teaching on Student Achievement. *American*

Educational Research Journal, 42(2), 371–406.

4.   Meighan, R. (2005, July / August). An Education Fit for a Democracy. *Life Learning.* http//www.lifelearningmagazine.com/0508/JulyAug05.pdf 참조.

5.   Rose, D. (2008, March). 매사추세츠 주 케임브리지 하버드 교육대학원 보편적 학습 설계(Universal Design for Learning) 학술대회 강연.

6.   Cookson, P. (2005, October). The Challenge of Isolation. *Teaching Pre K-8.* http//www.eric.ed.gov/ERICWebPortal/detail?accno=EJ719879 참조.

7.   Ball, D. L., & Cohen, D. K. (1999). Developing Practice, Developing Practitioners: Toward a Practice-Based Theory of Professional Development. In L. Darling-Hammond & G. Sykes (Eds.), *Teaching as the Learning Profession* (pp. 3–32). San Francisco: JosseyBass; Charner-Laird, M. (2007, April). *Ready and Willing: Second-Stage Teachers and Professional Collaboration.* 미국교육연구협회 (American Educational Research Association) 연차 대회(시카고) 제출 논문.

8.   Levine, A. *Educating School Teachers.*

9.   Medina, J. (2008). *Brain Rules.* Seattle, WA: Pear Press. (한국어판은《브레인 룰스》, 프런티어) 부록 DVD 참조. 여기에서 존 메디나는 자신의 '열두 가지 뇌 규칙'과 www.brainrules.net을 소개하고 있다.

10.   같은 책, p. 70; Wodka, E. L., Mahone, E. M., Blankner, J. G., Gidley Larson, J. C., Fotedar, S., Denckla, M. B., & Mostofsky, S. H. (2007). Evidence That Response Inhibition Is a Primary Deficit in ADHD. *Journal of Clinical and Experimental Neuropsychology, 29,* 345–356.

11.   Medina, *Brain Rules*, p. 1.

12.   같은 책, p. 66.

13.   Hehir, T. (2008, July). 매사추세츠 주 케임브리지 하버드 교육대학원 보편적 학습 설계 기관 발표.

14.   What Is Universal Design for Learning? http//www.cast.org/reserch/udl/index.html 참조.

15. 자세한 정보와 배경 연구는 응용기술센터 웹사이트와 "What Is Universal Design for Learning?" 페이지 참조. http//www.cast.org/reserch/udl/index.html.

16. Barringer, M. D. (2008, February). *From Teaching to Learning.* 교육과정개발 및 장학 협회(Association for Supervision and Curriculum Development) 연차대회(뉴올리언스) 기조 연설.

17. Toffler, A. (2007). Future School: Reshaping Learning from the Ground Up [J. Daly 인터뷰]. http//www.edutopia.org/print/3149 참조.

18. Locker, F. M., & Olson, S. (2008). Flexible School Facilities. http//www.designshare.com/research/locker/flexibleschools.asp.

7장

1. Lawrence-Lightfoot, S. (2003). *The Essential Conversation.* New York: Random House, p. xviii.

2. Waller, W. (1965). *The Sociology of Teaching.* Chicago: Science Editions.

3. Nowen, H. J. M. (1979). The Wounded Healer. Garden City, NY: Image Books. (한국어판은 《상처 입은 치유자》, 두란노)

4. Elmore, R. (2004). *School Reform from the Inside Out.* Cambridge, MA: Harvard Education Press.

5. Mathews, J. (2007, August 14). Teachers in Trouble, Parents Ignored, Part 1. *Washington Post.* http//www.washingtonpost.com/wp-dyn/content/article/2007/08/14/AR2007081400362.html.

6. Moore, D. (2001, July/August). Changing the Ground Rules. *Shelterforce Online.* http//www.nhi.org/online/issues/118/Moore.html 참조.

7. Henderson, A. T., Mapp, K. L., Johnson, V. R., & Davies, D. (2006). *Beyond the Bake Sale.* New York: New Press.

8. Goodman, E. (2008, January 23). City Parents Boycotting Added Tests

at 2 Schools. *The New York Time*s. www.nytimes.com/2008/01/23/nyregion/23boycott.html 참조.

9. Matthews, J. Teachers in Trouble, Parents Ignored, Part 1.

10. Becker, H. J., Nakagawa, K., & Corwin, R. (1997). Parent Involvement Contracts in California's Charter Schools: Strategy for Educational Exclusion or Method of Improvement? *Teachers College Record, 98*(3), 511–536; Hoover-Dempsey, K. V., & Sander, H. M. (1995). Parental Involvement in Children's Education: Why Does It Make a Difference? *Teachers College Record, 97*(2), 310–331.

11. Fine, M. (1993). [Ap]parent Involvement: Reflections on Parents, Power and Urban Public Schools. *Teachers College Record, 94*(4), 682–729. http//www.tcrecord.org/Content.asp?ContentID=147; Payne, R. K., & Krabil, D. L. (2002). *Hidden Rules of Class at Work*. Highlands, TX: Aha! Process.

12. Lawrence-Lightfoot, S. *The Essential Conversation*, p. xviii.

13. Hastings, R. P., Allen, R., McDermott, K., & Still, D. (2002, September). Factors Related to Positive Perceptions in Mothers of Children with Intellectual Disabilities. *Journal of Applied Research in Intellectual Disabilities, 15*(3), 269–275.

14. Fried, R. L. *The Passionate Learner*, pp. 83–85.

8장

1. Palmer, P. J. (2007, November/December). A New Professional: The Aims of Education Revisited. *Change*. http//www.changemag.org/Archives/Back%20Issues/November-December%202007/full-new-professional.html.

2. 같은 책, p. 4.

3. 같은 책.

4. Witcher, A., & Onwuegbuzie, A. J. (1999). *Characteristics of Effective Teachers: Perceptions of Preservice Teachers*. 중남부 교육연구협회 연차 대회(앨라

배마 주 포인트클리어) 제출 논문. (ERIC Document Reproduction Service No. ED 438 246).

에필로그

1. Prensky, M. (2008, June/July). Young Minds, Fast Times. *Edutopia Magazine*, pp. 33–36.

2. Yazzie-Mintz, E. (2008). *Voices of Students on Engagement: A Report on the 2006 High School Survey of Student Engagement.* http//www.indiana.edu/~ceep/hssse/images/HSSSE%20Overview%20Report%20-%202006.pdf 참조.

3. High School Survey of Student Engagement, HSSSE 2004. http//www.indiana.edu/~ceep/hssse/images/HSSSE%20Overview%20Report%20-%20 2004.pdf 참조.

4. Elmore, R. F. (2009). Schooling Adolescents. In R. M. Lerner & L. Steinberg (Eds.), *Handbook of Adolescent Psychology* (3rd. ed.). Hoboken, NJ: John Wiley.

5. Leggiere, P. (2002, January/February). Questioning Authority: Denise Clark Pope Says That Our Schools Are Turning Out "Organization Kids." *The Conference Board Review.*

6. Meighan, R. An Education Fit for a Democracy.

7. Gates, B. (2005). A Call to Action, Part 3. 전국 고등학교 교육 정상 회의 (National Education Summit on High School) 전체 회의 개막 강연. http//www.gatesfoundation.org/speeches-commentary/Pages/bill-gates-2005-national-education-summit.aspx 참조.

상처 주는 학교

우리 교육의 희망과 대안을 찾아

글쓴이 | 커스틴 올슨 옮긴이 | 노승영
펴낸이 | 곽미순 기획·편집 | 김수연 디자인 | 김민서

펴낸곳 | 한울림 편집 | 이은영 윤선영 김하나 디자인 | 김민서 김윤희 마케팅 | 공태훈 제작·관리 | 김영석
등록 | 1980년 2월 14일(제318-1980-000007호) 주소 | 서울시 영등포구 당산로54길 11 당산래미안1차A 상가
대표전화 | 02-2635-1400 팩스 | 02-2635-1415 홈페이지 | www.inbumo.com
블로그 | blog.naver.com/hanulimkids 페이스북 책놀이터 | www.facebook.com/hanulim

첫판 1쇄 펴낸날 | 2012년 11월 30일
3쇄 펴낸날 | 2016년 10월 5일
ISBN 978-89-5827-060-7 03370

이 도서의 국립중앙도서관 출판예정도서목록(CIP)은 서지정보유통지원시스템 홈페이지(http://seoji.nl.go.kr)와
국가자료공동목록시스템(http://www.nl.go.kr/kolisnet)에서 이용하실 수 있습니다.(CIP제어번호: CIP2012005379)